Thomas Werani/Kurt Gaubinger/Harald Kindermann

Praxisorientiertes Business-to-Business-Marketing

AF286206

Thomas Werani/Kurt Gaubinger/
Harald Kindermann

# Praxisorientiertes Business-to-Business-Marketing

Grundlagen und Fallstudien
aus Unternehmen

**GABLER**

Bibliografische Information Der Deutschen Nationalbibliothek
Die Deutsche Nationalbibliothek verzeichnet diese Publikation in der
Deutschen Nationalbibliografie; detaillierte bibliografische Daten sind im Internet über
<http://dnb.d-nb.de> abrufbar.

**Prof. Dr. Thomas Werani** ist Leiter der Abteilung Business-to-Business-Marketing am Institut für
Handel, Absatz und Marketing an der Johannes Kepler Universität Linz.

**Prof. (FH) Dr. Kurt Gaubinger** ist FH-Professor für Marketing im Fachhochschul-Studiengang Inno-
vations- und Produktmanagement der FH Oberösterreich, Campus Wels.

**Dr. Harald Kindermann** ist FH-Professor für Marketing im Fachhochschul-Studiengang e-business
der FH Oberösterreich, Campus Steyr.

1. Auflage Dezember 2006

Alle Rechte vorbehalten
© Betriebswirtschaftlicher Verlag Dr. Th. Gabler | GWV Fachverlage GmbH, Wiesbaden 2006

Lektorat: Barbara Roscher / Jutta Hinrichsen

Der Gabler Verlag ist ein Unternehmen von Springer Science+Business Media.
www.gabler.de

Umschlaggestaltung: Ulrike Weigel, www.CorporateDesignGroup.de
Druck und buchbinderische Verarbeitung: Wilhelm & Adam, Heusenstamm
Gedruckt auf säurefreiem und chlorfrei gebleichtem Papier
Printed in Germany

ISBN 978-3-8349-0346-4

# Vorwort

Lange Jahre wurde den Besonderheiten des Business-to-Business-Marketing, das sich mit Vermarktungsprozessen befasst, die sich auf Unternehmen und sonstige Organisationen richten, weder von Seiten der Marketingwissenschaft noch der Unternehmenspraxis im notwendigen Ausmaß Rechnung getragen. In der Marketingliteratur wurde das Thema Business-to-Business-Marketing – ganz im Gegensatz zum Konsumgütermarketing – zumeist nur am Rande erwähnt und in der Marketingpraxis dominierten konsumgüterorientierte Ansätze. Zwischenzeitlich hat sich diese Situation grundlegend geändert, was sich sowohl in zahlreichen Publikationen zum Business-to-Business-Marketing als auch darin widerspiegelt, dass in Business-to-Business-Märkten tätige Unternehmen zunehmend auf die Spezifika dieser Märkte abgestimmte Marketingtools einsetzen.

Hinsichtlich der an Hochschulen für die fachspezifische Ausbildung von Studierenden im Bereich des Business-to-Business-Marketing verwendeten Literatur fällt auf, dass zwischen Lehrbüchern auf der einen und Fallstudienbüchern auf der anderen Seite differenziert wird. Genau an diesem Umstand setzt das vorliegende Werk an. Eine Kombination von Lehr- und Fallstudienbuch besitzt aus Sicht der Herausgeber nicht nur für die praxisorientierte Marketingausbildung an Hochschulen einen besonderen Stellenwert, sondern gibt darüber hinaus dem Marketingpraktiker die Möglichkeit, aus der täglichen Praxis vertraute Fragestellungen vor dem Hintergrund konzeptioneller Überlegungen neu zu bewerten. Diesem Anspruch trägt nicht zuletzt auch der am Marketing-Management-Prozess orientierte Aufbau des Buchs Rechnung.

Bereits der Titel des Werks bringt zum Ausdruck, dass dieses das Ziel verfolgt, Studierenden und interessierten Praktikern die Grundlagen des Business-to-Business-Marketing in kompakter Art und Weise zu vermitteln. Um das Buch gezielt in der Lehre einsetzen zu können, wurde die Zahl der Fallstudien auf die Anzahl der Lehreinheiten in einem Semester abgestimmt. Alle Fallstudien beziehen sich auf konkrete Problemstellungen realer Unternehmen. Dies erhöht nicht nur den Praxisbezug, sondern bietet zudem auch den Vorteil, zur Fallstudienlösung zusätzliche Informationen beispielsweise via Internet recherchieren zu können.

Dieses Buch hätte ohne die Mitwirkung verschiedener Personen nicht publiziert werden können. Der Dank der Herausgeber gilt zunächst den folgenden Personen aus der Unternehmenspraxis, die entweder als Koautoren oder durch ihre Informationsbereitschaft die Realisierung der zwölf Fallstudien ermöglicht haben: Dipl.-Ing. *Arnold Ackerlauer*, Dipl.-Ing. *Rainer Daubeck*, Mag. *Susanne Dickstein*, Mag. *Werner Dressler*, Mag. *Doris Eyett*, *Andreas Fill*, Mag. *Wolfgang Keckeis*, Dr. *Horst König*, Mag. *Erika*

*Kriechbaumer,* Dr. *Petra Kuchinka,* Dr. *Wolfgang Litzlbauer,* Mag. *Roland Neubauer,* Dipl.-Ing. *Friedrich Niederndorfer,* MBA, Mag. (FH) *Andreas Platzer, Peter Pullmann,* Dr. *Markus Putz,* Ing. *Wilhelm Rupertsberger, Robert Schulz,* Mag. *Sabine Schweinschwaller, Clemens Strahammer,* Mag. *Christian Wiesmeier,* MA, und Dipl.-Ing. *Robert Zettl.*

Frau Mag. *Claudia Prem* hat nicht nur einige der Fallstudien mitverfasst, an der Erstellung des Beitrags zu den Grundlagen des geschäftstypenspezifischen Marketing mitgewirkt und das Stichwortverzeichnis erstellt, sondern darüber hinaus das gesamte Buchprojekt koordiniert. Ihr außergewöhnliches Engagement verdient besondere Anerkennung. Herr *Jürgen Kern* hat dankenswerterweise die Aufgabe der Erstellung der Abbildungen übernommen. Frau Mag. *Andrea Werani* gilt der Dank der Herausgeber für das minutiöse Korrekturlesen der Texte.

Aus Gründen der besseren Lesbarkeit wird in dieser Publikation ausschließlich die männliche Form für Personenbezeichnungen verwendet. Selbstverständlich gilt diese immer gleichwertig für Männer und Frauen. Die Herausgeber bitten um Verständnis für die gewählte vereinfachte Schreibweise.

Wir hoffen, dass durch das vorliegende Buch sowohl das Verständnis der Studierenden für die praktischen Problemstellungen des Business-to-Business-Marketing gefördert wird als auch dem interessierten Marketing-Praktiker wertvolle Impulse für seine tägliche Arbeit gegeben werden.

Linz, Wels und Steyr, im Oktober 2006

Thomas Werani          Kurt Gaubinger          Harald Kindermann

# Inhaltsverzeichnis

# Autorenverzeichnis

Dipl.-Ing. *Arnold Ackerlauer* ist Key Account Manager im Vertriebsbereich Automobilindustrie der voestalpine Stahl GmbH.
Kontakt: arnold.ackerlauer@voestalpine.com

Dipl.-Ing. *Rainer Daubeck* ist Lektor am Studiengang für Innovations- und Produktmanagement der FH OÖ Campus Wels, am Studiengang Exportmanagement des IMC Krems, am Studiengang Management und Recht des MCI Innsbruck sowie an der Universität Innsbruck.
Kontakt: rd.consult@utanet.at

Mag. *Doris Eyett* arbeitet als Research Director bei IMAS International in Linz. Darüber hinaus ist sie im Bereich Marktforschung als selbstständige Beraterin und als Lehrbeauftragte der FH OÖ Campus Wels tätig.
Kontakt: eyett@imas.at

Prof. (FH) Ing. Mag. Dr. *Kurt Gaubinger* ist am Studiengang für Innovations- und Produktmanagement der FH OÖ Campus Wels tätig.
Kontakt: k.gaubinger@fh-wels.at

Ing. Mag. Dr. *Harald Kindermann* ist am Studiengang für e-business der FH OÖ Campus Steyr tätig.
Kontakt: harald.kindermann@fh-steyr.at

Dr. *Horst König* ist Prokurist der AMI Agrolinz Melamine International GmbH.
Kontakt: horst.koenig@agrolinz.com

Mag. *Erika Kriechbaumer* ist Mitglied der Spartenleitung Schweißtechnik bei Fronius International und verantwortlich für Internationalisierung.
Kontakt: kriechbaumer.erika@fronius.com

Mag. Dr. *Petra Kuchinka* ist für das Strategische Marketing der Alois Pöttinger Maschinenfabrik Ges.m.b.H. verantwortlich.
Kontakt: petra.kuchinka@poettinger.at

Mag. Dr. *Wolfgang Litzlbauer* ist Mitglied des Vorstands der Miba AG und Vorsitzender der Geschäftsführung der Miba Gleitlager Gruppe.
Kontakt: wolfgang.litzlbauer@miba.com


Mag. (FH) *Andreas Platzer* ist Leiter der Abteilung Marketing-Service bei der HALI Büromöbel GmbH.
Kontakt: andreas.platzer@hali.at


Mag. *Claudia Prem* ist Forschungsassistentin in der Abteilung Business-to-Business-Marketing am Institut für Handel, Absatz und Marketing der Johannes Kepler Universität Linz.
Kontakt: claudia.prem@jku.at


Mag. Dr. *Markus Putz* ist in der voestalpine Anarbeitung GmbH für den Einkauf sowie das Marketing verantwortlich.
Kontakt: markus.putz@voestalpine.com


*Clemens Strahammer* ist Mitarbeiter des Strategischen Marketing der voestalpine Stahl GmbH.
Kontakt: clemens.strahammer@voestalpine.com


a. Univ.-Prof. Mag. Dr. *Thomas Werani* leitet die Abteilung Business-to-Business-Marketing am Institut für Handel, Absatz und Marketing der Johannes Kepler Universität Linz.
Kontakt: thomas.werani@jku.at


Mag. *Christian Wiesmeier*, MA, ist Leiter des Strategischen Controllings der AMI Agrolinz Melamine International GmbH.
Kontakt: christian.wiesmeier@agrolinz.com

# Teil I

## Einführung

# Thomas Werani

# Business-to-Business-Marketing
## Bedeutung, Besonderheiten und Implikationen

# 1    Umfang und Relevanz des Business-to-Business-Marketing

## 1.1    Business-to-Business-Marketing versus Industriegütermarketing

Setzt man sich mit Fragen des Business-to-Business-Marketing auseinander, so fällt auf, dass diese auch unter anderen Bezeichnungen wie z. B. Industriegütermarketing (*Backhaus* 2003), Investitionsgütermarketing (*Engelhardt/Günter* 1981) und industrielles Marketing-Management (*Plinke* 2000) diskutiert werden. Sind diese Begriffe nun als Synonyme zu sehen oder gibt es über die begrifflichen Unterschiede hinaus auch solche inhaltlicher Art? Die Antwort lautet: Während Industriegütermarketing, Investitionsgütermarketing und industrielles Marketing-Management inhaltlich weitgehend deckungsgleich sind, umfasst der Begriff des Business-to-Business-Marketing insofern ein breiteres Feld, als dieser sich nicht nur auf direkte oder indirekte – beispielsweise durch Zwischenschaltung des Produktionsverbindungshandels – Geschäftsbeziehungen zwischen Herstellern bzw. Herstellern und anderen Organisationen (wie staatlichen Einrichtungen) bezieht, sondern auch Vermarktungsansätze gegenüber Handelsunternehmen, die auf die Befriedigung konsumtiver Endkunden ausgerichtet sind, einschließt (*Backhaus* 2003, S. 8).

Während den genannten Vermarktungsansätzen in der einschlägigen Marketingliteratur unter dem Titel „Geschäftsbeziehungen in Marketingkanälen" bzw. „Channel Relationships" einerseits durchaus eigenständige Bedeutung zukommt (*Heide* 1994; *Homburg* 1995, S. 132), ist andererseits *Kleinaltenkamp* (2000, S. 174) zuzustimmen, der darauf verweist, dass die zwischen Konsumgüterherstellern und -händlern existierenden Beziehungsstrukturen große Ähnlichkeiten mit denen aufweisen, die unter dem engeren Begriffsverständnis des Industriegütermarketing behandelt werden. Insofern soll vor dem Hintergrund des Bestrebens einer möglichst umfassenden Betrachtung von Geschäftsbeziehungen zwischen Organisationen diesem Buch das breitere Begriffsverständnis des Business-to-Business-Marketing zugrunde gelegt werden. Als Konsequenz der bisherigen Ausführungen befasst sich dieser spezifische Marketingansatz mit **Absatzprozessen**, die sich auf **Unternehmen** und **sonstige Organisationen** (Institutionen, staatliche Einrichtungen) richten (*Kleinaltenkamp* 1994, S. 77).

## 1.2  Business-to-Business-Marketing: Nur die Nummer zwei?

Frägt man den „Mann von der Straße", welche Unternehmen ihm denn so einfallen, wenn er an den Begriff „Marketing" denkt, so wird man mit Sicherheit Namen wie Red Bull, Coca-Cola oder BMW zu hören bekommen, Nennungen wie Miba, HALI oder Fill aber werden mit hoher Wahrscheinlichkeit in der Minderzahl bleiben. Während das Phänomen, Marketing mit bekannten Konsumgütermarken zu assoziieren, vor dem Hintergrund des durch diese Marken auf den Konsumenten ausgeübten Werbedrucks durchaus verständlich ist, veranschaulicht *Abbildung 1-1*, dass gemessen am Umsatz Vermarktungsprozesse in Industriegüterbranchen wesentlich bedeutender sind als solche in Konsumgüterbranchen. Verständlich werden die in *Abbildung 1-1* dargestellten Umsatzrelationen dann, wenn man sich vor Augen hält, dass in Industriegütermärkten **wesentlich mehr Wertschöpfungsstufen** involviert sind, als dies in Konsumgütermärkten der Fall ist (*Backhaus/Voeth* 2004, S. 5f.).

*Abbildung 1-1:*  *Umsätze in Industrie- und Konsumgüterbranchen (Statistisches Bundesamt Deutschland 2005)*

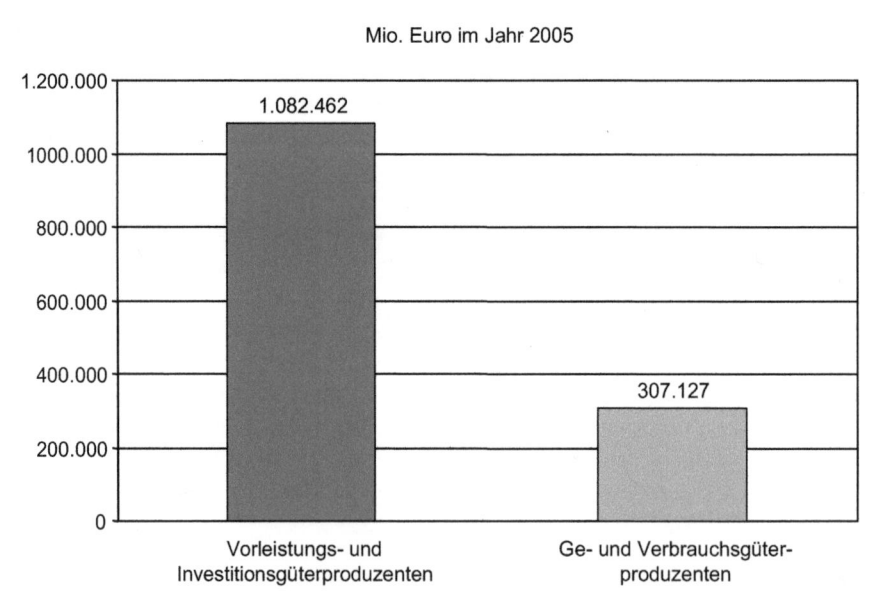

Als Konsequenz aus *Abbildung 1-1* lässt sich die klare Aussage treffen, dass umsatzmäßig betrachtet nicht das Business-to-Consumer-Marketing, sondern das Vermarktungsaktivitäten in Industriegüterbranchen mit einschließende **Business-to-Business-Marketing** die **Nummer eins** des Marketing ist.

Während dieser Stellenwert des Business-to-Business-Marketing lange Zeit weder in der Marketingpraxis noch in der Marketingwissenschaft einen entsprechenden Niederschlag fand, hat sich die Situation zwischenzeitlich grundlegend geändert. Diskutierten vor Jahren nur Konsumgüterhersteller über Markenstrategien, so stellt dieses Thema heute auch für Anlagenbauer und Stahlproduzenten eine wichtige Herausforderung dar, um nur ein Beispiel aus der Marketingpraxis zu nennen. Und auch in der wissenschaftlichen Literatur schlägt sich der Bedeutungszuwachs des Business-to-Business-Marketing deutlich nieder. So erschien in den letzten Jahren eine Reihe spezialisierter Fachzeitschriften und die Zahl der Lehrbücher zum Business-to-Business-Marketing hat erheblich zugenommen (*Backhaus et al.* 2004).

# 2    Besonderheiten von Vermarktungsprozessen in Business-to-Business-Märkten

## 2.1    Merkmalsinduzierte Überlegungen

Business-to-Consumer- und Business-to-Business-Marketing bauen auf ein und derselben Logik auf. In beiden Fällen ist es das zentrale Ziel des Marketing, die Leistungen des eigenen Unternehmens so auf die Anforderungen von Absatzmärkten auszurichten, dass diese in der Wahrnehmung der Nachfrager besser als die Leistungen der Konkurrenz beurteilt werden. Mit anderen Worten: Es geht sowohl im Business-to-Consumer- als auch im Business-to-Business-Marketing um die Schaffung **komparativer Konkurrenzvorteile** (*Backhaus* 2003, S. 7; *Backhaus/Voeth* 2004, S. 7f.).

Allerdings ist zu konstatieren, dass die Rahmenbedingungen für das Management komparativer Konkurrenzvorteile im Business-to-Consumer-Marketing andere sind als im Business-to-Business-Marketing. Konkret weisen Vermarktungssituationen in Business-to-Consumer- und Business-to-Business-Märkten **spezifische Merkmale** auf, die eigenständige Vermarktungsprozesse bedingen. *Abbildung 2-1* zeigt – ohne Anspruch auf Vollständigkeit – einige solche Merkmale und exemplarische Besonderheiten, die sich für den Vermarktungsprozess in Business-to-Business-Märkten ergeben.

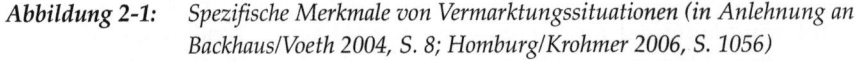

***Abbildung 2-1:*** *Spezifische Merkmale von Vermarktungssituationen (in Anlehnung an*
*Backhaus/Voeth 2004, S. 8; Homburg/Krohmer 2006, S. 1056)*

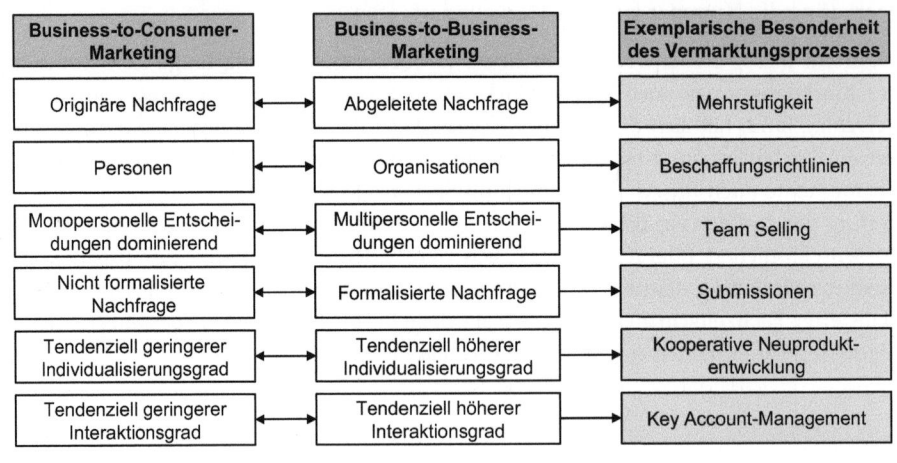

| Business-to-Consumer-Marketing | Business-to-Business-Marketing | Exemplarische Besonderheit des Vermarktungsprozesses |
| --- | --- | --- |
| Originäre Nachfrage | Abgeleitete Nachfrage | Mehrstufigkeit |
| Personen | Organisationen | Beschaffungsrichtlinien |
| Monopersonelle Entscheidungen dominierend | Multipersonelle Entscheidungen dominierend | Team Selling |
| Nicht formalisierte Nachfrage | Formalisierte Nachfrage | Submissionen |
| Tendenziell geringerer Individualisierungsgrad | Tendenziell höherer Individualisierungsgrad | Kooperative Neuprodukt-entwicklung |
| Tendenziell geringerer Interaktionsgrad | Tendenziell höherer Interaktionsgrad | Key Account-Management |

Während die Nachfrage in Konsumgütermärkten originären Charakter hat, handelt es
sich bei der Nachfrage in Business-to-Business-Märkten um eine **abgeleitete Nachfrage**. Dies bedeutet, dass deren Ausmaß durch die Nachfrage in nachgelagerten Märkten
determiniert wird. Somit sind in Business-to-Business-Märkten neben Marketingaktivitäten, welche die direkt bedienten Märkte betreffen, häufig auch solche notwendig,
die sich auf die indirekt bedienten Märkte beziehen. Die dadurch implizierte Mehrstu-
figkeit des Vermarktungsprozesses kommt beispielsweise darin zum Ausdruck, dass
ein Hersteller von Computer-Prozessoren unmittelbar mit (potenziellen) Endkunden
kommuniziert, um eine entsprechende Nachfrage für mit seinen Prozessoren ausges-
tattete Computer auszulösen („Pull-Effekt").

In Business-to-Business-Märkten treten als Nachfrager **Organisationen** wie Unternehmen und staatliche Einrichtungen auf. Deren Kaufentscheidungen laufen jedoch
anders ab als Kaufentscheidungen von Personen in Konsumgütermärkten. So haben
sich Unternehmen bei ihren Kaufentscheidungen häufig an Beschaffungsrichtlinien zu
orientieren, die wiederum auf den Vermarktungsprozess des Anbieters Einfluss nehmen. Als Beispiel in diesem Zusammenhang können die Vergaberichtlinien für Bau-
leistungen der öffentlichen Hand genannt werden, in denen genau spezifiziert ist,
welche beschaffungsrelevanten Entscheidungen wie zu treffen sind (*Backhaus/Voeth*
2004, S. 9).

Aus der Tatsache, dass Beschaffungsentscheidungen in Business-to-Business-Märkten
von Organisationen getroffen werden, ergibt sich unmittelbar, dass diese Entscheidungen überwiegend **multipersonellen Charakter** aufweisen. In der Regel kommt es

zu umfangreichen Abstimmungsprozessen im sogenannten Buying Center (*Webster/Wind* 1972, S. 78ff.), welches alle am Beschaffungsprozess beteiligten Personen (gedanklich) zusammenfasst. Um der Multipersonalität im Buying Center Rechnung zu tragen, bietet es sich an, dieses auf der Anbieterseite in einem Verkaufsteam zu spiegeln. Beruht der Vermarktungsprozess auf einem solchen Team Selling-Konzept, so lassen sich die unterschiedlichen Präferenzen der einzelnen Buying Center-Mitglieder präziser adressieren.

Um konkurrierende Leistungsangebote besser vergleichen zu können, ist die Nachfrage in Business-to-Business-Märkten zumeist stärker **formalisiert** als die in Business-to-Consumer-Märkten. Konkret bedeutet dies, dass organisationale Nachfrager zur Leistungsbeschaffung häufig auf Ausschreibungen zurückgreifen und die Auftragsvergabe somit auf dem Wege der Submission erfolgt. Da Ausschreibungen für alle Anbieter klare Vergabekriterien definieren, muss sich der Vermarktungsprozess an diesen Kriterien orientieren. Dies kann beispielsweise dazu führen, dass nicht mehr eine leistungs- sondern eine preisbezogene Profilierung den Kern der Vermarktungsstrategie bildet (*Backhaus/Voeth* 2004, S. 9).

Zwar ist auch in Konsumgütermärkten auf verschiedenen Ebenen ein Trend zur **Individualisierung** erkennbar, allerdings spielt dieses Phänomen in Business-to-Business-Märkten nicht zuletzt aufgrund der größeren Bedeutung der Auftragsfertigung eine gewichtigere Rolle. Um in Business-to-Business-Märkten beispielsweise den vom Kunden gewünschten Grad der Leistungsindividualisierung zu erreichen, muss der Vermarktungsprozess häufig in dem Sinne kooperative Elemente aufweisen, dass der Kunde in die Neuproduktentwicklung mit einbezogen wird.

In unmittelbarem Zusammenhang mit einem auf kooperativen Elementen beruhenden Vermarktungsprozess steht der vergleichsweise hohe Grad der **Interaktion** zwischen Anbieter und Nachfrager in Business-to-Business-Märkten. Von zentraler Bedeutung für den Erfolg einer Geschäftsbeziehung ist hier insbesondere, dass der Anbieter für eine personelle Kontinuität der Interaktion sorgt. Diese Kontinuität lässt sich organisatorisch durch die Installation eines Key Account-Management realisieren, welches dann den Dreh- und Angelpunkt des Vermarktungsprozesses bildet.

Die bisherigen Ausführungen haben deutlich gemacht, dass Vermarktungsprozesse in Business-to-Business-Märkten einen so hohen Spezifitätsgrad aufweisen, dass es notwendig ist, auf einen **eigenständigen Marketingansatz** zurückzugreifen. Diese Notwendigkeit wird zudem dadurch unterstrichen, dass sich im Business-to-Business-Marketing verschiedene **Geschäftstypen** unterscheiden lassen[1], die ihrerseits wiederum spezialisierte Marketingprogramme erfordern.

---

[1]   Vgl. dazu in diesem Buch S. 151ff.

## 2.2 Empirische Befunde

Die im vorangehenden Abschnitt aus merkmalsorientierter Sicht angestellten Überlegungen zu Besonderheiten von Vermarktungsprozessen in Business-to-Business-Märkten sollen nachfolgend durch entsprechende empirische Befunde ergänzt werden. Die in *Abbildung 2-2* dargestellten Ergebnisse beruhen hierbei auf Antworten von 131 Marketing-Hochschullehrern auf die offene Frage, durch welche instrumentellen Besonderheiten sich das Industriegütermarketing auszeichnet, wobei eine Beschränkung auf die 10 häufigsten Nennungen erfolgt (*Backhaus/Voeth* 2004, S. 10ff.).

**Abbildung 2-2:**   *Instrumentelle Besonderheiten des Industriegütermarketing (Backhaus/Voeth 2004, S. 13)*

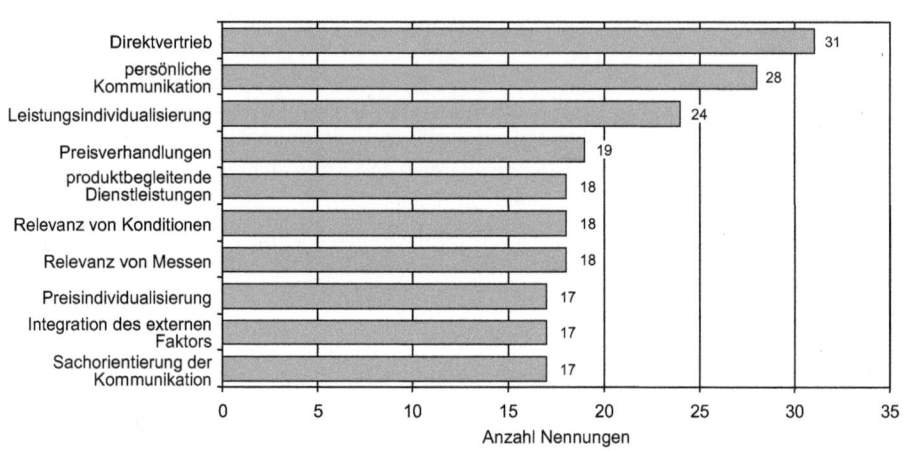

Analysiert man *Abbildung 2-2*, so zeigt sich, dass die instrumentellen Besonderheiten des Industriegütermarketing insgesamt insbesondere den für Business-to-Business-Märkte charakteristischen **höheren Individualisierungsgrad** in verschiedenen Facetten (z. B. persönliche Kommunikation, Leistungsindividualisierung, Preisverhandlungen und Preisindividualisierung) widerspiegeln. Andere Besonderheiten dieser Märkte, wie beispielsweise die formalisierte Nachfrage, schlagen sich in *Abbildung 2-2* eher indirekt (Sachorientierung der Kommunikation) nieder.

Insgesamt betrachtet ist zu konstatieren, dass auch die dargestellten empirischen Ergebnisse auf die Notwendigkeit eines **eigenständigen Marketingansatzes** in Business-to-Business-Märkten verweisen.

# 3 Motivation und Struktur des Buchs

Die diagnostizierte Notwendigkeit eines eigenständigen Ansatzes zur Gestaltung von Absatzprozessen in Business-to-Business-Märkten ist als Hauptmotiv für die Entstehung des vorliegenden Werks zu sehen. Allerdings stellt sich vor dem Hintergrund der inzwischen doch relativ zahlreichen Publikationen zum Business-to-Business-Marketing die Frage, wie ein Buch „anderen Typs" positioniert und aufgebaut sein sollte, um nicht zum wiederholten Mal das Rad neu zu erfinden. Die diesbezügliche Antwort lautet: **Kombination von Lehr- und Fallstudienbuch** und **Strukturierung entlang des Marketing-Management-Prozesses**.

---

**Abbildung 3-1:** *Am Marketing-Management-Prozess orientierte Struktur des Buchs*

---

Wie in *Abbildung 3-1* veranschaulicht, gliedert sich das Buch nach diesem einführenden Kapitel entsprechend dem Prozess des Marketing-Management in fünf Teile. Während in Teil II das organisationale Beschaffungsverhalten als für alle marketingbezogenen Entscheidungen in Business-to-Business-Märkten relevanter Hintergrund diskutiert wird, behandeln die Teile III, IV und V die drei aufeinander aufbauenden Prozessphasen der Identifikation von Geschäftschancen, der strategischen Marketingplanung und des geschäftstypenspezifischen Marketing. Abgeschlossen wird das Buch durch Teil VI zum Marketing-Controlling, das als phasenübergreifendes Konzept zu sehen ist.

Innerhalb der Teile II bis VI kommt die Positionierung als Kombination von Lehr- und Fallstudienbuch zum Tragen:

- ▇ **Teil II – Organisationales Beschaffungsverhalten**: Nach der Darstellung der Grundlagen des organisationalen Beschaffungsverhaltens durch *Kindermann* setzen sich die von *Kriechbaumer/Werani/Prem* und *Strahammer/Ackerlauer/Werani* verfassten Fallstudien zum Teamselling bzw. der Entwicklung einer divisionsübergreifenden Vertriebsstruktur für die Automobilindustrie mit typischen Problemfeldern im Kontext des organisationalen Beschaffungsverhaltens auseinander.

- **Teil III – Identifikation von Geschäftschancen:** Hier werden in den Beiträgen von *Gaubinger* und *Werani* zunächst die Grundlagen der Identifikation von Geschäftschancen und somit die Themenkreise der Situationsanalyse und der Marktforschung aus einer konzeptionellen Perspektive dargestellt. Anschließend illustrieren die Fallstudien von *Gaubinger* zur Situationsanalyse eines High-Tech-Unternehmens und *Eyett/Gaubinger* zur Kundenzufriedenheitsanalyse im Büroartikelmarkt praktische Problemfelder im Zuge der Identifikation von Geschäftschancen.

- **Teil IV – Strategische Marketingplanung:** In diesem Themenblock behandelt der Beitrag von *Kindermann* die Grundlagen der strategischen Marketingplanung und die Fallstudien von *Putz/Werani* und *Kuchinka* setzen sich mit konkreten Problemen der Marketingplanung in der Stahlindustrie bzw. der Landtechnik-Branche auseinander.

- **Teil V – Geschäftstypenspezifisches Marketing:** Die konzeptionelle Basis für diesen Themenbereich wird im Beitrag von *Werani/Prem* gelegt. Daran schließen sich Fallstudien von *Gaubinger* zum Produktgeschäft eines Schleifmittelwerks und zum internationalen Anlagenbau an. *Platzer/Kindermann* und *Gaubinger/Daubeck* illustrieren das Systemgeschäft eines Büromöbelproduzenten bzw. eines Herstellers von Kommunikations- und Informationssystemen für sicherheitskritische Anwendungen, während sich die Fallstudie von *Litzlbauer/Werani/Prem* mit der China-Expansion eines international tätigen Zulieferers beschäftigt.

- **Teil VI – Marketing-Controlling:** Abgeschlossen wird das Buch mit den Überlegungen von *Gaubinger* zu den Grundlagen des Marketing-Controllings und der Fallstudie von *Wiesmeier/König/Prem* zur Implementierung einer Balanced Scorecard.

# Literaturverzeichnis

BACKHAUS, K. (2003): Industriegütermarketing, 7. Aufl., München.

BACKHAUS, K./BONUS, T./SABEL, T. (2004): Industriegütermarketing im Spiegel der internationalen Lehrbuchliteratur, in: BACKHAUS, K./VOETH, M. (Hrsg.): Handbuch Industriegütermarketing: Strategien – Instrumente – Anwendungen, Wiesbaden, S. 23-46.

BACKHAUS, K./VOETH, M. (2004): Besonderheiten des Industriegütermarketing, in: BACKHAUS, K./VOETH, M. (Hrsg.): Handbuch Industriegütermarketing: Strategien – Instrumente – Anwendungen, Wiesbaden, S. 3-21.

ENGELHARDT, W. H./GÜNTER, B. (1981): Investitionsgüter-Marketing: Anlagen, Einzelaggregate, Teile, Roh- und Einsatzstoffe, Energieträger, Stuttgart et al.

HEIDE, J. B. (1994): Interorganizational Governance in Marketing Channels, in: Journal of Marketing, Vol. 58, No. 1, S. 71-85.

HOMBURG, C. (1995): Kundennähe von Industriegüterunternehmen: Konzeption – Erfolgsauswirkungen – Determinanten, Wiesbaden.

HOMBURG, C./KROHMER, H. (2006): Marketingmanagement: Strategie – Instrumente – Umsetzung – Unternehmensführung, 2. Aufl., Wiesbaden.

KLEINALTENKAMP, M. (1994): Typologien von Business-to-Business-Transaktionen – Kritische Würdigung und Weiterentwicklung, in: Marketing – ZFP, 16. Jg., Nr. 2, S. 77-88.

KLEINALTENKAMP, M. (2000): Einführung in das Business-to-Business-Marketing, in: KLEINALTENKAMP, M./PLINKE, W. (Hrsg.): Technischer Vertrieb: Grundlagen des Business-to-Business Marketing, 2. Aufl., Berlin et al., S. 171-247.

PLINKE, W. (2000): Grundkonzeption des industriellen Marketing-Managements, in: KLEINALTENKAMP, M./PLINKE, W. (Hrsg.): Technischer Vertrieb: Grundlagen des Business-to-Business Marketing, 2. Aufl., Berlin et al., S. 101-169.

STATISTISCHES BUNDESAMT DEUTSCHLAND (2005): Fachserie 4, Reihe 4.1.1: Beschäftigung, Umsatz und Energieversorgung der Betriebe des Verarbeitenden Gewerbes sowie des Bergbaus und der Gewinnung von Steinen und Erden, Wiesbaden.

WEBSTER, F. E. J./WIND, Y. (1972): Organizational Buying Behavior, Englewood Cliffs.

# Teil II

## Organisationales

## Beschaffungsverhalten

## Harald Kindermann

# Grundlagen des organisationalen Beschaffungsverhaltens

# 1 Besonderheiten des organisationalen Beschaffungsverhaltens

Wenn Organisationen einen Bedarf an zu beschaffenden Produkten oder Dienstleistungen identifizieren, wird ein Prozess ausgelöst, der sich durch eine Reihe von Merkmalen vom Kaufvorgang privater Konsumenten unterscheidet. Zunächst einmal handelt es sich bei der organisationalen Nachfrage um eine vom Bedarf des Endkunden **abgeleitete Nachfrage**. Wenn beispielsweise ein Boom in der Baubranche herrscht, so steigt bei den unterschiedlichen Baustoffhändlern und Baumeistern der Bedarf an Baumaterial und somit steigt auch die Nachfrage bei den Herstellern dieser Baumaterialien.

Ein weiteres Kennzeichen des organisationalen Kaufverhaltens ist der Umstand, dass an diesem Prozess in der Regel mehrere Personen beteiligt sind. Diese **Multipersonalität** ist geradezu typisch für organisationale Beschaffungsprozesse (*Dawes et al.* 1992, S. 269ff.; *McWilliams et al.* 1992, S. 43ff.).

Weiters wird der Kaufentscheidungsprozess von Seiten der nachfragenden Organisation meist stärker von **rationalen Abwägungen** der beteiligten Personen geprägt. Man versucht, durch **aktives** und **systematisches Informationsverhalten** ein möglichst objektives Gesamtbild des nachgefragten Produkts oder der nachgefragten Dienstleistung zu erhalten, obwohl der Beschaffungsprozess natürlich nicht frei von subjektiven Eindrücken und Emotionen ist (*Diller* 2001, S. 1231).

Eine weitere Besonderheit des organisationalen Kaufverhaltens ist die **Multiorganisationalität**, d. h. dass neben der Anbieter- und Nachfragerorganisation oft noch weitere Organisationen (z. B. Banken oder Beratungsunternehmen) eine Rolle spielen. Dies ist vor allem dann der Fall, wenn die anstehende Beschaffung für das kaufende Unternehmen eine Entscheidung von hoher wirtschaftlicher Bedeutung darstellt (*Homburg/Krohmer* 2003, S. 87).

Während des komplexen organisationalen Kaufprozesses kommt es zudem häufig zu intensiven **Interaktionen** zwischen Anbieter und Nachfrager. Dabei entstehen oft persönliche Kontakte, die letztendlich eine wichtige Rolle im Entscheidungsprozess spielen.

Dass dieser Prozess in verschiedenen Situationen in Abhängigkeit von unterschiedlichen Faktoren jeweils anders abläuft, ist nahe liegend. Die wichtigsten Einflussfaktoren lassen sich überblicksartig in Form von *Abbildung 1-1* zusammenfassen.

**Abbildung 1-1:** *Einflussfaktoren des organisationalen Beschaffungsverhaltens (Backhaus 2003, S. 64)*

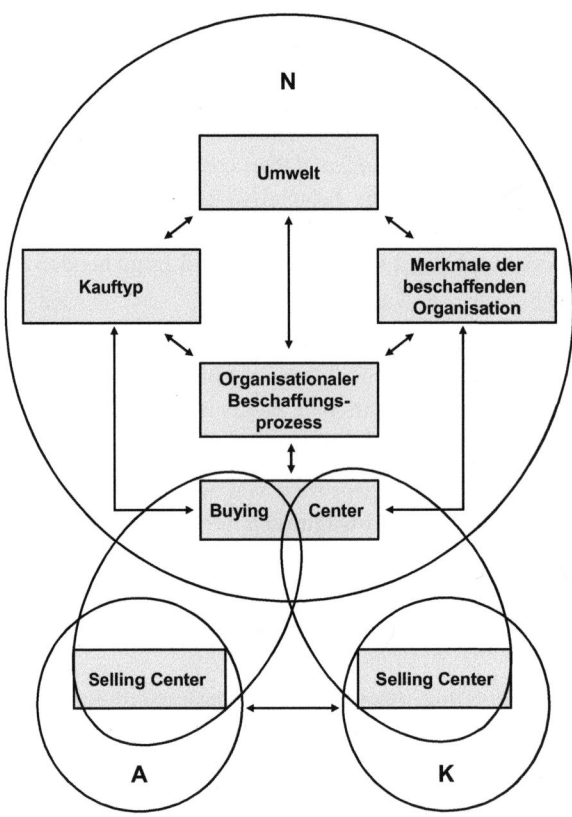

Die in *Abbildung 1-1* dargestellten Einflussfaktoren bedingen sich gegenseitig und können in der Praxis nicht isoliert voneinander betrachtet werden. Bei einer theoretischen Einzelbetrachtung der Faktoren (**Partialansatz** zur Erklärung organisationalen Kaufverhaltens) können allerdings durchaus wichtige praktische Implikationen abgeleitet werden (*Dwyer/Tanner* 2002, S. 153). Daneben werden auch **Totalmodelle** entworfen, die den Versuch unternehmen, die Einflussfaktoren in ihrem Zusammenhang zu beschreiben. Betrachtet man zusätzlich den Einfluss des Anbieters (A) und der Konkurrenten (K) auf den Beschaffungsprozess, so spricht man von **Interaktionsansätzen** des organisationalen Beschaffungsverhaltens (*Backhaus* 2003, S. 138ff.).

Da sich bereits auf Basis eines Partialansatzes wichtige Aussagen zum organisationalen Beschaffungsverhalten treffen lassen, erfolgt hier eine Beschränkung auf diesen Zugang.

## 1.1 Umwelt

Im Bereich der Umwelt des Kunden können sich insbesondere Veränderungen von

- rechtlichen Rahmenbedingungen,

- technologischen Entwicklungen,

- gesamtwirtschaftlichen Entwicklungen,

- gesellschaftlichen Normen,

- materiellen Ressourcenpotenzialen und

- personellen Ressourcenpotenzialen

unmittelbar auf das Kaufverhalten des Kunden auswirken (*Backhaus* 2003, S. 119). So kann beispielsweise aufgrund einer technologischen Entwicklung eine stärkere Automatisierung der Beschaffungsprozesse im Rahmen eines E-Procurements einen wesentlichen Einfluss auf die Interaktion zwischen Anbieter und Kunde haben.

## 1.2 Kauftypen

Einen wichtigen Komplex von Einflussfaktoren bilden Kauftypen. Hierbei sind vor allem folgende Kriterien von Bedeutung (*Backhaus* 2003, S. 102):

- Wert des Kaufgegenstands,

- Kaufanlass und

- Produkttechnologie.

Der **Wert des Kaufgegenstands** bestimmt vorwiegend das finanzielle Kaufrisiko. Laut einer Spiegel-Untersuchung können dabei teure Anschaffungen den Entscheidungsprozess beträchtlich verlängern (*Spiegel-Verlag* 1982). Was eine „teure Anschaffung" für ein Unternehmen ist, ist in Abhängigkeit von der Betriebsgröße zu sehen, da die Wertdimension eines Kaufobjekts bei einem kleinen Unternehmen eine andere Bedeutung besitzt wie bei einem Großbetrieb.

Der **Anlass der Kaufentscheidung** bestimmt die Neuheit des Beschaffungsproblems, den notwendigen Informationsbedarf und das Ausmaß der Alternativenabwägung (*Robinson/Faris/Wind* 1967), wobei zwischen **Erst-, Ersatz- und Erweiterungsinvestitionen** unterschieden wird. Bei einer Erstinvestition hat die beschaffende Organisation selbst noch keine Erfahrung mit dem gewünschten Objekt. Somit ist klar ersichtlich, dass aus diesem Mangel ein höherer Informationsbedarf entsteht, während eine Ersatz- und Erweiterungsinvestition durch das bereits vorhandene Erfahrungspotenzial gesteuert wird. Die Erfahrung mit dem schon einmal gewählten Lieferanten („In-Supplier") kann sich beim Käufer als Wechselbarriere manifestieren. Diese geht meist auf ein Bündel finanzieller, funktionaler und sozialpsychologischer Gründe zurück und führt dazu, dass in einem Bedarfsfall nicht ohne weiteres der bisherige Lieferant gewechselt wird (*Plinke* 1997, S. 23ff.). Diese Tendenz zur Lieferantentreue ist jedoch nur dann zu erwarten, wenn der Kunde mit seinem bisherigen Lieferanten zufrieden ist.

Vor allem bedingt durch technologisch schnelllebige Märkte nimmt auch die Entwicklung der **Produkttechnologie** Einfluss auf das Kaufverhalten. Durch die kurzen Lebenszyklen sind die Nachfrager oftmals verunsichert, ob sie in eine bestimmte Technologie investieren oder mit dem Kauf unter Umständen bis zur nächsten Technologiegeneration warten sollen. Dieses als „technologisches Leapfrogging" bezeichnete Phänomen wird von *Weiber* und *Pohl* (1996, S. 1205) als das „bewusste und freiwillige Überspringen des gegenwärtig am Markt verfügbaren Produkts und die Verschiebung der Kaufentscheidung auf eine in Zukunft erwartete Produktgeneration, die in der subjektiven Wahrnehmung des Nachfragers durch eine verbesserte Leistungsfähigkeit gekennzeichnet ist" definiert.

# 1.3 Merkmale der beschaffenden Organisation

Kaufentscheidungen werden zwar immer von Personen getroffen, die jedoch im Fall von Organisationen in einen Rahmen diverser Regelungen eingebettet sind. Aus diesem Grund nimmt die Organisation mit ihren charakteristischen Merkmalen Einfluss auf den Beschaffungsprozess. Um gerade in großen Unternehmen eine gewisse Einheitlichkeit des Beschaffungsprozesses sicherzustellen, existieren häufig **Beschaffungsrichtlinien**, in denen vor allem festgelegt wird (*Backhaus* 2003, S. 116; *Kotler/Bliemel* 2001, S. 385)

■ welche Abteilungen bei welchem Kaufprozess einzuschalten sind,

■ welche Grundsätze von den beteiligten Personen eingehalten werden müssen,

■ welche Methoden und Kriterien zur Beurteilung des Kaufobjekts heranzuziehen sind und

■ wer die endgültige Kaufentscheidung treffen darf.

# 1.4    Organisationaler Beschaffungsprozess

Meist lassen sich bei einem organisationalen Beschaffungsprozess verschiedene **Phasen** unterscheiden, in denen unterschiedliche Nachfragerprobleme im Vordergrund stehen. Der Beschaffungsprozess beginnt mit der Feststellung eines bestimmten Bedarfs beim Nachfrager und endet in der Regel mit dem Kaufabschluss. Durch die Analyse und Systematisierung des gesamten Beschaffungsprozesses mit seinen vielfältigen Aktivitäten konnte eine Reihe von Phasenkonzepten entwickelt werden, welche auf unterschiedliche Verhaltensweisen der Marktpartner in den einzelnen Phasen des Beschaffungsprozesses verweisen (*Backhaus* 2003, S. 68). Die jeweiligen Ansätze belegen einerseits den ausgeprägten **Prozesscharakter** organisationaler Beschaffungsentscheidungen und verdeutlichen andererseits, dass Marketingprobleme **phasenspezifisch variieren** (*Backhaus* 2003, S. 71).

# 1.5    Buying Center

Die gedankliche Zusammenfassung aller am Kaufprozess beteiligten Personen wird in der Literatur als **Buying Center** bezeichnet (*Backhaus* 2003, S. 71). Die durch das Buying Center repräsentierten Personen können sich dabei zum einen **informell** und somit nicht institutionalisiert formieren. Bei solchen nur temporär und kaufanlassbezogenen Buying Centern ist es für einen Anbieter oft sehr schwierig, die Mitglieder zu identifizieren. Es besteht aber auch die Möglichkeit, dass Mitglieder verschiedener Unternehmensbereiche zu einem **formellen Kreis** zusammengefasst werden, um über ein bestimmtes Kaufobjekt zu entscheiden (*Thompson et al.* 1998, S. 700).

Unabhängig davon, ob ein Buying Center institutionalisiert ist oder nicht, ist es für einen Anbieter von essenzieller Bedeutung, dass er die am Kaufprozess beteiligten Personen, also die Mitglieder des Buying Centers, **identifiziert** und um die **generellen Verhaltensmuster** der einzelnen Mitglieder weiß. Im Einzelnen sind dabei folgende Fragen wichtig (*Backhaus* 2003, S. 72ff.):

■ Welche Informationen werden wann, von welchen Personen, in welchem Umfang benötigt und wie sollen diese zur Verfügung gestellt werden?

■ Wie treffen die einzelnen Mitglieder im Buying Center ihre Entscheidungen?

## 1.5.1    Mitglieder des Buying Centers

Wer in einem konkreten Fall die Mitglieder des Buying Centers sind, wird in der Regel vom **Außendienst** zu beantworten sein, da dieser aufgrund seiner Kontakte zum

Kunden die meisten Informationen über die formellen und informellen Abläufe beim Kunden hat. Wichtig ist in jedem Fall, alle Personen zu identifizieren, die hinsichtlich der Beschaffungsentscheidung untereinander in Kommunikation treten. Zur Identifikation der Mitglieder eines Buying Centers kann an folgenden Punkten angesetzt werden:

■ **Funktionen**: Diese signalisieren die Eingliederung in die für Beschaffungsentscheidungen relevanten hierarchischen Strukturen des kaufenden Unternehmens und sind mit unmittelbar benennbaren Personen verbunden.

■ **Rollen**: Mitglieder eines Buying Centers lassen sich nicht nur über Funktionen im Unternehmen, sondern auch über Rollen im Beschaffungsprozess identifizieren. Hierbei kann eine Person mehrere Rollen gleichzeitig innehaben und andererseits können auch mehrere Personen die gleiche Rolle wahrnehmen. Das bekannteste Rollenkonzept stammt von *Webster* und *Wind* (1972) und unterscheidet die folgenden fünf Rollen:

1. **Benutzer (User)**: Diese verwenden letztlich das zu beschaffende Produkt und nehmen dadurch oft eine Schlüsselstellung im Beschaffungsprozess ein. Wird eine Beschaffungsentscheidung entgegen der Intention der Benutzer getroffen, so kann dies negative Auswirkungen auf die zweckadäquate Nutzung des Produkts haben, frei nach dem Motto: „Wir werden denen schon zeigen, dass das gegen unseren Willen gekaufte Produkt eine Fehlentscheidung ist".

2. **Einkäufer (Buyer)**: Besitzen die formale Autorität, einen Lieferanten auszuwählen, und sind für die juristischen und kaufmännischen Aspekte der Entscheidung verantwortlich.

3. **Beeinflusser (Influencer)**: Sind am eigentlichen Kaufprozess formal nicht beteiligt, beeinflussen aber durch Beratung und Meinungsäußerung den Kaufprozess. Oft zählen zu den Beeinflussern auch Fachkollegen aus anderen Unternehmen.

4. **Informationsselektierer (Gatekeeper)**: Diese steuern den Informationsfluss im Kaufprozess und haben dadurch – bewusst oder unbewusst – einen Einfluss auf die Kaufentscheidung. Gatekeeper sind häufig Assistenten und/oder Sekretariate von Entscheidungsträgern.

5. **Entscheider (Decider)**: Besitzen die formale Macht der Auftragsvergabe und treffen letztlich die Kaufentscheidung.

*Bonoma* (1982) ergänzt dieses Rollenkonzept noch durch eine sechste Rolle – den **Initiator**. Damit ist jene Person angesprochen, die den Kaufprozess in Gang bringt.

Das Rollenmodell hat in der Literatur aufgrund seiner Anschaulichkeit breite Beachtung gefunden, allerdings fehlt weitgehend eine empirische Überprüfung (*Backhaus* 2003, S. 78; *Homburg/Krohmer* 2003, S. 86; *Diller* 2001, S. 201; *Kotler/Bliemel* 2001,

S. 382). Die praktische Relevanz kann dem Modell jedoch keinesfalls abgesprochen werden.

## 1.5.2 Informationen für das Buying Center

Der Ablauf eines Beschaffungsentscheidungsprozesses wird durch das Informations- und Entscheidungsverhalten der Mitglieder des Buying Centers bestimmt. Dabei ist zu beachten, dass sich die Mitglieder des Buying Centers in ihrem Informationsverhalten hinsichtlich folgender Punkte unterscheiden (*Backhaus* 2003, S. 87):

- **Welche Information wird von wem benötigt?** Von welchen Personen im Buying Center wird eher eine technische oder eine wirtschaftliche Information gewünscht und wie detailliert soll diese sein? Hier ist es von entscheidender Bedeutung, dass der individuelle Informationsbedarf der Mitglieder des Buying Centers erkannt wird. Es macht keinen Sinn, den Leiter der Einkaufsabteilung mit technischen Informationen zu „belästigen", wenn dieser in erster Linie an Kosteninformationen interessiert ist.

- **Wann werden diese Informationen benötigt und wie sollen sie zur Verfügung gestellt werden?** In Abhängigkeit von der Phase im Entscheidungsprozess – geht es um eine erste Orientierung oder bereits eine konkrete Auswahlentscheidung? – muss die entsprechende Information vom Anbieter über einen geeigneten Kanal (z. B. Internet, Messen und Ausstellungen, Außendienstmitarbeiter, Geschäftsführer, etc.) zur Verfügung gestellt werden.

## 1.5.3 Entscheidungsverhalten der Mitglieder des Buying Centers

Bei organisationalen Beschaffungsentscheidungen ist nach der Entscheidungstypologie von *Strothmann* (1997) das **empfundene Risiko** die entscheidende Determinante (*Backhaus* 2003, S. 89). Dieses Risiko lässt sich im Wesentlichen auf zwei Ursachen zurückführen (*Gemünden* 1985, S. 27ff.):

- Die Ungewissheit, ob das Entscheidungsergebnis auch wirklich zum gewünschten Ziel führt.

- Das Ausmaß der Konsequenzen, die im Falle einer Fehlentscheidung auftreten würden.

Diese Ursachen können zu unterschiedlichen **Risikoreduktionsstrategien** führen, die wiederum von den Persönlichkeitsmerkmalen der einzelnen Personen abhängig sind.

Beispielsweise könnte ein „Order Splitting" oder eine Entscheidungsdelegation „nach oben" erfolgen.

# 2 Sozialpsychologische Aspekte des organisationalen Beschaffungsverhaltens

Das Resultat des Interaktionsprozesses zwischen einem Anbieter und einem Nachfrager, also letztlich Kauf oder Nichtkauf, hängt neben den bereits erwähnten Faktoren auch von verschiedenen beobachtbaren Merkmalen der beteiligten Akteure und nicht zuletzt auch dem Geschick der im anbietenden Unternehmen agierenden Personen ab.

Ein besonders wichtiger Faktor für einen erfolgreichen Kaufabschluss ist, ob der Käufer den Verkäufer positiv oder negativ wahrnimmt, oder – anders ausgedrückt – ob ein Verkäufer einem Käufer sympathisch oder unsympathisch ist. Daher sollen die für den **Erwerb von Sympathie** verantwortlichen wichtigsten Verstärker kurz dargestellt werden (*Cialdini* 2006; *Werth* 2004; *Herkner* 2003; *Zimbardo/Gerrig* 2003):

- **Physische Attraktivität**: Attraktiven Menschen werden mehr positive Eigenschaften (z. B. Ehrlichkeit, Intelligenz) zugesprochen als unattraktiven und diese sind damit auch sympathischer (*Eagly et al.* 1991, S. 109ff.). Diese verstärkende Wirkung von Attraktivität basiert auf dem sogenannten Halo-Effekt. Dieser Effekt entsteht immer dann, wenn der Gesamteindruck, den eine Person auf eine andere macht, durch ein einzelnes positives Merkmal, beispielsweise eben die Attraktivität, dominiert wird (*Cialdini* 2006, S. 218).

- **Ähnlichkeit**: Personen, die einander bezüglich ihres Aussehens und Kleidung, hinsichtlich ihrer Meinungen und Charaktereigenschaften oder Herkunft und Lebensstils ähnlich sind, sind einander ebenfalls sympathischer. Diese Tendenz, Menschen in einem positiveren Licht wahrzunehmen, nur weil sie einem selbst in irgendeiner Weise ähnlich sind, wird als „Similar-to-me-Effekt" bezeichnet (*Werth* 2004, S. 112).

- **Komplimente**: Wenn eine Person einer anderen Person ihre Sympathie bekundet, so hat dies meist den Effekt, dass die ausgesprochene Sympathie erwidert wird. Denn Menschen haben die Tendenz, mechanisch positiv auf Komplimente zu reagieren. Freilich gibt es hierbei eine gewisse Grenze, und zwar dann, wenn es offensichtlich ist, dass eine Person (hier der Verkäufer) versucht, eine andere Person (den Einkäufer) zu manipulieren und nur deshalb positive Komplimente macht (*Cialdini* 2006, S. 224).

■ **Nähe und Kontakthäufigkeit**: Sympathie wird auch dadurch beeinflusst, wenn man jemanden oft sieht. Personen, mit denen regelmäßiger Kontakt besteht, sind vertrauter und damit auch automatisch sympathischer (*Cialdini* 2006, S. 225ff.; *Werth* 2004, S. 113; *Zajonc* 1968, S. 1ff.).

Für den Verkaufserfolg kommt es also nicht nur darauf an, dass der Verkäufer bestimmte erfolgversprechende Eigenschaften und Kenntnisse über geeignete Beeinflussungstechniken besitzt, sondern er muss auch zum jeweiligen Gegenüber im Kaufprozess „passen". Somit gibt es nicht „den" guten Verkäufer, sondern es muss darauf geachtet werden, dass für die jeweiligen Kunden die **richtigen** Außendienstmitarbeiter eingesetzt werden (*Backhaus* 2003, S. 142). In diesem Zusammenhang sollten auch **Statusprobleme** zwischen den Interaktionsbeteiligten vermieden werden. So kann sich beispielsweise der Geschäftsführer eines beschaffenden Unternehmens schnell abgewertet fühlen, wenn er mit „normalen" Außendienstmitarbeitern verhandeln muss. Umgekehrt ist es allerdings auch möglich, dass sich ein „normaler" Einkaufssachbearbeiter aufgewertet fühlt, wenn er mit Geschäftsführern verhandelt (*Backhaus* 2003, S. 143).

# Literaturverzeichnis

BACKHAUS, K. (2003): Industriegütermarketing, 7. Aufl., München.

BONOMA, T. V. (1982): Major Sales: Who Really Does the Buying, in: Harvard Business Review, Vol. 60, May/June, S. 111-119.

CIALDINI, R. B. (2006): Die Psychologie des Überzeugens, 4. Aufl., Bern.

DAWES, P. L./DOWLING, G. R./PATTERSON, P. G. (1992): Factors Affecting the Structure of Buying Center for the Purchase of Professional Advisory Services, in: International Journal of Research in Marketing, Vol. 9, S. 269-279.

DILLER, H. (2001): Organisationales Beschaffungsverhalten, in: DILLER, H. (Hrsg.): Vahlens Großes Marketing Lexikon, München, S. 1231-1233.

DWYER, F. R./TANNER, J. F. (2002): Business Marketing: Connecting Strategy, Relationships, and Learning, 2nd ed., Boston.

EAGLY, A. H./ASHMORE, R. D./MAKHIJANI, M. G./LONGO, L. C. (1991): What Is Beautiful Is Good, But ...: A Meta-Analytic Review of Research on the Physical Attractiveness Stereotype, in: Psychology Bulletin, Vol. 110, S. 109-128.

GEMÜNDEN, H. G. (1985): Wahrgenommenes Risiko und Informationsnachfrage, in: Marketing – Zeitschrift für Forschung und Praxis, 7. Jg., Nr. 1, S. 27-38.

HERKNER, W. (2003): Lehrbuch Sozialpsychologie, 2. Aufl., Bern et al.

HOMBURG, C./KROHMER, H. (2003): Marketingmanagement: Strategie – Instrumente – Umsetzung – Unternehmensführung, Wiesbaden.

KOTLER, P./BLIEMEL, F. (2001): Marketing-Management: Analyse, Planung und Verwirklichung, 10. Aufl., Stuttgart.

MCWILLIAMS, R. D./NAUMANN, E./SCOTT, S. (1992): Determining Buying Center Size: in: Industrial Marketing Management, Vol. 21, S. 43-49.

PLINKE, W. (1997): Grundlagen des Geschäftsbeziehungsmanagements, in: KLEINALTENKAMP, M./PLINKE, W. (Hrsg.): Geschäftsbeziehungsmanagement, Heidelberg, S. 1-62.

ROBINSON, P./FARIS, C./WIND, Y. (1967): Industrial Buying and Creative Marketing, Boston.

SPIEGEL-VERLAG (1982): Der Entscheidungsprozess bei Investitionsgütern: Beschaffung, Entscheidungskompetenz, Informationsverhalten, Hamburg.

STROTHMANN, K. H. (1997): Kompetenztransfer im Investitionsgütermarketing, Wiesbaden.

THOMPSON, K./MITCHELL, H./KNOX, S. (1998): Organizational Buying Behaviour in Changing Times, in: European Management Journal, Vol. 16, No. 6, S. 698-704.

WEBSTER, F./WIND, Y. (1972): Organizational Buying Behavior, Englewood Cliffs.

WEIBER, R./POHL, A. (1996): Leapfrogging-Behavior – Ein adoptionstheoretischer Erklärungsansatz, in: Zeitschrift für Betriebswirtschaft, 66. Jg., Nr. 10, S. 1203-1222.

WERTH, L. (2004): Psychologie für die Wirtschaft: Grundlagen und Anwendungen, Heidelberg/Berlin.

ZAJONC, R. B. (1968): Attitudinal Effects of Mere Exposure, in: Journal of Personality and Social Psychology, Vol. 9, No. 2, S. 1-27.

ZIMBARDO, P. G./GERRIG, R. J. (2003): Psychologie, 7. Aufl., Heidelberg.

## Erika Kriechbaumer/Thomas Werani/Claudia Prem

# Fallstudie Fronius International GmbH
## Das Projekt „Teamselling"

# 1    Das Unternehmen

„Schweißen ist eine Leidenschaft! Wem die Begeisterung für diese Materie fehlt, wird nie das Interesse dafür aufbringen, diese Welt zu erforschen und mehr und mehr ihrer Geheimnisse zu entdecken", so Klaus Fronius, Sohn des Gründers und Mitglied der Geschäftsleitung der Fronius International GmbH in Wels (Oberösterreich). Schon im Jahre 1945 führte diese Leidenschaft dazu, dass Günter Fronius das Unternehmen am Standort Pettenbach (Oberösterreich) gründete und mit der Produktion von Schweiß-generatoren begann. Der hohe technische Standard und die stetige Weiterentwicklung der Produkte sicherte Fronius von Beginn an eine starke Position am Markt und be-reits im Jahre 1972 konnte der zweite Produktionsstandort in Thalheim (Oberöster-reich) eröffnet werden. Im Laufe der Jahre kamen noch die Sparten Solarelektronik und Batterieladesysteme hinzu und das Unternehmen entwickelte sich von einem traditionellen Klein- und Mittelbetrieb in Familienbesitz zu einem Konzern mit über 1.600 Mitarbeitern und eigenen Vertriebstochtergesellschaften in Frankreich, Deutsch-land, Norwegen, der Schweiz, der Tschechischen Republik, der Slowakei, Brasilien, den USA und der Ukraine. In Sattledt (Oberösterreich) wird gerade das neue Produk-tions- und Logistikzentrum erbaut, Thalheim wird der zentrale Forschungs- und Ent-wicklungsstandort und von Wels aus sollen künftig alle Vertriebsaktivitäten gesteuert werden.

Das Unternehmen ist in den letzten Jahren sowohl umsatzmäßig als auch in der Zahl der Mitarbeiter stetig gewachsen. Fragt man nach dem Grund des Erfolgs, so erhält man mehrere Antworten. Die einen meinen, das Erfolgsrezept sei die familiäre Atmo-sphäre und das Fehlen von strikten Strukturen und Richtlinien, andere hingegen be-haupten, es seien die hohen Investitionen in die Produktentwicklung und das Einge-hen auf kundenindividuelle Wünsche, gekoppelt mit hoher technischer Kompetenz. Mit Sicherheit kann jedoch gesagt werden, dass ein Grundpfeiler des Erfolgs die Un-ternehmenskultur von Fronius ist. Die Geschäftsleitung verkörpert in ihrem Handeln und Agieren die definierten Unternehmenswerte und erhebt die „Orientierung am Menschen" zum wichtigsten Leitprinzip ihrer Arbeit. Diese Werteorientierung spiegelt sich sowohl in der Mitarbeiterpolitik als auch im Umgang mit Geschäftspartnern wi-der.

Dass Fronius ein sehr erfolgreiches Unternehmen ist, zeigen auch Daten und Zahlen des Jahres 2005 (*Abbildung 1-1*).

---

**Abbildung 1-1:**    *Die wichtigsten Zahlen und Daten des Jahres 2005*

---

| Umsatz | 203.100.000 EUR |
|---|---|
| Exportquote | 85,9% |
| Investitionsquote | 8,49% |
| F&E-Quote | 9,06% |
| Mitarbeiter | 1622 |
| Lehrlinge (in Österreich) | 85 |
| Aktive Patente | 300 |

# 2    Die Sparte Schweißtechnik

Heute ist Fronius sowohl Europas Markt- als auch Technologieführer in der Schweiß-technik und gilt darüber hinaus in all seinen Tätigkeitsfeldern als innovatives Vorbild. Schon mehrere Male wurde der österreichische Innovationspreis an Fronius International verliehen.

Fronius ist in der Schweißtechnik der Premiumanbieter. Die Produkte von Fronius entsprechen sowohl technisch als auch in ihrer Verarbeitung und Handhabung den allerhöchsten Qualitätsansprüchen und haben eine durchschnittliche Lebensdauer von 15 Jahren. Man kann die Geräte von Fronius auch als die „Audis" unter den Schweiß-geräten bezeichnen.

Bei Fronius wird von der Entwicklung neuer Produkte über die Produktion bis hin zum Verkauf und After-Sales-Service alles im Haus gemacht. Zusätzlich bietet man den Kunden Dienstleistungen in Form von Engineering, Consulting und Schulungen an. Die Leitidee der maximalen Kundenorientierung ist traditionell verankert. „Die Mitbewerber lernen immer rascher von uns als Technologieführer. Wir müssen mit unseren Kunden immer im direkten Kontakt stehen", erklärt Klaus Fronius seine Plä-ne für die Zukunft. Darüber hinaus setzt man bei Fronius stark auf den Bereich For-schung und Entwicklung. Ungefähr 10 Prozent des Umsatzes werden jährlich in die Forschungs- und Entwicklungsabteilung investiert, um den Know-how-Vorsprung weiterhin abzusichern. Die Marktposition unter den fünf weltgrößten Schweißsystem-Herstellern will man nicht nur halten, sondern ausbauen.

Das Produktportfolio von Fronius beinhaltet manuelle Schweißgeräte für standardi-sierte Anwendungen sowie vollautomatisierte, robotergesteuerte kundenindividuelle Schweißanlagen, die alle der Technik des Lichtbogenschweißens zuzuordnen sind.

Andere Verfahren stehen kurz vor dem Markteintritt. Typische Produkte, die mittels Lichtbogenschweißtechnik gefertigt werden, sind Achsen, Auspuffe, Karosserierahmen, Katalysatoren, Behälter, Pipelines, Brücken und Schiffsteile. Die technologische Vorreiterrolle in der Schweißtechnik stellt Fronius auch immer wieder durch die Entwicklung neuer Schweißprozesse unter Beweis. Im Jahr 2004 stellte das Unternehmen den neuen Schweißprozess „Cold Metal Transfer" vor. Dieses weltweit bislang einzigartige Verfahren ermöglicht völlig neue Anwendungen sowie die Verarbeitung bisher schwer verschweißbarer Materialien wie beschichtetes Blech oder Magnesium.

# 3    Der Mitbewerb

In der Sparte Schweißtechnik zählen zwei Unternehmen zu den stärksten Mitbewerbern von Fronius. Das schwedische Unternehmen ESAB ist der weltweit größte Hersteller von Schweißzusätzen und Ausrüstungen, ist aber auch im Bereich der Schweißgeräte und -automaten sehr stark. Die ESAB-Gruppe gehört zur Charter plc. of London und machte im Jahr 2004 einen Gesamtumsatz von 1.506,8 Millionen USD und beschäftigt 6.357 Mitarbeiter weltweit. ESAB ist in nahezu allen Ländern der Welt präsent, entweder durch eigene Niederlassungen oder Agenten.

Das amerikanische Unternehmen Lincoln Electronic stellt den zweiten großen Mitbewerber von Fronius International dar. Dieses Unternehmen beschäftigt ca. 7.000 Mitarbeiter, die auf Produktionsstandorte in 18 Ländern und Vertriebsniederlassungen in mehr als 160 Ländern verteilt sind. Im Jahr 2004 konnte Lincoln Electronic einen Gesamtumsatz von mehr als 1.333,6 Millionen USD erwirtschaften.

Sowohl ESAB als auch Lincoln sind Unternehmen, die als echte „Global Player" zu bezeichnen sind und im internationalen Vertrieb weit besser aufgestellt sind als Fronius. Zusätzlich beschränken sich beide Unternehmen nicht nur auf das Lichtbogenschweißen, sondern decken einen viel größeren Bereich der Schweißtechnik ab.

Die strategische Ausrichtung von Fronius sieht vor, in Zukunft verstärkt in den Aufbau eines internationalen, flächendeckenden Vertriebsnetzes zu investieren. Dieser Internationalisierungskurs ist wichtiger Bestandteil der Zehnjahres-Strategie von Fronius International.

# 4    Der Absatzmarkt

Die Sparte Schweißtechnik ist als stark wachsender Bereich die wichtigste Säule von Fronius mit einem jährlichen Umsatzplus von durchschnittlich 5 bis 10 Prozent. Die Kundenstruktur ist sehr heterogen und reicht von Klein- und Mittelbetrieben bis hin zu Großkonzernen in den unterschiedlichsten Branchen. Als Schlüsselbranche kann die Automobil- und Zulieferindustrie bezeichnet werden. Fronius spezialisiert sich auf die Anforderungen dieser Industrie und bietet schweißtechnische Kompetenz sowie Service für globale Automobilkunden. Das angestrebte Ziel ist, dass jede Anfrage eines Automobilkonzerns innerhalb von drei Stunden durch speziell für die Automobil- und Zulieferindustrie geschulte Techniker und Verkäufer, auch als Fachberater bezeichnet, bearbeitet wird.

Den Großteil des Umsatzes, nämlich rund 65 Prozent, erwirtschaftet Fronius im Geschäftsbereich Schweißtechnik mit europäischen Kunden, wobei man in jüngster Vergangenheit den Vorstoß nach Amerika gewagt hat. In Österreich verzeichnet Fronius einen Marktanteil von 65 Prozent.

# 5    Das Vertriebssystem der Sparte Schweißtechnik bis in die 90er-Jahre

Fronius war von der Gründung an bis in die späten 80er-Jahre ein klassisches mittelständisches Familienunternehmen, das von Österreich aus alle Geschäfte abwickelte. Nach und nach wurden jedoch weltweite Vertriebswege aufgebaut. Es wurden Tochtergesellschaften in Westeuropa gegründet und in den restlichen Ländern und Kontinenten suchte man Repräsentanten in Form von Generalimporteuren. In den frühen 90er-Jahren gründete Fronius Tochtergesellschaften in der Ukraine, Tschechien, der Slowakei, der Schweiz, Norwegen, Frankreich und Deutschland. Ein wichtiger Meilenstein im Aufbau eines weltweiten Vertriebsnetzes war die Gründung der Vertriebs- und Servicetochtergesellschaften in Michigan (USA) und São Paulo (Brasilien) Anfang 2000.

Das vorrangige Ziel bei der Gründung der Tochtergesellschaften in den frühen 90er-Jahren war, in möglichst kurzer Zeit ein schnelles Umsatzwachstum zu generieren. Von der Zentrale wurden hierbei nur wenige Prozesse vorgegeben. Die Folge waren Tochtergesellschaften mit großem Handlungsspielraum und unterschiedlichen Vertriebsstrukturen:

▪ In flächenmäßig großen Ländern eine Landeszentrale mit einem Vertriebsleiter, mehrere im Land verteilte Niederlassungen mit ca. 4 bis 12 Mitarbeitern (Innendienst, Verkäufer und Techniker) und entsprechende Niederlassungsleiter.

▪ In eher kleineren Ländern keine dezentralen Niederlassungen, sondern nur Landeszentrale mit Supportstruktur, Verkäufern und Technikern.

In der Regel betreut jeder Verkäufer seine Kunden alleine nach dem Prinzip „one face to the customer" und wendet sich bei technisch hochkomplexen Projekten an die Landeszentrale oder das Technologiecenter bei Fronius International. In letzterem Fall reisen Spezialisten von Fronius International in das jeweilige Land und unterstützen den Verkäufer.

Bei den Generalimporteuren ist die Situation ähnlich. Sie haben wie die Tochtergesellschaften völlige Handlungsfreiheit hinsichtlich ihrer Verkaufsprozesse, stehen jedoch nicht im Eigentum der Fronius International GmbH. In der Regel vertreiben die Repräsentanten die Produkte in dem jeweiligen Land über ihr eigenes flächendeckendes Händlernetz bzw. Filialen. Die Geschäftsbeziehung zwischen Fronius und den Repräsentanten kann als sehr partnerschaftlich bezeichnet werden. Es bestehen langfristige vertragliche Bindungen, die in den seltensten Fällen gelöst werden.

*Abbildung 5-1:*    *Vereinfachtes Vertriebs-Organigramm*

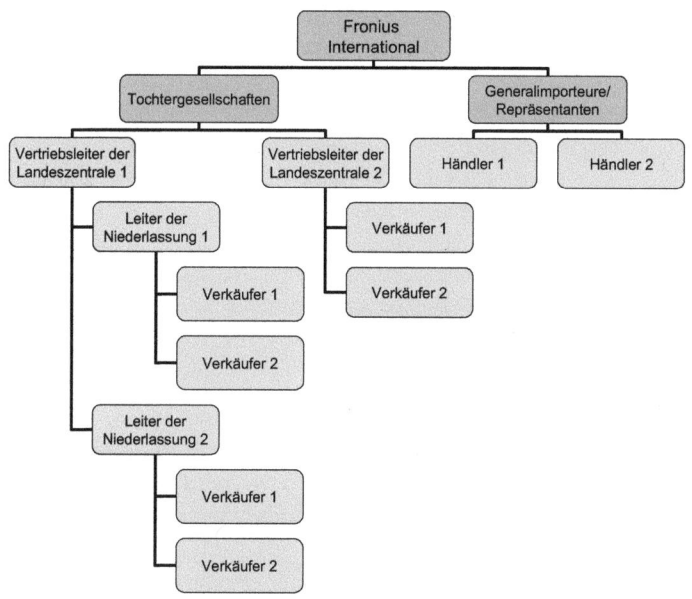

Fronius setzt sowohl bei den Tochtergesellschaften als auch bei den Repräsentanten auf eine möglichst offene Kommunikationskultur. Von der Zentrale werden sehr viele Informationen zur Verfügung gestellt und seit Anfang 2000 gibt es auch das „Schweissercafe", eine virtuelle und reale Wissensmanagement-Plattform für Mitarbeiter der Fronius International GmbH, der Tochtergesellschaften und der Repräsentanten.

Insgesamt weist der Vertrieb von Fronius Ende der 90er-Jahre die in *Abbildung 5-1* vereinfacht dargestellte Struktur auf.

# 6 Die Kunden

Fronius verkauft seine Produkte sowohl an Klein- und Mittelbetriebe als auch an Großkonzerne, die jeweils von den Tochtergesellschaften bzw. Repräsentanten vor Ort akquiriert werden. Abhängig von der Kundenstruktur des Landes konzentrieren sich einige Länder eher auf Klein- und Mittelbetriebe, andere hingegen, wie zum Beispiel Deutschland, akquirieren primär Großkonzerne.

Da es bei Großkunden in der Regel um sehr komplexe Problemlösungen geht, wird von dem betreuenden Verkäufer meist die Unterstützung der Landeszentrale und auch von Fronius International angefordert. Vom Zeitpunkt der ersten Kontaktaufnahme bis zum tatsächlichen Geschäftsabschluss können mehrere Monate vergehen. Die Schweißsysteme werden in automatisierten Produktionsstraßen eingesetzt, was komplexes technisches Know-how und individuelle Problemlösungsentwicklungen voraussetzt. Es kommt vor, dass die Schweißsysteme erst in der Forschungs- und Entwicklungsabteilung des potenziellen Kunden über mehrere Jahre umfassend getestet werden oder dass Fronius speziell für den Kunden ein neues Produkt entwickelt, das den jeweiligen Anforderungen entspricht. Nach erfolgreicher Testphase oder Produktentwicklung beginnt die Phase der konkreten Vertragsverhandlungen, in welche von Seiten des Kunden unterschiedliche Abteilungen und Personen auf Konzern- und Landesebene involviert sind. In der Regel sind am Beschaffungsprozess die Einkaufsabteilung und die Produktions- und Schweißverantwortlichen für den Gesamtkonzern sowie für das beschaffende Werk beteiligt.

Die Akquisition von Klein- und Mittelbetrieben erweist sich in der Regel als einfacher. Mittels telefonischer Kaltakquise wird Interesse für die Produkte geweckt und wenn möglich ein persönlicher Termin mit einem Fronius-Verkäufer vereinbart, der umfassend über die Produkte berät und dem Interessenten auch die Möglichkeit bietet, die Geräte mehrere Tage bei sich in der Werkstatt zu testen. Wenn es zu konkreten Verkaufsverhandlungen kommt, sind beim Kunden meist zwei Personen beteiligt. In der Regel sind dies der Eigentümer und der Produktionsverantwortliche.

# 7    Das Projekt „Teamselling"

Seit einiger Zeit gibt es Bestrebungen der Geschäftsleitung, Verbesserungen im Vertrieb der Schweißtechnik vorzunehmen. Es hat sich in der Vergangenheit gezeigt, dass ein einzelner Verkäufer den wachsenden Anforderungen der Kunden nicht mehr gerecht werden kann und immer öfter Experten von Fronius International zu den Projekten hinzugezogen werden müssen, was große Kosten und einen Zeitverzug für den Kunden verursacht. Darüber hinaus macht man bereits 20 Prozent des Umsatzes mit internationalen Automobil- und Zulieferunternehmen, denen einerseits ein umfassender, weltweiter Support garantiert werden muss und die andererseits Konzernvereinbarungen verlangen. Dies bedeutet, dass Fronius offiziell als Lieferant gelistet wird und Preise und Konditionen vereinbart werden, die für den Gesamtkonzern einschließlich aller weltweiten Werke Gültigkeit haben. Somit muss von Fronius International sichergestellt werden, dass der Kunde weltweit zu den gleichen Preisen und Konditionen bedient wird.

Der Geschäftsleitung ist es auch ein besonderes Anliegen, dass sich ihr Leitprinzip der Orientierung am Menschen im Vertriebssystem widerspiegelt. Die Idee ist, verstärkt auf Projektarbeit in Teams, eigenverantwortliches Arbeiten und noch mehr Kommunikation zu setzen.

Ein Projektteam bei Fronius International bekommt die Aufgabe, ein teamorientiertes Vertriebskonzept zu entwickeln. Das Projektteam hat der Geschäftsleitung bereits folgendes Grobkonzept präsentiert:

- Persönlicher Verkauf und Beratung sind wesentliche Elemente der Marktbearbeitung. Darüber hinaus wird kein Kunde mehr von einem Verkäufer alleine betreut, sondern es werden Verkaufs- und Serviceteams gebildet. Pro Team sollen die Funktionen Fachberatung (= Verkäufer), Anwendungstechnik, Innendienst und Service abgedeckt sein. Zwar ist es möglich, dass eine Person mehrere dieser Kompetenzen abdeckt, allerdings muss ein Team aus zumindest zwei Personen bestehen.

- Die Mitarbeiter von bestehenden Niederlassungen werden in Teams zusammengefasst. Innerhalb des Teams gibt es keine Hierarchien. Das gesamte Team ist dem nationalen Vertriebsleiter in der Landeszentrale unterstellt.

- Der Fachberater bleibt in der Rolle der ersten Ansprechperson für den Kunden, hat jedoch nun ein Team um sich und braucht nur noch bei hochkomplexen Projekten die Unterstützung der Zentrale. Es soll ein abgestuftes Support-System eingeführt werden, sodass sich die Fachberater je nach Komplexität des Projekts zuerst an ihre Landeszentrale und erst in der Folge an Fronius International wenden.

- Für das Team wird ein ergebnisorientiertes Teamentgeltsystem geschaffen.

- Hinsichtlich der Akquisition strategischer Großkunden wird eine neue Struktur entwickelt, die sicherstellt, dass man die weltweite Einhaltung von Konzernvereinbarungen und auch entsprechenden Support garantieren kann.

- Es wird eine Checkliste erstellt, die alle Kriterien umfasst, die zur Aufrechterhaltung des Rufs als Premiumanbieter beitragen. Betroffen sind Punkte wie etwa Vorgaben hinsichtlich der Gebäude- und Serviceausstattung sowie der von den Teammitgliedern zu absolvierenden Aus- und Weiterbildungsmaßnahmen.

- Im ersten Schritt sollen alle Tochtergesellschaften auf das neue Teamselling-Konzept umgestellt werden und in weiterer Folge auch die Repräsentanten.

Die Geschäftsleitung zeigt sich zwar mit den Vorschlägen des Projektteams zufrieden, äußert jedoch auch Bedenken. Man macht sich Sorgen, wie das neue Teamkonzept in den Tochtergesellschaften implementiert werden kann, da diese bislang eigenständig agierten. Auf keinen Fall möchte man den Eindruck erwecken, dass die Fronius-Kultur die Unternehmensidentität der Vertriebstöchter ersetzen soll. Weiters ist man darüber besorgt, wie das Teamselling-Konzept aufgrund der kulturellen Unterschiede in Regionen wie Asien oder Amerika angenommen wird.

Die Idee der Checkliste findet die Geschäftsleitung sehr gut, auch wenn die Umsetzung mit hohen Kosten verbunden sein kann. Vor allem den Repräsentanten müssen eindeutige Gründe genannt werden, damit diese einen Vorteil in der Umsetzung der Liste sehen.

Die Geschäftsleitung ersucht das Projektteam, die Ideen des Grobkonzepts noch weiter zu vertiefen und ihre Anmerkungen und Bedenken zu berücksichtigen.

# 8 Problemstellungen

Versetzen Sie sich in die Situation, dass Sie Mitglied des Projektteams und an der Überarbeitung des Teamselling-Konzepts beteiligt sind. Folgende Aufgaben sollen von Ihnen gelöst werden:

■ Entwickeln Sie eine Vorgehensweise zur Implementierung des Teamselling-Konzepts in den Vertriebsniederlassungen im In- und Ausland. Zeigen Sie Möglichkeiten von Audits und Consulting-Aktivitäten von Fronius International bei der Implementierung in den Tochtergesellschaften auf.

■ Welche Probleme können sich hinsichtlich der unterschiedlichen Vertriebsstrukturen in den einzelnen Ländern ergeben? Mit welchen Maßnahmen kann den kulturellen Unterschieden begegnet werden?

■ Wie könnte ein abgestuftes Support-System gestaltet werden, um sicherzustellen, dass auch hochkomplexe technische Probleme des Kunden gelöst werden, ohne dass damit hoher Kostenaufwand und großer Zeitverzug verbunden sind? Welche Rolle kommt den einzelnen Landeszentralen und der Zentrale von Fronius International zu?

■ Wie könnte ein ergebnisorientiertes Teamentgeltsystem aussehen?

■ Erstellen Sie ein Marketingkonzept für die Akquisition von Klein- und Mittelbetrieben bzw. Großkonzernen. Wie kann die Einhaltung von Konzernvereinbarungen sichergestellt werden? Welche Aufgaben sollen die Teams, die Landeszentralen und Fronius International übernehmen?

■ Überlegen Sie sich, wie die optimale Kundenbetreuung vor Ort durch das Team sichergestellt werden kann. Wie sollen die Aufgaben im Team verteilt werden, um den Anforderungen des Buying Centers eines Kunden gerecht zu werden und das wahrgenommene Risiko vor dem Geschäftsabschluss zu minimieren?

■ Analysieren Sie das bereits präsentierte Grobkonzept und nehmen Sie kritisch dazu Stellung. Welche Punkte bewerten Sie positiv, welche negativ?

■ Entwickeln Sie einen Alternativvorschlag, der die Anmerkungen und Bedenken der Geschäftsleitung berücksichtigt. Machen Sie sich auch Gedanken über mögliche Inhalte der Checkliste, die dazu beitragen, dem Ruf als Premiumanbieter gerecht zu werden.

Clemens Strahammer/Arnold Ackerlauer/Thomas Werani

# Fallstudie voestalpine AG
Entwicklung einer divisionsübergreifenden Vertriebsstruktur für die Automobilindustrie

# 1    Die voestalpine AG

Die voestalpine AG ist ein internationaler Stahl- und Verarbeitungskonzern mit Sitz in Österreich. Sie besteht aus den in *Abbildung 1-1* dargestellten vier Divisionen und verfügt über 80 Produktions- und Vertriebsstandorte in mehr als 30 Ländern weltweit (*Abbildung 1-2*).

---

**Abbildung 1-1:**    *Divisionale Konzernstruktur der voestalpine AG*

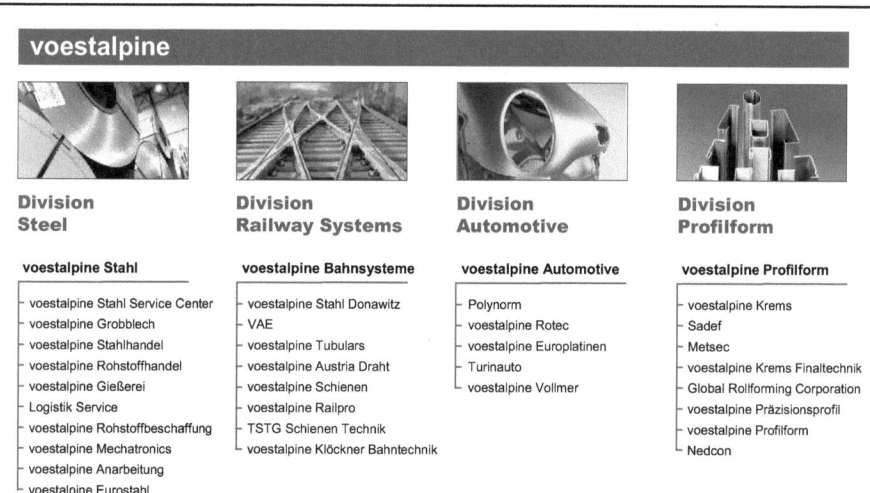

---

Seit 1995 ist die voestalpine AG börsennotiert und seit Herbst 2005 vollkommen privatisiert. Mehr als 50 Prozent der Aktien befinden sich in österreichischen Händen (ca. 10 Prozent entfallen auf die Mitarbeiterbeteiligung), etwa ein Viertel liegt in nordamerikanischem Besitz und die übrigen Aktionäre kommen vorwiegend aus europäischen Nachbarländern. Seit dem Börsengang haben sich die Umsatzerlöse weit mehr als verdoppelt, wobei jeweils die Hälfte auf Stahl- und Verarbeitungsaktivitäten entfällt.

Im Geschäftsjahr 2005/06 erreichte die voestalpine AG mit ihren rund 23.000 Mitarbeitern einen Umsatz von 6,5 Mrd. Euro und ein EBIT von rund 732 Mio. Euro. Der Umsatz lag um 12,5 Prozent bzw. das EBIT um 32,4 Prozent über dem Ergebnis des Geschäftsjahres 2004/05. Der Gewinn je Aktie konnte von 9,44 auf 13,13 Euro erhöht werden. *Abbildung 1-3* fasst die wichtigsten Zahlen zum voestalpine-Konzern zusammen.

**Abbildung 1-2:** Produktions- und Vertriebsstandorte des voestalpine-Konzerns

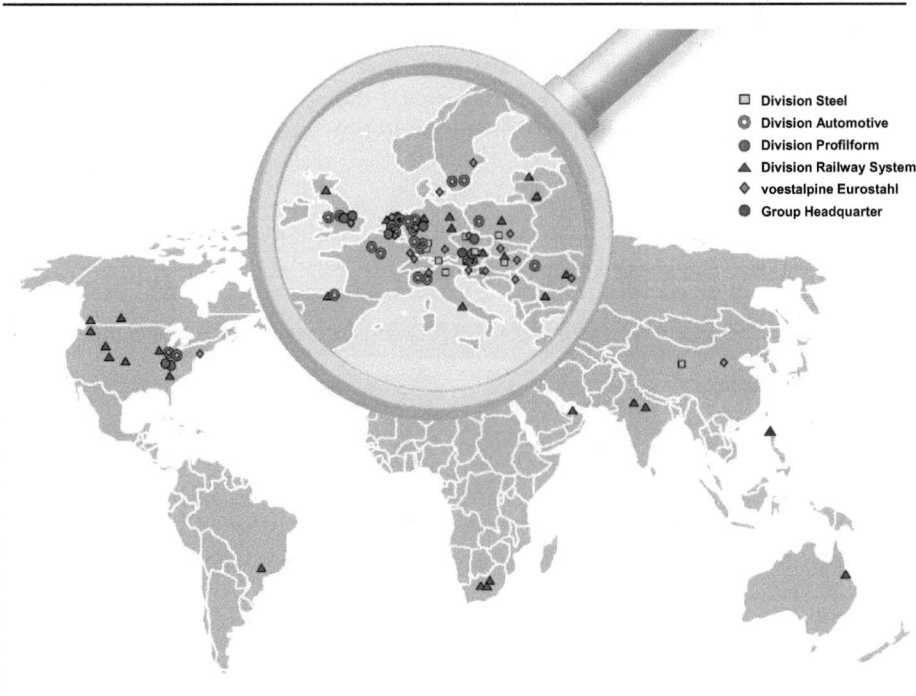

□ Division Steel
○ Division Automotive
● Division Profilform
▲ Division Railway Systems
◆ voestalpine Eurostahl
● Group Headquarter

**Abbildung 1-3:** Der voestalpine-Konzern in Zahlen

| Gegenüberstellung der Geschäftsjahre 2004/05 und 2005/06 | | | |
|---|---|---|---|
| gem. IFRS, in EURO | 2004/05 | 2005/06 | Veränderung |
| | 1. 4. 04 - 31. 3. 05 | 1. 4. 05 - 31. 3. 06 | |
| Umsatz | 5.779,1 Mio. | 6.501,40 Mio. | +12,5% |
| EBITDA | 887,7 Mio. | 1.092,00 Mio. | +23,0% |
| EBIT | 552,5 Mio. | 731,8 Mio. | +32,4% |
| EBIT-Marge in % | 9,6 | 11,3 | |
| Periodenüberschuss | 373,5 Mio. | 525,3 Mio. | +40,6% |
| Gewinn je Aktie | 9,44 | 13,13 | +39,1% |

Die Produktpalette des voestalpine-Konzerns ist breit gefächert und umfasst die in *Abbildung 1-4* genannten Produktgruppen.

**Abbildung 1-4:** *Die Produktgruppen des voestalpine-Konzerns*

| | | |
|---|---|---|
| Automotive Komponenten | Bahninfrastruktur | Dienstleistungen |
| Draht | Gießereiprodukte | Grobblech |
| Hausgerätekomponenten | Lagertechnik | Mineralische Produkte |
| Profile/Formrohre | Rohre | Rohstoffhandelsprodukte |
| Stahlband | Stahlblöcke | Stahlhandelsprodukte |

Der Konzern ist Systemlieferant für die Automobilindustrie, Weltmarktführer bei Weichen und Spezialschienen sowie führend bei Sonderprofilen und -rohren. Die Produkte der einzelnen Divisionen werden zu 28 Prozent in die Automobil-, zu 17 Prozent in die Bau- und Bauzulieferindustrie, zu 15 Prozent in das Eisenbahnwesen, zu 12 Prozent in die Stahl- und Maschinenbaubranche, zu 10 Prozent in die Öl-, zu 5 Prozent in die Hausgeräteindustrie sowie die restlichen 13 Prozent in sonstige Bereiche geliefert.

Im Export werden 82 Prozent des Umsatzes erzielt, wobei Kunden in Deutschland und Italien einen wesentlichen Anteil ausmachen.

# 2 Die Divisionen der voestalpine AG im Überblick

Im Folgenden werden jene drei Divisionen der voestalpine AG – die Divisionen Stahl, Automotive und Profilform – näher betrachtet, die für die Fallstudie relevant sind.

## 2.1    Die Division Stahl

Die voestalpine Stahl GmbH, die Leitgesellschaft der Division Stahl, hat sich innerhalb des voestalpine-Konzerns zu einem Stahl-Kompetenzzentrum internationalen Formats entwickelt und ist seit vielen Jahren ein verlässlicher Partner der Automobil-, Bau-, Hausgeräte-, Elektro- und Energieindustrie. Als einer der führenden Stahlproduzenten Europas beliefert und berät die voestalpine Stahl GmbH zahlreiche namhafte Kunden im In- und Ausland.

Die voestalpine Stahl GmbH betreibt am Standort Linz (Oberösterreich) ein voll integriertes Hüttenwerk[1], das alle Voraussetzungen erfüllt, um den hohen Anforderungen an den Werkstoff Stahl gerecht zu werden. Durch die geographische Nähe der Produktionsanlagen lassen sich Synergien in den Bereichen Energie und Logistik bestens nutzen und Kompetenzen gemeinsam vertiefen.

Das Kerngeschäft der voestalpine Stahl GmbH liegt im Bereich der Flachprodukte[2]. Stahlbänder und die in einer Tochtergesellschaft produzierten Grobbleche bilden die Basis für die weiterverarbeitenden Schritte. Sowohl Warmband, Kaltband als auch oberflächenbeschichtete Bänder und Grobbleche werden in Tochtergesellschaften durch Längs- und Querteilung so vorbereitet, dass der Kunde sie direkt weiterverarbeiten kann. Diese Dezentralisierung war ein wesentlicher Erfolgsfaktor in der Vergangenheit. Zusätzlich bietet die voestalpine Stahl GmbH über weitere Tochterunternehmen Gießereiprodukte sowie verschiedene technische und logistische Dienstleistungen an. Durch die Umsetzung effizienter Lösungen aus einer Hand gelingt es, die Bedürfnisse des einzelnen Kunden exakt zu erfüllen.

Am Standort Linz wurden im Geschäftsjahr 2005/06 rund 4,8 Millionen Tonnen Rohstahl produziert. Durch die Umsetzung des Investitionsprogramms Linz 2010[3] sowie dessen Weiterführung im Projekt L6[4] sind Steigerungen im Output auf sechs Millionen Tonnen Rohstahl geplant.

Die Tätigkeitsfelder der einzelnen Gesellschaften der Division Stahl sind in *Abbildung 2-1* dargestellt.

---

[1]    Unter einem integrierten Hüttenwerk wird ein Stahlwerk verstanden, welches über alle Aggregate von der Koks-Erzeugung bis hin zum Stahl-Veredelungsprozess verfügt.

[2]    Am Ende des Hüttenprozesses stehen Flachprodukte, die in Form von Stahlrollen (Coils) entweder weiterverarbeitet oder an Kunden ausgeliefert werden.

[3]    Bis zum Jahr 2010 wird eine deutliche Kapazitätserweiterung angestrebt, die einerseits durch die Inbetriebnahme eines neuen Hochofens und andererseits durch die Modernisierung der Breitbandstraße erreicht werden soll.

[4]    L6 ist das Nachfolgeprojekt von Linz 2010 und verfolgt das Ziel, die Kapazitäten auf letztlich sechs Millionen Tonnen Rohstahl jährlich auszubauen.

*Abbildung 2-1:*   *Tätigkeitsfelder der einzelnen Gesellschaften der Division Stahl*

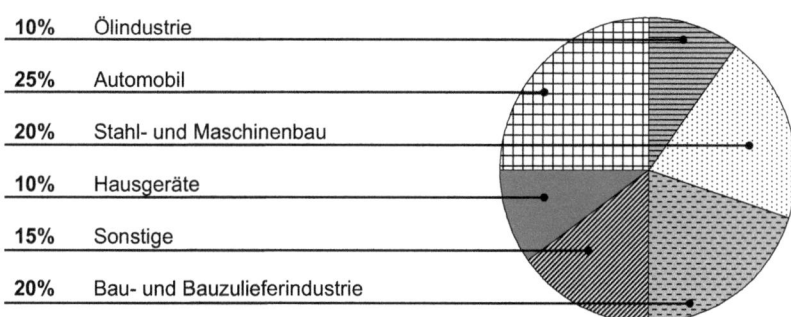

## voestalpine Division Stahl

**Leitgesellschaft: voestalpine Stahl GmbH**
Warmgewalzte, kaltgewalzte und oberflächenbeschichtete Stahlbänder

**voestalpine Stahl Service Center**
Anarbeitung (Längs- und Querteilen)

**voestalpine Stahlhandel**
Lagerhaltender Handel

**voestalpine Grobblech**
Grobblech, Plattierte Bleche,
Röhrenbleche

**voestalpine Mechatronics**
Prozess-Simulatoren, Automatisierte In-Line
Qualitätsprüfsysteme, Regelungs-
und Steuerungseinrichtungen

**voestalpine Gießerei**
Spezialguss, Stahlguss

**voestalpine Rohstoffbeschaffung**
Beschaffung von hüttenspezifischen
Rohstoffen für voestalpine Stahl GmbH
und voestalpine Stahl Donawitz GmbH

**voestalpine Rohstoffhandel**
Eisenschrott und Handel mit
Nichteisenmetallen

**voestalpine Anarbeitung**
Kompetenzzentrum für
Grobblechbearbeitung

**Logistik Service**
Transport-, Service- und Kontraktlogistik

**voestalpine Eurostahl**
Internationale Vertriebsorganisation

*Abbildung 2-2:*   *Branchenverteilung der Kunden der Division Stahl*

| 10% | Ölindustrie |
| 25% | Automobil |
| 20% | Stahl- und Maschinenbau |
| 10% | Hausgeräte |
| 15% | Sonstige |
| 20% | Bau- und Bauzulieferindustrie |

Wie *Abbildung 2-2* zeigt, sind die Kunden der Division Stahl zu 25 Prozent in der Automobilbranche, zu jeweils 20 Prozent in der Bau- und Bauzuliefer- sowie in der Stahl- und Maschinenbauindustrie, zu je 10 Prozent in der Hausgeräte- und Ölindustrie und zu 15 Prozent in sonstigen Branchen tätig.

## 2.2    Die Division Automotive

Die Division Automotive bündelt alle Aktivitäten des voestalpine-Konzerns, welche sich auf die Be- und Verarbeitung von Stahl – aber auch von anderen Werkstoffen wie Aluminium, Kunststoff und Verbundwerkstoffen – zu Komponenten, Modulen und Systemen für die Automobilindustrie richten. Der Schwerpunkt liegt hierbei auf der Karosserie, auf Präzisionsteilen sowie auf der Sicherheitstechnik. Als Beispiele sind die Herstellung von Pressteilen für Karosserien durch die niederländische voestalpine Polynorm-Gruppe oder lasergeschweißte Platinen der voestalpine Europlatinen-Gruppe zu nennen. Bei Letzteren handelt es sich um Verbindungen von Blechteilen unterschiedlicher Form, Dicke und/oder Festigkeit, die von Automobilherstellern zur Erfüllung komplexer Anforderungen hinsichtlich Crashverhalten und Stabilität bei gleichzeitiger Gewichtsreduktion benötigt werden.

Wie aus *Abbildung 2-3* hervorgeht, sind die Kunden der Division Automotive zu 82 Prozent in der Automobil-, zu 12 Prozent in der Bau- und Bauzuliefer-, zu 3 Prozent in der Stahl- und Maschinenbauindustrie und zu 3 Prozent in sonstigen Branchen angesiedelt.

*Abbildung 2-3:*    *Branchenverteilung der Kunden der Division Automotive*

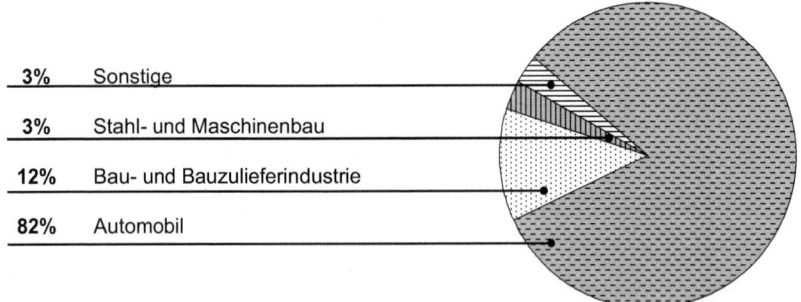

| | |
|---|---|
| 3% | Sonstige |
| 3% | Stahl- und Maschinenbau |
| 12% | Bau- und Bauzulieferindustrie |
| 82% | Automobil |

## 2.3 Die Division Profilform

In der Division Profilform sind die Rohr- und Profilformaktivitäten des voestalpine-Konzerns zusammengefasst. Erzeugt werden geschweißte Formrohre und Hohlprofile, offene Standardprofile sowie kundenspezifisch gefertigte Sonderrohre und -profile. Darüber hinaus werden in dieser Division Hochregallager und Elemente zur Straßensicherheit wie etwa Leitschienen produziert.

16 Prozent ihres Umsatzes erzielt die Division Profilform im automobilen Sektor. Die Produktpalette reicht dabei von Stahlprofilen für PKW-Fahrwerke und -Karosserien (voestalpine Krems GmbH) über Stahlprofile für LKW-Längsträger (Sadef N.V.) bis hin zu speziellen Stahlprofilen für Laderaumabdeckungen von PKWs und Minivans (voestalpine Profilform s.r.o).

*Abbildung 2-4* verdeutlicht, dass der Großteil der Kunden der Division Profilform, nämlich 37 Prozent, aus der Bau- und Bauzulieferindustrie kommt. Zudem stammen 25 Prozent der Kunden aus der Transport- und Lagerungsbranche, 7 Prozent aus dem Stahl- und Maschinenbau und 15 Prozent aus sonstigen Branchen.

*Abbildung 2-4:*   *Branchenverteilung der Kunden der Division Profilform*

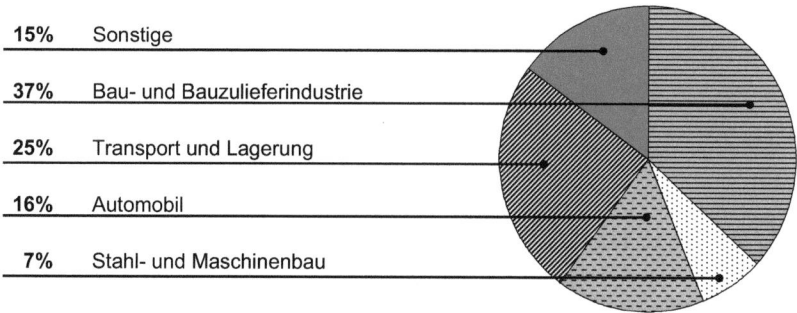

| | |
|---|---|
| **15%** | Sonstige |
| **37%** | Bau- und Bauzulieferindustrie |
| **25%** | Transport und Lagerung |
| **16%** | Automobil |
| **7%** | Stahl- und Maschinenbau |

Die einzelnen Gesellschaften der Divisionen Automotive und Profilform sind in *Abbildung 2.5* im Überblick dargestellt.

**Abbildung 2-5:**  *Die Gesellschaften der Divisionen Automotive und Profilform*

| voestalpine Automotive GmbH | voestalpine Profilform GmbH |
|---|---|
| - voestalpine Polynorm N.V. | - voestalpine Krems GmbH |
| - voestalpine Europlatinen GmbH | - voestalpine Krems Finaltechnik GmbH |
| - voestalpine Rotec GmbH | - Nedcon Groep N.V. |
| - voestalpine Vollmer GmbH & Co KG | - Sadef N.V. |
| - Turinauto S.p.A. (33%) | - Metsec plc |
| | - Roll Forming Corporation |
| | - voestalpine Präzisionsprofil GmbH |
| | - voestalpine Profilform s.r.o. |
| **Division Automotive** | **Division Profilform** |

# 3 Der wichtigste Kunde der voestalpine AG

Ein großer europäischer Automobilkonzern ist der umsatzstärkste Kunde der voestalpine AG. Die Divisionen Stahl, Automotive und Profilform beliefern die europäischen Werke dieses Konzerns mit zahlreichen Produkten. Der Kunde ist ähnlich wie der voestalpine-Konzern in völlig eigenständige und eigenverantwortlich agierende Sparten unterteilt, nämlich PKW, LKW und Bus. Alle drei Sparten werden von der voestalpine AG beliefert.

## 3.1 Belieferung durch die Division Stahl

Die Division Stahl verbindet mit dem Kunden eine mittlerweile 52-jährige Geschäfts-beziehung, die durch einen sehr partnerschaftlichen Umgang geprägt ist. Der Kunde hat aufgrund des Umsatzanteils – er gehört zu den Top-3-Kunden – für die Division Stahl höchste Priorität und wird dementsprechend äußerst sorgsam und zuvorkom-mend behandelt.

Drei Unternehmen der Division Stahl (voestalpine Stahl GmbH, voestalpine Gießerei und voestalpine Stahl Service Center) beliefern alle Sparten des Automobilkonzerns. Innerhalb der Division Stahl ist der Vertrieb der einzelnen Gesellschaften dezentral organisiert und die Gesellschaften sind ergebnisverantwortlich. Somit existieren un-terschiedliche Vertriebsstrukturen und unterschiedliche Ansprechpartner bzw. Ver-antwortliche für den Kunden.

Der Vertrieb der voestalpine Stahl GmbH und des voestalpine Stahl Service Center ist nach den Branchen Automobil, Bau und Hausgeräte gegliedert, mit jeweils einem Branchenleiter, der direkt dem Vertriebsvorstand der voestalpine Stahl GmbH unter-steht. Dem Branchenleiter sind wiederum Key-Account-Manager unterstellt, die in der Regel als erster Ansprechpartner für die von ihnen betreuten Kunden fungieren und die auch die Vertragsverhandlungen führen. Nur im Bedarfsfall wird der Branchenlei-ter hinzugezogen, dem die Letztentscheidung über einen Vertragsabschluss obliegt.

Die Vertriebsstruktur der voestalpine Gießerei ist aufgrund der geringeren Größe des Unternehmens einfacher aufgebaut. Die Letztentscheidung über ein Geschäft liegt beim Geschäftsführer, unter dem sich direkt die zuständigen Verkäufer befinden.

## 3.2 Belieferung durch die Division Automotive

Wie bereits erläutert ist die Division Automotive auf die Belieferung der Automobilin-dustrie spezialisiert. Der europäische Automobilkonzern zählt auch in dieser Division zu den absoluten Top-Kunden und genießt einen entsprechenden Sonderstatus.

Drei Unternehmen der Division Automotive (voestalpine Polynorm N.V., voestalpine Europlatinen GmbH und voestalpine Rotec GmbH) beliefern den Automobilkonzern mit lasergeschweißten Platinen, Pressteilen aus Stahl, Pressteilen aus Plastik und Komponenten wie Türen und Motorhauben. Bei Polynorm erfolgt die Kundenbetreu-ung durch einen Key-Account-Manager, bei den anderen beiden Unternehmen jeweils durch einen Verkäufer[5]. Die Letztverantwortung liegt beim jeweiligen Geschäftsführer.

---

5   Hierbei handelt es sich lediglich um eine begriffliche Unterscheidung. Mit beiden Funktionen ist de facto dieselbe Kompetenz verbunden.

## 3.3 Belieferung durch die Division Profilform

Aus der Division Profilform werden vorwiegend die Sparten LKW und Bus durch die Unternehmen voestalpine Krems GmbH und Sadef N.V. mit Profilen beliefert. Die Division Profilform unterhält im Vergleich zu den beiden anderen Divisionen verhältnismäßig wenige Geschäftsbeziehungen mit der Automobilbranche. Auch umsatzmäßig ist der europäische Automobilkonzern eher unbedeutend. Demzufolge wird dieser wie jeder andere Kunde behandelt.

In den genannten Unternehmen der Division Profilform erfolgt die Betreuung des Kunden in erster Linie durch die Verkaufsleitung, wobei die Letztentscheidung dem jeweiligen Geschäftsführer obliegt.

## 3.4 Die Beschaffungssituation des Kunden

Der europäische Automobilkonzern sieht sich mit einer komplexen Beschaffungssituation konfrontiert, da er in jeder seiner drei Sparten mit Verkäufern und Key-Account-Managern verschiedener Divisionen und Unternehmen der voestalpine AG verhandeln muss. Im Fall des in *Abbildung 3-1* illustrierten Beschaffungsbeispiels bedeutet dies, dass sich der Einkaufsdirektor der Sparte PKW mit den Verkäufern und Key-Account-Managern jeweils mehrerer Unternehmen der zwei Divisionen Stahl und Automotive auseinander setzen muss.

---

***Abbildung 3-1:*** *Beschaffungsbeispiel für die Sparte PKW*

---

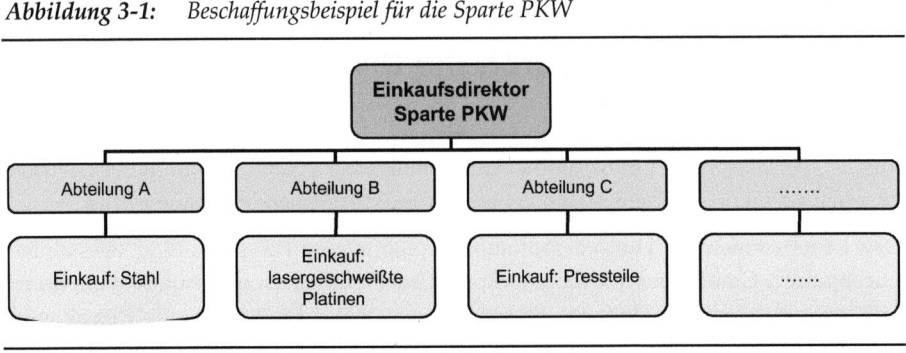

# 4 Dezentralisierung: Die zwei Seiten einer Medaille

Zur Stärkung der partnerschaftlichen Zusammenarbeit lädt der für den europäischen Automobilkonzern zuständige Key-Account-Manager der voestalpine Stahl GmbH den Einkaufsdirektor der Sparte PKW zu einer Werksbesichtigung nach Linz ein. Abgesehen von der Belieferung durch die voestalpine Stahl GmbH wird bei diesem Besuch auch die Zusammenarbeit mit dem gesamten voestalpine-Konzern thematisiert. Der Kunde deponiert, dass er sich eine Vereinfachung des Beschaffungsprozesses wünschen würde. Im Detail möchte er, dass es zukünftig nur noch einen zentralen Ansprechpartner seitens der voestalpine AG gibt, der die Koordination der Verkaufsaktivitäten über die drei Divisionen sicherstellt. Der Kunde nennt zwei Gründe für seine Forderung. Zum einen sieht er sich innerhalb des voestalpine-Konzerns mit unterschiedlichen Kulturen konfrontiert. Während sich die Unternehmen der Division Stahl dem Kunden gegenüber äußerst zuvorkommend verhalten und mit diesem einen partnerschaftlichen Umgang pflegen, tritt so manches Unternehmen der zwei anderen Divisionen genau umgekehrt auf: Der Kunde wird als einer von vielen gesehen und es wird beinhart um jeden Cent verhandelt. Zum anderen erwartet sich der Kunde, dass durch die Bündelung der Verkaufsaktivitäten über eine zentrale Schnittstelle günstigere Preise realisiert werden können. Denn er kritisiert, dass aufgrund der Eigenständigkeit der einzelnen Divisionen und Unternehmen der voestalpine AG und der damit verbundenen Dezentralisierung des Vertriebs kein Bewusstsein dafür vorhanden ist, welche Menge der Kunde konzernweit bezieht.

Einige Tage nach dem Besuch des Einkaufsdirektors findet ein divisionsübergreifendes Treffen der voestalpine AG statt, um den vom Kunden vorgebrachten Wunsch zu diskutieren: Soll man einen Konzern-Key-Account-Manager installieren, der die Verkaufsaktivitäten der drei betroffenen Divisionen gegenüber dem Kunden koordiniert? Welche Vorteile und Nachteile wären damit verbunden? Könnte ein Konzern-Key-Account-Manager überhaupt in die Preispolitik der rechtlich eigenständigen und ergebnisverantwortlichen Unternehmen der einzelnen Divisionen eingreifen?

Alle Teilnehmer des Treffens sind sich einig, dass mit der Philosophie der Dezentralisierung und der damit einhergehenden Eigenständigkeit der einzelnen Divisionen und Unternehmen des voestalpine-Konzerns zwar wesentliche Vorteile verbunden sind, der Wunsch des Kunden jedoch einen grundsätzlichen Nachteil der Dezentralisierung ans Licht gebracht hat: Innerhalb der Divisionen werden zwar alle Informationen über den Kunden gesammelt, doch ein zentraler Konzern-Informationspool ist – abgesehen von Umsatzzahlen – bislang noch nicht vorhanden. Wäre es mit Blick auf eine divisionsübergreifende Kundenbearbeitung nicht sinnvoll, wenn die einzelnen Divisionen untereinander mehr Informationen über ihre gemeinsamen Kunden austauschen würden?

Clemens Strahammer/Arnold Ackerlauer/Thomas Werani

Als Resultat des Treffens wird vereinbart, ein divisionsübergreifendes Projektteam einzusetzen, welches Maßnahmen zur Realisierung eines abgestimmten Auftritts gegenüber konzernweiten Kunden erarbeiten soll.

# 5 Problemstellungen

Stellen Sie sich vor, Sie sind Teil dieses Projektteams und haben sich mit folgenden Aufgaben auseinander zu setzen:

■ Diskutieren Sie die Möglichkeit eines Konzern-Key-Account-Managers. Mit welchen Kompetenzen müsste diese Funktion ausgestattet sein? Welche Vorteile und Nachteile würden sich für die einzelnen Divisionen der voestalpine AG ergeben? Gibt es Ihrer Meinung nach alternative Strategien, um der Forderung des Kunden nach einem einheitlichen Verkaufsauftritt des voestalpine-Konzerns gerecht zu werden? Wenn ja, entwickeln Sie diese.

■ Der Wunsch des europäischen Automobilkonzerns hat die voestalpine AG auf ein kulturelles Problem aufmerksam gemacht. Wie kann aus Konzernsicht sichergestellt werden, dass konzernweite Kunden von allen Divisionen in gleicher Art und Weise behandelt werden? Wie kann trotz Dezentralisierung des Vertriebs ein divisionsübergreifendes Bewusstsein für einen Kunden entwickelt werden?

■ Diskutieren Sie die Idee, den Informationsaustausch der Divisionen untereinander stärker zu forcieren. Entwickeln Sie ein Konzept, wie dieser Informationsaustausch erfolgen könnte. Beziehen Sie auch Stellung dazu, auf welchen Kundenkreis Sie Ihre Überlegungen beziehen würden.

# Teil III

## Identifikation von

## Geschäftschancen

Kurt Gaubinger

# Grundlagen der Identifikation von Geschäftschancen
## Situationsanalyse

# 1 Einleitung

Eine umfassende Situationsanalyse bildet die Basis für eine effektive marktorientierte Unternehmensführung. Grundsätzlich muss das Unternehmen hierbei die für das Unternehmen relevanten Entwicklungen der Makro- und der Mikroumwelt beobachten, um daraus sowohl Geschäftschancen als auch Marktrisiken identifizieren zu können. Damit die identifizierten Chancen vom Unternehmen auch wahrgenommen werden können, muss es über die notwendigen Potenziale und Kompetenzen verfügen. Aus diesem Grund müssen im Rahmen der Situationsanalyse auch die unternehmensinternen Stärken und Schwächen im Vergleich zur Konkurrenz festgestellt werden. Als Analyseverfahren im Rahmen der Situationsanalyse bieten sich insbesondere die in *Abbildung 1-1* angeführten Verfahren an.

---

**Abbildung 1-1:** *Methoden der Situationsanalyse*

---

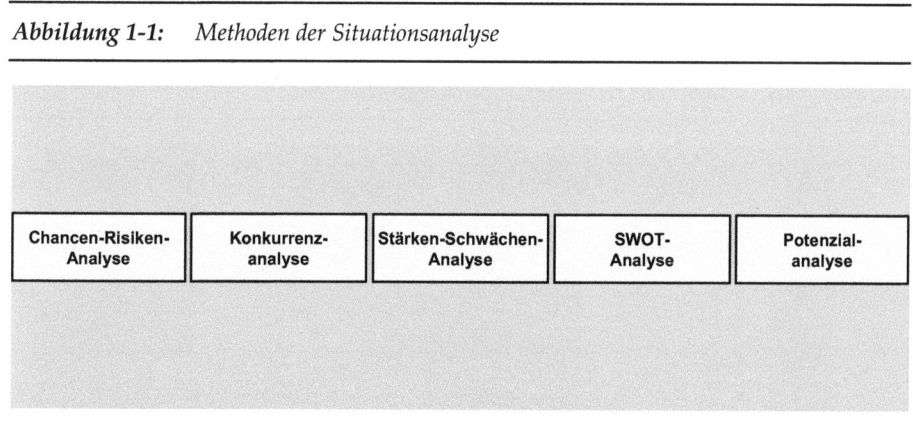

---

# 2 Umfeldanalyse (Chancen und Risiken)

Entwicklungen und Veränderungen des Unternehmensumfelds wirken sich maßgeblich auf die Geschäftschancen und -risiken einer Unternehmung aus. Daher ist es im Hinblick auf die nachhaltige Sicherung der Unternehmensexistenz erforderlich, stets über die Rahmenbedingungen der Märkte informiert zu sein, um die damit verbundenen Chancen und Risiken für das Unternehmen bewerten zu können (*Kotler/Bliemel* 2001, S. 132). Bei der Analyse des Unternehmensumfelds geht es somit einerseits darum, rechtzeitig neue **Marketingchancen** für das Unternehmen auszumachen. Eine

*Kurt Gaubinger*

Marketingchance ist hierbei als eine bestimmte Umweltsituation zu verstehen, die ein Unternehmen im Hinblick auf seine Kompetenzen positiv nutzen kann (*Pepels* 1996, S. 120). Andererseits müssen bei dieser Analyse auch jene Entwicklungen im Unternehmensumfeld **frühzeitig** identifiziert werden, welche den Erfolg oder gar die Existenz des Unternehmens bedrohen, falls keine Gegenmaßnahmen ergriffen werden. In diesem Fall spricht man von umfeldinduzierten Gefahren oder **Risiken** (*Kotler/Bliemel* 2001, S. 133). Unternehmen sind daher aufgefordert, Marketingchancen und -risiken früher als der Mitbewerb zu erkennen, da dies gerade im dynamischen Marketingumfeld einen wesentlichen Wettbewerbsfaktor darstellt (*Gaubinger* 2000, S. 126). Zu Beginn der Umfeldanalyse gilt es, die relevanten Beobachtungsbereiche im **Makro-** und **Marktumfeld** zu definieren. Der konkrete Informationsbedarf der Umfeldanalyse muss dabei unternehmensspezifisch ermittelt werden, sollte aber immer alle relevanten Unternehmensumwelten einschließen. Zur Gewährleistung der Vollständigkeit der Analyse empfiehlt sich dabei eine Berücksichtigung sämtlicher Kontextfaktoren des Marketing-Managements, welche in *Abbildung 2-1* dargestellt sind.

**Abbildung 2-1:** *Kontextfaktoren der Umfeldanalyse*

Für die effiziente Gestaltung des Marketing sind Informationen über **technologische** und **ökologische Entwicklungen** in die Situationsanalyse mit einzubeziehen. Da die Innovations- und Produktlebenszyklen immer kürzer werden, kommt dem technologiebezogenen Frühaufklärungssystem besondere Bedeutung zu. Ergänzend sei an dieser Stelle erwähnt, dass international tätige Unternehmen insbesondere auch die technischen Normen, den jeweiligen technischen Entwicklungsstand und die vorhandene Infrastruktur der Auslandsmärkte in die Analyse mit einfließen lassen müssen.

Obwohl sich gerade industrielle Abnehmer durch ein vorwiegend einheitliches Nachfrageverhalten auszeichnen, müssen auch Industriegüterunternehmen die **soziokultu-**

**rellen Merkmale** ihrer Absatzmärkte bei ihren Strategie- und Maßnahmenplanungen berücksichtigen. Der Grund hierfür ist, dass im Business-to-Business-Marketing insbesondere der Interaktionsqualität große Bedeutung zukommt. Daher müssen Gesellschaftsstruktur, Sprache, Religion, Bildungsstand, kulturelle Werte, Lebensstil usw. analysiert und in den Planungen berücksichtigt werden (*Kleinaltenkamp/Plinke* 2002, S. 342).

Da es sich bei der Nachfrage in Business-to-Business-Märkten um eine abgeleitete Nachfrage handelt, müssen auch die Veränderungen gesellschaftlicher Normen und Werte berücksichtigt werden, da diese das Konsumverhalten und somit auch das Investitionsverhalten beeinflussen. In diesem Zusammenhang sei das wachsende Umweltbewusstsein der Bevölkerung als Beispiel angeführt. Die zunehmende **Ökologie-Sensibilisierung** der Öffentlichkeit brachte hierbei für innovative Unternehmen, die diesen Trend frühzeitig erkannt hatten, gute Marktchancen mit umweltfreundlichen Produkten und verbesserter Umwelttechnologie (*Gaubinger* 2000, S. 131).

Die Ausgestaltungen und Entwicklungen der jeweiligen Rechtssysteme und des **politischen Umfelds** im In- und Ausland beeinflussen ebenfalls die Chancen und Risiken von Unternehmen. Infolgedessen müssen im Zuge der Situationsanalyse die politische Situation und die für die Unternehmenstätigkeit relevanten Rechtsvorschriften (Steuergesetze, Zollgesetze, Import- und Exportbeschränkungen, usw.) systematisch überwacht werden.

Neben den bereits genannten Bereichen sind im Rahmen der Situationsanalyse auch die **ökonomischen Merkmale** eines Landes zu untersuchen. Größen, die hierbei häufig im Zentrum der Analyse stehen, sind beispielsweise das Bruttosozialprodukt, das Pro-Kopf-Einkommen, die Einkommensverteilung und die Inflationsrate (*Kleinaltenkamp/Plinke* 2002, S. 342).

Für die Ziel- und Strategieplanung sind neben Informationen aus dem Makroumfeld vor allem auch Informationen über den Markt im Allgemeinen und über die Nachfrager und Mitbewerber im Besonderen von außerordentlicher Bedeutung. Die Deckung des auf das **Mikroumfeld** von Unternehmen bezogenen Informationsbedarfs ist primärer Gegenstand von Marktforschungsstudien bzw. einer umfassenden Konkurrenzanalyse.

Aufgrund der Zukunftsbezogenheit der strategischen Marketingplanung ist es nicht ausreichend, allein die gegenwärtige Situation als Entscheidungsbasis zu analysieren, sondern es muss die mutmaßliche zukünftige Entwicklung der relevanten Umfeldbereiche berücksichtigt werden. Anhand der beobachtbaren **Entwicklungstendenzen** in diesen Bereichen sollte das Management analysieren, welche Auswirkungen diese auf die Märkte haben, in denen das Unternehmen tätig ist. Die so identifizierten Chancen und Risiken werden katalogisiert (*Abbildung 2-2*) und entsprechend ihres Erfolgs- bzw. Gefährdungspotenzials sowie im Hinblick auf die Wahrscheinlichkeit ihres Eintretens bewertet (*Pepels* 1996, S. 120; *Kotler/Bliemel* 2001, S. 131).

*Abbildung 2-2:*   *Chancen-Risiken-Analyse (Kotler/Bliemel 2001, S. 131)*

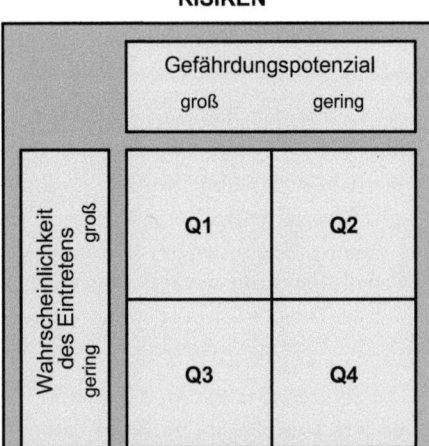

Die besten Chancen liegen im ersten Quadranten (Q1). Folglich muss das Marketing-Management in der anschließenden Planungsphase einen geeigneten Plan entwerfen, um eine oder mehrere Chancen zu nutzen. Analog dazu liegen die größten Gefahren für die Unternehmung ebenfalls im ersten Quadranten. Somit muss das Management hier für jede dieser Gefahren einen Eventualplan aufstellen. Aus diesem Plan muss ersichtlich sein, welche Maßnahmen es im Vorfeld bzw. im Verlauf der betreffenden Situation ergreifen wird. Alle übrigen Chancen und Risiken in Q2 bis Q4 erfordern nicht zwingend das Ergreifen von Maßnahmen, allerdings müssen diese mit Blick auf obige Bewertungskriterien sorgfältig überwacht werden.

# 3   Konkurrenzanalyse

Für den Markterfolg eines Unternehmens ist es entscheidend, den Problemlösungsbedarf der Kunden besser als die Konkurrenz zu befriedigen, also einen komparativen Konkurrenzvorteil zu besitzen (*Backhaus* 2003, S. 36). Die Konkurrenzanalyse hat daher immer relativ zur eigenen Position zu erfolgen und ist untrennbar mit der in Abschnitt 4 dargestellten Unternehmensanalyse verbunden.

**Identifikation relevanter Konkurrenten**

Erster Schritt der Konkurrenzanalyse ist die **Identifikation** relevanter Konkurrenten. Hierbei sind neben den aktuellen Konkurrenten auch alle potenziellen Konkurrenten zu identifizieren. Eine Reihe von Ansätzen, die der Identifikation von Konkurrenten dienen, fokussieren sich nur auf die Nachfrage- und die Unternehmensperspektive (Kundenbedürfnis vs. Technologie bzw. Produkt). Diese Ansätze berücksichtigen aber meist nicht die Substituierbarkeit der Technologie oder des Produkts. Ein Modell, das alle drei Dimensionen mit einbezieht, ist das primär für die Geschäftsfeldabgrenzung entwickelte Modell von *Abell* und *Hammond* (1979, S. 395). Dieser Ansatz berücksichtigt folgende drei Dimensionen zur Marktabgrenzung:

- **Kundengruppe**: Diese Dimension gibt an, welche potenziellen und aktuellen Nachfrager eine Unternehmung als Abnehmer seines Leistungsangebots ansieht. Für industrielle Abnehmer bietet sich zur Strukturierung das Segmentierungsschema von *Bonoma* und *Shapiro* (1992, S. 270) an, wobei es häufig ausreicht, die Nachfrager nach Branche, Größe und/oder Standort zu spezifizieren (*Gaubinger* 2000, S. 239).

- **Funktion:** Erfasst, welches Kundenbedürfnis erfüllt werden sollte.

- **Technologie**: Diese letzte Dimension beschreibt alternative Technologien, mit denen die jeweiligen Kundenbedürfnisse (auch) erfüllt werden können bzw. könnten (Substitutionsgefahr).

Sind diese drei Dimensionen entsprechend definiert, so kann das Unternehmen zunächst sein Leistungsangebot in diesen dreidimensionalen Raum einordnen und anschließend analog die relevanten Konkurrenten identifizieren.

**Analyse der Ziele und Strategien der Konkurrenten**

Sind die relevanten Konkurrenten identifiziert, so erfolgt zunächst eine Analyse der von den Konkurrenten jeweils verfolgten Ziele und Strategien. So ist zu analysieren, ob die Wettbewerber eine Kosten- oder Qualitätsführerstrategie in einem breit oder eng definierten Markt verfolgen bzw. ob sie diese Strategie im Alleingang oder mit strategischen Partnern verfolgen (*Backhaus* 2003, S. 194f.). Da sich die Strategie eines Unternehmens im jeweiligen Marktverhalten widerspiegelt, ist es legitim, vom Einsatz und von der Zusammensetzung des Marketing-Mix des Wettbewerbers auf seine gegenwärtige Strategie zu schließen.

**Analyse der Fähigkeiten und Ressourcen der Konkurrenten**

Ob die Konkurrenten die gesetzten Ziele und Strategien umsetzen können, hängt von ihren Ressourcen und Fähigkeiten ab. Daher müssen die Stärken und Schwächen eines jeden Konkurrenten möglichst genau analysiert werden. *Backhaus* (2003, S. 201) schlägt als zentrales Instrument dieser Analyse die von *Porter* (1985) entwickelte **Wertkette** (*Abbildung 3-1*) vor, welche die Wertaktivitäten eines Unternehmens in zwei verschiedene Bereiche unterteilt. Primäre Aktivitäten beschreiben dabei die Reihenfolge, in der Materialien ins Unternehmen gebracht, zu Produkten verarbeitet, vermarktet und ausgeliefert werden. Gleichzeitig dazu laufen im Unternehmen auch unterstützende Aktivitäten ab, welche durch Bereitstellung von Material, Humanressourcen, Technologien und sonstiger Infrastruktur die primären Aktivitäten aufrechterhalten (*Kotler/Bliemel* 2001, S. 70f.). Diese systematische Untergliederung kann zur Strukturierung der Mitbewerbsanalyse genutzt werden, um die jeweiligen Fähigkeiten, Ressourcen und Kostenstrukturen zu erforschen.

---

**Abbildung 3-1:**     *Modell der Wertkette (Porter 1985, S. 46)*

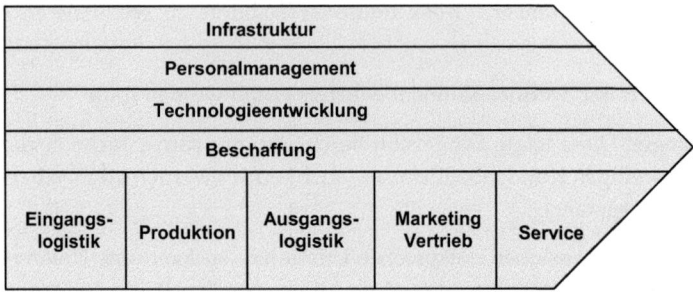

---

Die Kenntnis der Ziele und Strategien der Konkurrenten sowie deren Stärken und Schwächen ermöglicht es einem Unternehmen, die Konkurrenzaktionen und -reaktionen zu prognostizieren (*Backhaus* 2003, S. 205f.). Dadurch können die eigenen Strategien und Maßnahmen verfeinert und dort Vorteile ausgenutzt werden, wo die Konkurrenten Einschränkungen unterliegen. Ist ein Konkurrent in gewissen Bereichen stärker als das eigene Unternehmen, so sollten diese Bereiche nicht gemieden, sondern z. B. mittels Benchmarking versucht werden, die Praktiken dieses Konkurrenten zu übernehmen oder zu verbessern, um somit die eigene Wettbewerbsposition zu verbessern.

**Informationsquellen der Konkurrenzforschung**

Um die genannten Bewertungen der Mitbewerber vornehmen zu können, ist eine Vielzahl von Informationen zu beschaffen, welche dem eigenen Unternehmen teilweise relativ einfach zugänglich sind. Als Informationsquellen können dabei insbesondere die in *Abbildung 3-2* genannten Alternativen genutzt werden.

**Abbildung 3-2:**    *Informationsquellen der Konkurrenzforschung (in Anlehnung an Brezski 1993, S. 85ff.)*

**Unternehmensinterne Primärquellen**

- Außendienstberichte

- Gespräche mit ehemaligen Mitarbeitern der Konkurrenz

- Berichte aus Abteilungen

- Erfahrungsaustausch des Managements, der F&E-Mitarbeiter, usw.

- Technische Analysen der Konkurrenzprodukte – Reverse Engineering

**Unternehmensinterne Sekundärquellen**

- Produktpositionierungsanalyse

- Traditionelle Branchenstudien

**Unternehmensexterne Primärquellen**

- Gemeinsame Kunden und Lieferanten

- Ex-post-Analysen früherer Konkurrenzaktionen und -reaktionen

- Consultingunternehmen, Hochschulen

- Branchenverbände, Wirtschaftskammern

- Messen, Ausstellungen und Fachtagungen

**Unternehmensexterne Sekundärquellen**

- Publikationen der Konkurrenz (Prospekte, Jahresabschlüsse, Betriebszeitungen)

- Massenmedien

- Externe Datenbanken

# 4    Unternehmensanalyse (Stärken und Schwächen)

Wie oben bereits ausgeführt, ist es nicht damit getan, im externen Umfeld Marktchancen aufzutun. Das Unternehmen muss auch über die notwendigen Potenziale und Kompetenzen verfügen, diese Chancen erfolgreich wahrzunehmen. Auf der anderen Seite ist es ebenso wichtig, mögliche interne Schwächen zu erkennen, um das Risiko von Fehlentscheidungen zu vermindern. Daher muss jedes Unternehmen bei Planungsbeginn seine Ressourcen und Fähigkeiten erfassen und diese mit denen der (stärksten) Konkurrenten vergleichen. Erst durch den Vergleich werden diese Potenziale zu Stärken und Schwächen bzw. zu Vor- und Nachteilen (*Lehmann* 1998, S. 73). Neben unternehmensinternen Daten fließen in diese Analyse somit insbesondere jene Informationen ein, die im Rahmen der Konkurrenzanalyse gewonnen wurden.

Bei der Auswahl möglicher Analysebereiche empfiehlt sich vor allem eine Konzentration auf **erfolgskritische Faktoren**, welche in einer Checkliste dargestellt werden (*Gaubinger* 2000, S. 207). Es ist hierbei wichtig, dass die Auswahl der Faktoren entsprechend der wettbewerbsstrategischen Orientierung der Unternehmung erfolgt, denn eine Kostenführerstrategie erfordert beispielsweise andere Ressourcen und Potenziale als eine Strategie der Qualitätsführerschaft in der Nische.

---

**Abbildung 4-1:** *Polaritätenprofil zur Beurteilung der Stärken und Schwächen eines Unternehmens (Gaubinger 2000, S. 208)*

---

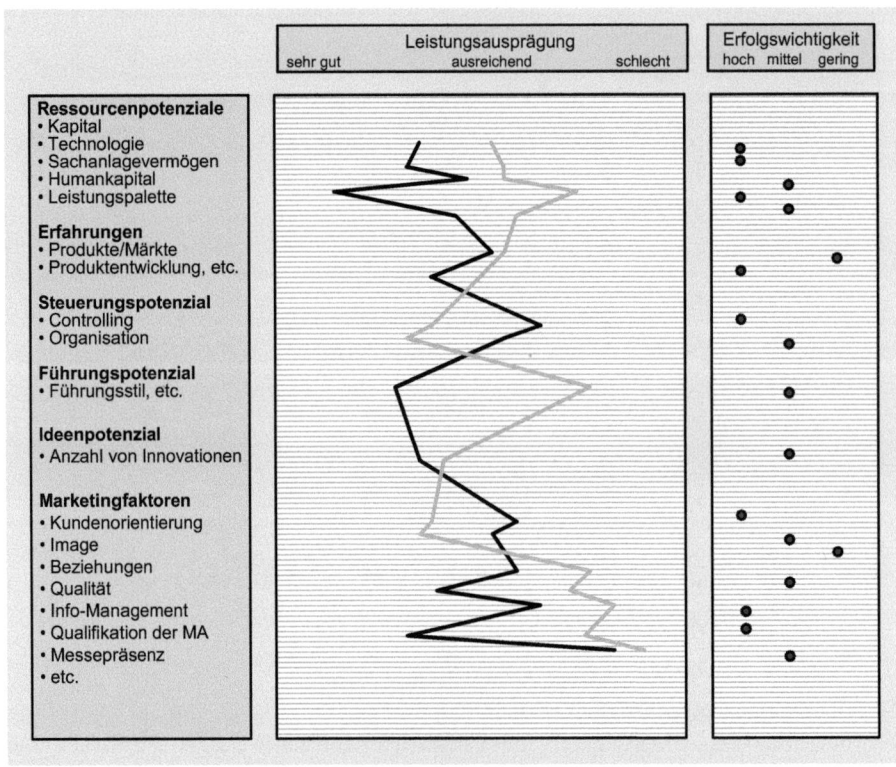

---

Nach Auswahl der Faktoren ist ein Bewertungssystem für die Skalierung festzulegen. Durch Experteneinschätzung sowie durch den Vergleich nachprüfbarer quantitativer

Werte erfolgt anschließend auf Basis dieser Skalierung die Bewertung der jeweiligen Faktoren. Angemerkt sei, dass sowohl die subjektive Auswahl der Kriterien als auch die subjektive Bewertung durch die Entscheidungsträger nicht unumstritten ist. Um die Objektivität der Bewertung zu erhöhen, sollte daher versucht werden, interdisziplinär zusammengesetzte Gremien zu bilden und deren Urteile sowie die Sachkenntnis externer Berater in den Bewertungsprozess einfließen zu lassen (*Auerbach* 1994, S. 250). Da nicht alle Faktoren für den Erfolg des Unternehmens gleichbedeutend sind, sollte ergänzend auch die Wichtigkeit der einzelnen Faktoren bewertet werden (*Kotler/Bliemel* 2001, S. 134). An dieser Stelle sollte das Unternehmen auch beurteilen, welche Stärken primär ihre **Kernkompetenzen** darstellen, da diese bei der Strategieplanung im Sinne eines Ausbaus besonders berücksichtigt werden müssen. Als Kernkompetenzen werden dabei jene Fähigkeiten eines Unternehmens verstanden, welche Zugang zu einer Auswahl an Märkten erlauben, die beim Kunden wesentlich zur empfundenen Nutzenbeurteilung des Produkts beitragen und welche vom Wettbewerb nur schwer imitiert werden können (*Prahalad/Hamel* 1990, S. 79ff.).

Für eine graphische Darstellung werden die Beurteilungen über alle Kriterien getrennt für das eigene Unternehmen und die Konkurrenzunternehmen durch je eine Linie verbunden. Der große Vorteil eines solchen Polaritätsprofils besteht darin, dass die einzelnen Stärken und Schwächen des Unternehmens aufgrund des Verlaufs der Kurven optisch verdeutlicht werden können (*Kleinaltenkamp/Plinke* 2002, S. 112). *Abbildung 4-1* zeigt beispielhaft das Stärken-Schwächen-Profil eines Unternehmens im Vergleich zu seinem stärksten Mitbewerber.

Aus der Profildarstellung sind die Kriterien zu erkennen, bei welchen das eigene Unternehmen besser beurteilt wird als der Konkurrent, und die somit eine Stärke darstellen. Kriterien, bei denen der Mitbewerber besser beurteilt wird als das eigene Unternehmen, sind als Schwächen zu interpretieren. Unter Miteinbeziehung der Erfolgswichtigkeit lassen sich insgesamt folgende Empfehlungen ableiten: Abbau der komparativen Schwächen durch vermehrte Anstrengungen und Ausbau oder Halten der komparativen Stärken, wobei Kriterien mit einer hohen Erfolgswichtigkeit prioritär zu behandeln sind.

# 5 SWOT-Analyse

Diese Analysemethode impliziert die Kombination aus **Stärken-Schwächen-** und **Chancen-Risiken-Analyse** (*Abbildung 5-1*). Der Begriff SWOT ergibt sich aus der Abkürzung der englischen Begriffe „Strenghts", „Weaknesses", „Opportunities" und „Threats" (*Kleinaltenkamp/Plinke* 2002, S. 112). Bei der SWOT-Analyse werden sowohl die Stärken und Schwächen als auch die Chancen und Risiken katalogisiert und zu-

III

einander in Beziehung gesetzt. Anschließend werden Themenkomplexe gebildet, auf die sich sowohl Chancen und Risiken als auch Stärken und Schwächen beziehen. Jeder Themenkomplex wird daraufhin bezüglich der Ausprägung dieser Faktoren einer Matrix zugeordnet, aus der sich konkrete strategische Handlungsanweisungen ableiten lassen (*Gaubinger* 2000, S. 209ff.).

---

***Abbildung 5-1:***   *SWOT-Analyse*

---

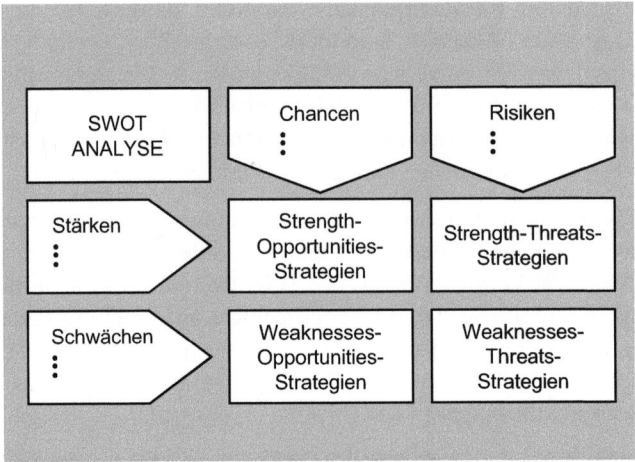

Verfügt ein Unternehmen hinsichtlich einer Umfeldchance über Stärken, d. h. Wettbewerbsvorteile, so sollte es seine Kompetenz in diesem Bereich ausbauen bzw. festigen, um diese Marktchance voll nutzen zu können (Strength-Opportunities-Strategien). Behindern gewisse Schwächen die volle Nutzung dieser Marktchance, so muss das Unternehmen versuchen, durch verstärkte Anstrengungen in diesen Bereichen den Abstand zur Konkurrenz zu verringern (Weaknesses-Opportunities-Strategien). Unternehmensstärken bei Umfeldrisiken bedeuten hingegen Marktrisiken, die durch die Anbieterstärken kompensiert bzw. abgesichert werden können (Strength-Threats-strategien). Unternehmensschwächen bei Umfeldrisiken bedeuten für das Unternehmen Marktrisiken, die durch die Schwächen noch verstärkt werden. Können diese Risiken nicht gemieden werden, muss auch in diesem Fall das Unternehmen versuchen, diese Schwächen abzubauen, um die Risiken absichern zu können (Weaknesses-Threats-Strategien).

# 6    Potenzialanalyse

Ähnlich wie die Stärken-Schwächen-Analyse stellt die **Potenzialanalyse** *(Abbildung 6-1)* auf die Darstellung der genutzten und nutzbaren Reserven des eigenen Unternehmens in Relation zu denen des stärksten Wettbewerbers ab. Dazu werden alle für ein Strategieproblem relevanten Faktoren gesammelt und anschließend zu Clustern zusammengefasst. Aus diesen Clustern, welche die strategischen Erfolgsfaktoren darstellen, werden die sechs bis höchstens zehn wichtigsten Faktoren ausgewählt, alle anderen werden in der Folge nicht weiter behandelt *(Liessmann* 1999, S. 15ff.).

*Abbildung 6-1:*    *Potenzialanalyse (Gaubinger 2000, S. 211)*

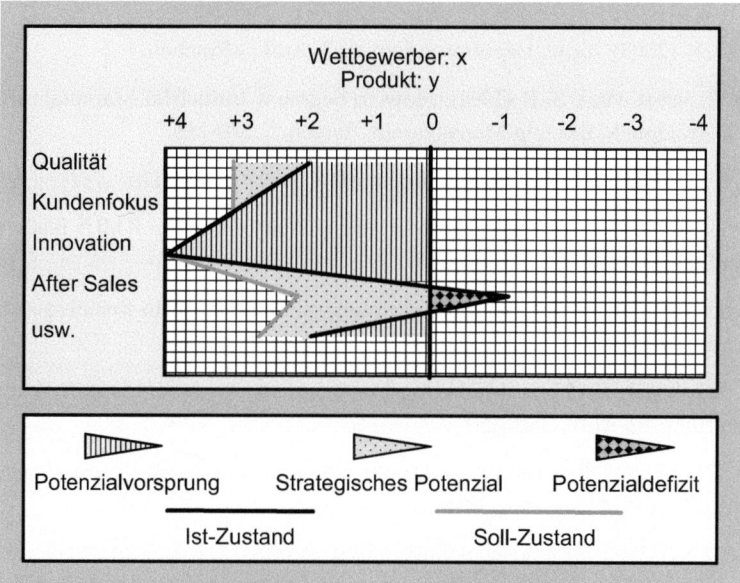

Anhand dieser ausgewählten Faktoren wird das eigene Unternehmen im Vergleich zum stärksten Wettbewerber im betrachteten Produkt/Markt-Segment bewertet. Die Bewertung erfolgt in der Regel durch eine bipolare Skala, deren Nulllinie die Zustandsbewertung des Wettbewerbers repräsentiert. Für die graphische Darstellung werden die Beurteilungen über alle Kriterien, getrennt für den Ist- und Soll-Zustand des Unternehmens, durch je eine Linie verbunden. Durch diese Darstellung erkennt das Unternehmen, bei welchen Kriterien es gegenüber der Konkurrenz über Potenzialvorsprünge verfügt, ob Potenziale noch ausgebaut werden müssen bzw. ob gegen-über der Konkurrenz bei bestimmten Erfolgsfaktoren Wettbewerbsnachteile bestehen.

## Literaturverzeichnis

ABELL, D. F./HAMMOND, J. S. (1979): Strategic Market Planning: Problems and Analytic Approaches, London.

AUERBACH, H. (1994): Internationales Marketing-Controlling: Eine systemorientierte Betrachtung unter besonderer Berücksichtigung strategischer Entscheidungsprobleme, Stuttgart.

BACKHAUS, K. (2003): Industriegütermarketing, 7. Aufl., München.

BONOMA, T. V./SHAPIRO, B. P. (1992): How to Segment Industrial Markets, in: DOLAN, R. J. (ed.): Strategic Marketing Management, Boston, S. 270-288.

BREZSKI, E. (1993): Konkurrenzforschung im Marketing, Wiesbaden.

GAUBINGER, K. (2000): Strategisches Marketing-Controlling für KMU: Basis für den Erfolg im EU-Binnenmarkt, Wiesbaden.

KLEINALTENKAMP, M./PLINKE, W. (2002): Strategisches Business-to-Business-Marketing, 2. Aufl., Berlin et al.

KOTLER, P./BLIEMEL, F. (2001): Marketing-Management: Analyse, Planung, Umsetzung und Steuerung, 10. Aufl., Stuttgart.

LEHMANN, G. (1998): Bestimmungsfaktoren und theoretische Konzepte eines Marketing-Controlling-Systems, Frankfurt.

LIESSMANN, K. (1999): Strategisches Controlling, in: MAYER, E./LIESSMANN, K./FREIDANK, C. (Hrsg.): Controlling-Konzepte: Werkzeuge und Strategien für die Zukunft, 4. Aufl., Wiesbaden, S. 3-90.

PEPELS, W. (1996): Lexikon des Marketing, München.

PORTER, M. E. (1985): Competitive Advantage, New York.

PRAHALAD, C. K./HAMEL, G. (1990): The Core Competence of the Corporation, in: Harvard Business Review, Vol. 68, May/June, S. 79-93.

# Thomas Werani

# Grundlagen der Identifikation von Geschäftschancen

## Marktforschung

# 1 Einleitung

In Anlehnung an *Parasuraman* (1991, S. 5) soll unter Marktforschung ein durch geeignete Prinzipien und Techniken unterstützter systematischer Prozess der Suche, Sammlung, Aufzeichnung, Aufbereitung, Analyse und Interpretation von Daten zur Gewinnung von Informationen für Marketingentscheidungen verstanden werden. Aus dieser Definition ist ersichtlich, dass zwischen der bereits dargestellten Situationsanalyse[1] und der Marktforschung ein enger Zusammenhang besteht, wobei als Fokus der Letzteren das **Mikroumfeld** eines Unternehmens mit seinen **Absatz- und Beschaffungsmärkten** (*Meffert* 1992, S. 15f.) zu sehen ist. Dass es bei der Marktforschung um **Informationen für Marketingentscheidungen** geht, verweist auf den besonderen Stellenwert der Marktforschung für das Marketing. Denn in letzter Konsequenz lassen sich bestmögliche Marketingentscheidungen nur auf Basis einer adäquaten informatorischen Grundlage und somit **nie ohne Marktforschung** treffen.

Ein Blick auf die Marktforschungs-Literatur zeigt, dass diese stark **konsumgüterlastig** ist. Dies mag auf den ersten Blick nicht kritisch sein, da sich viele Prinzipien und Instrumente der Marktforschung aufgrund ihrer Allgemeingültigkeit problemlos von Konsumgütermärkten auf Business-to-Business-Märkte übertragen lassen. Allerdings legt die Tatsache, dass sich diese Märkte doch in einigen Punkten auch stark voneinander unterscheiden, eine differenzierte Betrachtung der Marktforschung in Business-to-Business-Märkten nahe. Insofern sollen zunächst die Besonderheiten der Marktforschung in solchen Märkten skizziert werden, um in der Folge einen systematischen Prozess der Marktforschung darzustellen, der diese Spezifika berücksichtigt.

# 2 Besonderheiten der Marktforschung in Business-to-Business-Märkten

Business-to-Business-Märkte sind durch eine Reihe von Besonderheiten charakterisiert, die dazu führen, dass nicht nur eine spezifische Ausgestaltung des Marketing notwendig ist, sondern auch die Marktforschung zumindest in Teilbereichen eigenen Gesetzen gehorcht (*von der Grün/Wolfrum* 1994, S. 182f.; *Garbe* 2000, S. 1109f.; *Langner* 2004, S. 328ff.):

■ **Abgeleitete Nachfrage**: Die Nachfrage in Business-to-Business-Märkten hängt von der kaufwirksamen Nachfrage in den Märkten ab, die von den abnehmenden Organisationen bedient werden. Somit müssen sich Marktforschungsaktivitäten häu-

---

[1] Vgl. dazu in diesem Buch S. 59ff.

fig auch auf **mehrere nachgelagerte Marktstufen**, gegebenenfalls bis hin zur Ebene privater Endverbraucher, beziehen, was deren Komplexitätsgrad erhöht.

■ **Relativ hohe Markttransparenz**: Im Gegensatz zu Konsumgütermärkten herrscht in vielen Business-to-Business-Märkten eine vergleichsweise hohe Markttransparenz. Diese ist das Resultat von Faktoren wie einer geringen Anzahl von Anbietern mit technologisch hochspezialisierten Produkten, Nachfragekonzentration (wie z. B. bei Automobilherstellern), einer besseren statistischen Erfassung gewerblicher Märkte, dem aktiven Such- und Kontaktverhalten von betrieblichen Einkaufsabteilungen und institutionalisierten Veranstaltungen zum Informationsaustausch, wie etwa Messen und Ausstellungen. Eine hohe Markttransparenz kann einerseits dazu führen, dass marketingrelevante Daten **überhaupt nicht durch klassische Marktforschungsinstrumente** erhoben werden müssen. Als Beispiel sei der Fall kooperativer Geschäftsbeziehungen genannt, bei welchen die Gewinnung von Neuproduktideen integrierender Beziehungsbestandteil und nicht Gegenstand von Marktforschungsaktivitäten ist (*Werani* 1998, S. 146ff.). Andererseits aber können bei hoher Markttransparenz **andere Marktforschungsmethoden** eingesetzt werden als im Fall intransparenter Märkte. So ist es häufig gar nicht notwendig, aus der relevanten Grundgesamtheit eine Stichprobe von zu befragenden Unternehmen zu ziehen, sondern es kann aufgrund der geringen Anzahl von Marktteilnehmern die Grundgesamtheit in vollem Umfang befragt werden.

■ **Organisationen als Nachfrager**: Charakteristisch für das Business-to-Business-Märkte kennzeichnende organisationale Beschaffungsverhalten ist, dass es sich meist um komplexe Entscheidungsprozesse handelt, an denen überwiegend mehrere Personen (**Multipersonalität**) und teilweise auch mehrere Organisationen (**Multiorganisationalität**) beteiligt sind. Aufgrund umfangreicher Abstimmungsvorgänge im Buying Center, welches alle am Kaufprozess beteiligten Personen (gedanklich) zusammenfasst, kann darüber hinaus von einem **höheren Grad an Rationalität** in der Entscheidungsfindung ausgegangen werden. Aus diesen Charakteristika ergeben sich für die Marktforschung eine Reihe von Konsequenzen. So könnte es beispielsweise **gefährlich** sein, die für einen Entscheidungsträger ermittelten Marktforschungsresultate **auf das ganze Unternehmen umzulegen**. Vielmehr ist es notwendig, **multipersonale Kaufentscheidungen abzubilden** (*Voeth/Brinkmann* 2004). Auch kann es sich als notwendig erweisen, Marktforschungsaktivitäten nicht nur unmittelbar auf beschaffende Unternehmen zu richten, sondern auch auf **entscheidungsbeeinflussende Organisationen** auszudehnen. Nicht zuletzt aber können aufgrund der bei der Entscheidungsfindung zu erwartenden höheren Rationalität vermehrt auch **analytisch geprägte Marktforschungstools** eingesetzt werden.

■ **Internationale Geschäftstätigkeit**: Viele Unternehmen in Business-to-Business-Märkten sind international tätig, sei es um zu wachsen oder eine bessere Kapazitätsauslastung zu erreichen. Dies führt dazu, dass in den einzelnen Phasen der

Marktforschung **länderspezifische Besonderheiten** soziokultureller, infrastruktureller, produktmarktbezogener und informationsmarktbezogener Art (*Bauer* 2002, S. 31ff.) zu berücksichtigen sind.

■ **Komplexe Problemlösungen:** Geschäfte in Business-to-Business-Märkten, beispielsweise die Errichtung eines Stahlwerks, können so komplex sein, dass die in der Marktforschung häufig eingesetzten standardisierten Erhebungsinstrumente von vornherein nicht in Frage kommen. Vielmehr bieten sich in einer solchen Situation **unstandardisierte Tools** wie Interviews auf Expertenebene an.

■ **Individuelle Kundenbedürfnisse:** Während es in Konsumgütermärkten meist genügt, die Bedürfnisse von Kunden im Sinne einer Durchschnittsbetrachtung über ein Segment zu kennen, erfordern Business-to-Business-Transaktionen in einer Vielzahl von Fällen die Kenntnis individueller Kundenanforderungen. Für die Marktforschung bedeutet dies einerseits, Zugänge zu wählen, die eine **möglichst große Nähe zu den relevanten Auskunftspersonen** erlauben (z. B. Gespräche des Außendiensts mit den Kunden), andererseits aber vielfach die Notwendigkeit einer **disaggregierten Auswertung von Marktforschungsdaten.**

# 3 Der Prozess der Marktforschung

Um möglichst genaue und zuverlässige Informationen für Marketingentscheidungen zu erhalten, bietet es sich an, einem Marktforschungsprojekt den in *Abbildung 3-1* dargestellten **systematischen Prozess** zugrunde zu legen. In einem ersten Schritt ist zunächst die grundlegende Entscheidung zu treffen, ob die Durchführung eines Marktforschungsprojekts überhaupt sinnvoll erscheint. Fällt diese Entscheidung positiv aus, so geht es sukzessive um die Definition des Projektzwecks, die Ermittlung des Datenbedarfs und die Identifikation möglicher Datenquellen. Hinsichtlich der Datengewinnung aus diesen Quellen lassen sich primär- und sekundärstatistische Datenerhebungsmethoden unterscheiden. Erstere zielen auf die Erhebung **originärer Daten** durch **Befragung** und **Beobachtung** ab, während es bei Letzteren um die Gewinnung **nicht eigens für den konkreten Fall** erhobener Daten geht. Können weder Quellen zur Generierung von Primärdaten noch solche zur Gewinnung von Sekundärdaten identifiziert werden, so ist das Marktforschungsprojekt zwangsläufig abzubrechen. Stehen keine Sekundärdaten zur Verfügung oder sind diese nicht ausreichend, so ist eine Primärerhebung durchzuführen. Eine solche Erhebung, die wie *Abbildung 3-1* zeigt **wesentlich aufwendiger** ist als eine Sekundärerhebung, bei der es lediglich um die Gewinnung und Auswertung bzw. Interpretation **bereits vorhandener Daten** geht, kann aus Gründen der Forschungseffizienz dann entfallen, wenn allein schon Sekundärdaten genügen, um das Marktforschungsproblem zu lösen. Im Fall einer Primärerhebung ist zunächst ein geeignetes Forschungsdesign zu entwerfen. Daran schließen sich die Entwicklung von Instrumenten zur Datensammlung und die Bestimmung der Stichprobe an. Abgeschlossen ist jedes Marktforschungsprojekt dann, wenn die beschafften Daten ausgewertet, interpretiert und dem Auftraggeber präsentiert worden sind.

---

**Abbildung 3-1:**   *Prozess der Marktforschung (Parasuraman 1991, S. 86)*

---

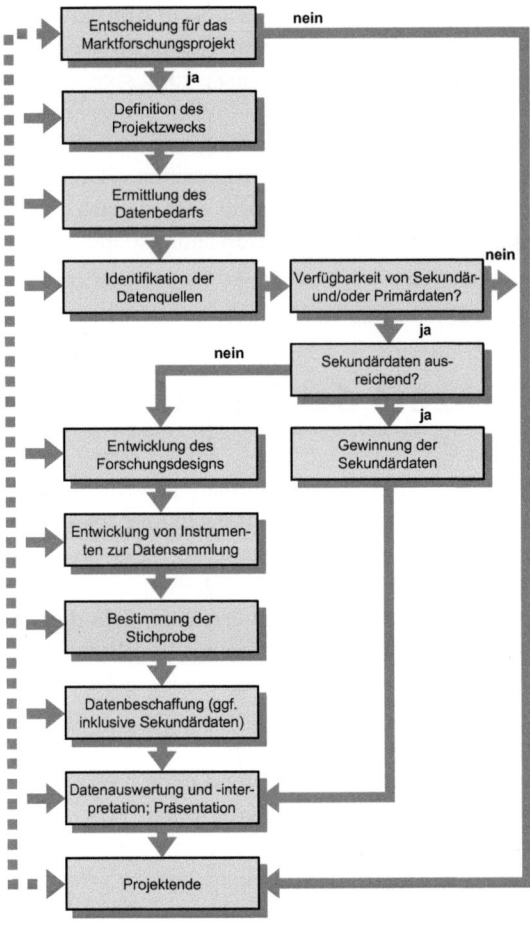

---

Die strichlierten Pfeile auf der linken Seite von *Abbildung 3-1* verweisen darauf, dass die einzelnen Schritte eines Marktforschungsprojekts sich gegenseitig beeinflussen. So werden nicht nur die Inhalte nachgelagerter Schritte durch die in vorgelagerten Phasen getroffenen Entscheidungen determiniert, sondern auch umgekehrt. Beispielsweise hängt die Entscheidung für ein Projekt davon ab, was sich der Marktforscher in den weiteren Projektschritten erwartet (*Parasuraman* 1991, S. 85).

Die folgenden Abschnitte gehen auf die skizzierten Schritte eines Marktforschungsprojekts detaillierter ein, wobei gegebenenfalls auf die Spezifika der Marktforschung in Business-to-Business-Märkten verwiesen wird.

# 3.1 Entscheidung für das Projekt und Definition des Projektzwecks

Die **Entscheidung für ein konkretes Marktforschungsprojekt** wird durch die folgenden vier Faktoren beeinflusst (*Parasuraman* 1991, S. 85ff.):

■ **Potenzieller Nutzen der Resultate:** Der Nutzen eines Marktforschungsprojekts für einen Entscheidungsträger liegt in der **Reduktion von Unsicherheit** hinsichtlich einer bestimmten Entscheidungssituation. Ein Projekt sollte somit nur dann durchgeführt werden, wenn das Potenzial für besser fundierte Entscheidungen gegeben ist.

■ **Einstellung des Management gegenüber dem Projekt:** Die Initiierung eines Marktforschungsprojekts ist nur dann sinnvoll, wenn das Management die Forschungsresultate zur **Grundlage seiner Entscheidungen** macht. Projekte, die lediglich der Bestätigung vorgefasster Meinungen dienen und deren Resultate im gegenteiligen Fall ignoriert werden, sind als ineffiziente Pseudo-Marktforschung zu klassifizieren.

■ **Ressourcen zur Ergebnisimplementierung:** Selbst wenn ein Marktforschungsprojekt zu nützlichen Resultaten führen kann und das Management gewillt ist, auf Basis dieser Resultate seine Entscheidungen zu treffen, impliziert dies noch keinen Projektstart. Ein solcher sollte erst dann erfolgen, wenn sichergestellt ist, dass **Ressourcen** wie Geld, Personal und Zeit vorhanden sind, um die Forschungsergebnisse in Maßnahmen umzusetzen.

■ **Kosten-Nutzen-Überlegungen:** Alle bisher genannten Faktoren beziehen sich direkt oder indirekt auf das Nutzenpotenzial von Marktforschungsprojekten. Die endgültige Entscheidung für oder gegen ein Projekt sollte jedoch immer auch vor dem Hintergrund der relevanten **Kosten** und damit auf Basis von Kosten-Nutzen-Überlegungen fallen. Die Kosten eines Marktforschungsprojekts sind hierbei einfacher zu quantifizieren als dessen Nutzen.

Zwischen der Entscheidung für ein Marktforschungsprojekt und der **Definition des Projektzwecks** besteht ein enger Zusammenhang. Denn letztlich kann eine auf Kosten-Nutzen-Überlegungen basierende Projektentscheidung nur vor dem Hintergrund einer entsprechenden **Eingrenzung des Marktforschungsproblems** und der dadurch bewirkten Definition des Projektzwecks zustande kommen. Zur Eingrenzung des Marktforschungsproblems sind einerseits alle in Frage kommenden Problembereiche zu identifizieren und andererseits ist zu entscheiden, welche dieser Problembereiche untersucht werden sollen. Dabei erweist sich ein **intensiver Dialog** zwischen Management und Marktforschern als unabdingbar (*Parasuraman* 1991, S. 92ff.).

## 3.2  Ermittlung des Datenbedarfs

Im Mittelpunkt des Interesses der Marktforschung steht zunächst der relevante **Absatzmarkt**. Neben **generellen Daten** zum Gesamtmarkt und dessen Teilmärkten (z. B. Marktvolumen, -wachstum und -potenzial) interessieren insbesondere die **Merkmale aktueller und potenzieller Nachfrager**, welche deren **Kaufverhalten determinieren** (*von der Grün/Wolfrum* 1994, S. 183). Da es sich bei Nachfragern in Business-to-Business-Märkten um Organisationen handelt, muss die Erhebung dieser Determinanten des Kaufverhaltens auf **mehreren Ebenen** erfolgen (*von der Grün/Wolfrum* 1994, S. 192):

- **Individuelle Ebene**: Merkmale von Mitgliedern des Buying Centers wie soziodemographische Charakteristika, Erfahrungen, Erwartungen, etc.

- **Interpersonelle Ebene**: Größe und Zusammensetzung des Buying Centers, Rollenverteilung und Machtverhältnisse im Buying Center, etc.

- **Organisationale Ebene**: Branchenzugehörigkeit, Unternehmensgröße, Produktspektrum, F&E-Intensität, etc.

- **Kaufobjektbezogene Ebene**: Kauftyp und -phase, Leistungsspezifikationen, etc.

Neben absatzmarktbezogenen Daten können durch die Marktforschung auch Daten über die Situation in **Beschaffungsmärkten** zur Verfügung gestellt werden. Von Interesse könnten in diesem Kontext beispielsweise der Rohstoff-, Arbeits- und Kapitalmarkt sein.

Welche absatz- und/oder beschaffungsmarktbezogenen Daten konkret benötigt werden, kann letztlich nur vor dem Hintergrund des jeweiligen Marktforschungsproblems entschieden werden. Darüber hinaus hängt diese Entscheidung wegen der grundlegend unterschiedlichen Informationsbedürfnisse auch davon ab, ob die Vermarktungssituation eines Anlagen-, Produkt-, System- oder Zuliefergeschäfts[2] gegeben ist.

---

2 Vgl. dazu in diesem Buch S. 151ff.

## 3.3    Identifikation der Datenquellen

Als Datenquellen der Marktforschung kommen sowohl **unternehmensinterne** als auch **unternehmensexterne** Quellen in Frage. Da, wie bereits erwähnt, viele Unternehmen in Business-to-Business-Märkten international tätig sind, sind die Datenquellen weiter in solche **inländischer** und **ausländischer** Provenienz zu untergliedern. Eng mit den identifizierten Datenquellen verbunden ist die Entscheidung, mittels welcher Verfahren die Datengewinnung aus diesen Quellen erfolgen soll. In Frage kommen hier die bereits in Abschnitt 3 angesprochenen **primär- und sekundärstatistischen Datenerhebungsmethoden**. Zieht man die Überlegungen zu Datenquellen und zur Datengewinnung zusammen, so ergibt sich der in *Abbildung 3-2* dargestellte Raster.

---

*Abbildung 3-2:*    *Datenquellen und Datengewinnung (in Anlehnung an Bauer 2002, S. 68; von der Grün/Wolfrum 1994, S. 187)*

---

| Datengewinnung / Datenquellen | | primärstatistische Datenerhebungsmethoden (Primärforschung) | sekundärstatistische Datenerhebungsmethoden (Sekundärforschung) |
|---|---|---|---|
| inländische | unternehmens-interne | • Außendienstmitarbeiter<br>• Anwendungstechniker<br>• Mitglieder von Qualitätszirkeln<br>• etc. | • Kostenrechnung<br>• allgem. Statistiken<br>• Kundenstatistiken<br>• Außendienstberichte<br>• etc. |
| inländische | unternehmens-externe | • Kunden<br>• Lieferanten<br>• Experten<br>• etc. | • amtliche Statistiken<br>• Publikationen<br>• Informationsdienste<br>• Datenbanken<br>• etc. |
| ausländische | unternehmens-interne | • Außendienstmitarbeiter<br>• Anwendungstechniker<br>• Mitglieder von Qualitätszirkeln<br>• etc. (der Auslandstöchter) | • Kostenrechnung<br>• allgem. Statistiken<br>• Kundenstatistiken<br>• Außendienstberichte<br>• etc. (der Auslandstöchter) |
| ausländische | unternehmens-externe | • Kunden<br>• Lieferanten<br>• Experten<br>• etc. (im Ausland) | • Statistiken internationaler Organisationen<br>• ausl. Informationsdienste<br>• ausl. Datenbanken<br>• etc. |

---

Vergleicht man die Bedeutung von Primär- und Sekundärforschung in Business-to-Business-Märkten, so ist festzustellen, dass Letztere eine untergeordnete Rolle spielt (*Garbe* 2000, S. 1115). Der Grund ist darin zu sehen, dass zumindest Sekundärdaten aus unternehmensexternen Quellen einen **zu hohen Standardisierungs- und Aggrega-**

tionsgrad aufweisen, als dass diese den spezifischen Informationsbedürfnissen Rechnung tragen könnten, die aus den für Business-to-Business-Märkte typischen Charakteristika komplexer Problemlösungen und individueller Kundenbedürfnisse resultieren.

## 3.4 Entwicklung des Forschungsdesigns

Soll eine Primärerhebung durchgeführt werden, so ist zunächst eine Entscheidung hinsichtlich des dieser Erhebung zugrunde liegenden Forschungsdesigns zu treffen. *Abbildung 3-3* zeigt die diesbezüglichen Optionen.

**Abbildung 3-3:** *Forschungsdesigns*

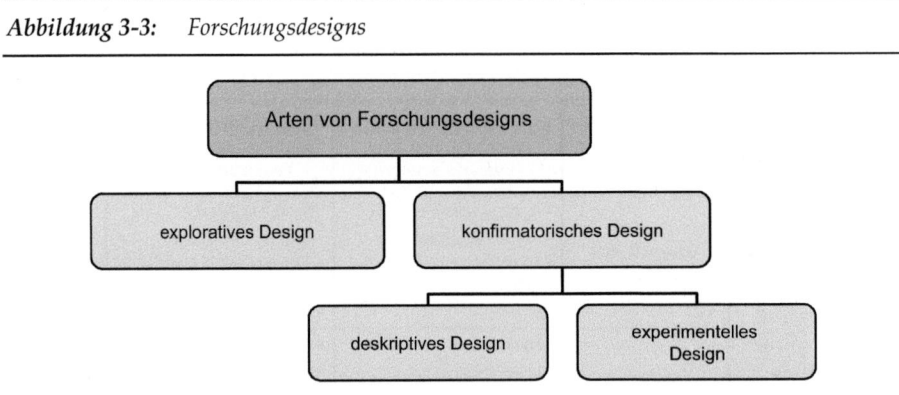

Ein **exploratives Design** zielt darauf ab, erste Einsichten in ein Problem zu gewinnen, dieses zu strukturieren und Hinweise für weiteren Forschungsbedarf zu erhalten (*Parasuraman* 1991, S. 128f.). Die zur Datengewinnung eingesetzten **explorativen Verfahren** sind in der Regel **qualitativer Natur**. Typisch sind in diesem Zusammenhang **Expertenbefragungen** und **Fokusgruppen-Interviews** (*Block/Block* 2005, S. 175ff.). Obwohl ein Marktforschungsprojekt, das auf einem explorativen Design beruht, in manchen Fällen durchaus auch einen eigenständigen Charakter haben kann, ist der typischere Fall der, dass sich an eine vorbereitende explorative Marktforschung ein Projekt mit **konfirmatorischem Design** anschließt. Dieses stellt darauf ab, für das interessierende Problem zu abschließenden Resultaten zu gelangen (*Parasuraman* 1991, S. 129). Insofern sind die im Rahmen eines konfirmatorischen Designs eingesetzten Datengewinnungsverfahren primär **quantitativer Natur** und umfassen beispielsweise die Befragung mittels **standardisierter Fragebögen**, die durch entsprechende **statistische Verfahren** ausgewertet werden können. Als Konsequenz des skizzierten Zusammenhangs zwischen explorativen und konfirmatorischen Forschungsdesigns ergibt sich, dass vor dem Hintergrund der Besonderheiten von Business-to-Business-Märkten die diesbezügliche Marktforschung häufig durch eine **Integration qualitativer und quantitativer Forschungsansätze** gekennzeichnet ist (*Wührer/Werani* 2000).

Konfirmatorische Forschungsdesigns können entweder deskriptiven oder experimentellen Charakter haben. Wie bereits der Name impliziert, geht es bei einem **deskriptiven Forschungsdesign** um die Generierung von Daten, welche die interessierenden Untersuchungsobjekte **beschreiben** (*Parasuraman* 1991, S. 135). Als Beispiel seien in diesem Zusammenhang Kundenzufriedenheitsuntersuchungen genannt. Abhängig davon, ob die Datenerhebung im Zeitablauf wiederholt wird oder nur zu einem bestimmten Zeitpunkt erfolgt, sind deskriptive **Längs- und Querschnittanalysen** zu unterscheiden (*von der Grün/Wolfrum* 1994, S. 186).

**Experimentelle Forschungsdesigns** zielen darauf ab, Daten zu generieren, die dazu geeignet sind, **Kausalitäten** zwischen interessierenden Variablen aufzuzeigen (*Parasuraman* 1991, S. 135). Im Fall von **„echten" Experimenten** werden dabei Kausalhypothesen zwischen einer oder mehreren (zu manipulierenden) unabhängigen Variablen und einer oder mehreren abhängigen Variablen bei gleichzeitiger Kontrolle von Störgrößen, d. h. **unter kontrollierten Bedingungen**, überprüft. Da die stringenten Anforderungen an echte Experimente (*Hüttner* 1989, S. 125ff.) in Business-to-Business-Märkten häufig nicht erfüllt werden können, kommen in der Regel allenfalls **Quasi-Experimente** zum Einsatz, die keine vollständige Kontrolle von Störgrößen und damit keinen abschließenden Kausalitätsnachweis erlauben (*von der Grün/Wolfrum* 1994, S. 186).

# 3.5 Entwicklung von Instrumenten zur Datensammlung

Nach der Entscheidung für ein Forschungsdesign sind im Rahmen der Durchführung einer Primärerhebung Instrumente zur Datensammlung zu entwickeln. Diese Instrumente richten sich danach, ob als Methode der Datensammlung die Befragung oder aber die Beobachtung gewählt wird.

Im Fall einer **Befragung** ist zu unterscheiden, ob diese qualitativer oder quantitativer Natur ist. Bei einer **qualitativen Befragung** ist zur Datensammlung ein lediglich **teilstrukturierter Interviewleitfaden** zu entwickeln, welcher den Interviewer dabei unterstützt, das Interview entlang vorab definierter Eckpunkte zu führen. Der Einsatz eines Interviewleitfadens führt somit nicht zu standardisierten Antworten, sondern zu einer Sammlung von Aussagen, die im Anschluss an das Interview zu strukturieren und interpretieren sind. Als typische Anwendungsfälle der qualitativen Befragung in Business-to-Business-Märkten sind neben den bereits erwähnten **Expertenbefragungen** (*von der Grün/Wolfrum* 1994, S. 190f.) und **Fokusgruppen-Interviews** (*Hague* 1992, S. 259ff.) auch **teilstrukturierte Interviews** mit Mitgliedern des Buying Centers aktueller und potenzieller **Kunden** sowie „**Lead-Usern**" zu nennen (*von der Grün/Wolfrum* 1994, S. 191). Bei Letzteren handelt es sich um Unternehmen, deren aktuelle Bedürfnisse eine zukünftige allgemeine Entwicklung in einem Markt antizipieren, und die daher wertvolle Inputs im Rahmen der Neuproduktentwicklung liefern können (*von Hippel* 1986, S. 791).

Bei einer **quantitativen Befragung** muss für die Datensammlung ein **vollstrukturierter Fragebogen** entworfen werden, der **standardisierte Antwortmöglichkeiten** vorsieht, die statistisch ausgewertet werden könnten. In Business-to-Business-Märkten tritt die quantitative Befragung insbesondere in Form **deskriptiver Abnehmerbefragungen** auf, welche die Ermittlung von für bestimmte Kundengruppen **repräsentativen Resultaten** zum Ziel haben (*von der Grün/Wolfrum* 1994, S. 191).

Als generelle Befragungsformen stehen die **schriftliche, persönliche** und **telefonische** Befragung zur Verfügung (*Eborall* 1991, S. 96ff.), wobei die qualitative Befragung zumeist persönlich erfolgt.

Die zweite Methode der Datensammlung stellt die **Beobachtung** dar. Während im Fall einer **strukturierten** Beobachtung ein **standardisierter Beobachtungsbogen** zu entwickeln ist, besteht diesbezüglich bei einer **unstrukturierten** Beobachtung keine Notwendigkeit (*Parasuraman* 1991, S. 246f. und S 401ff.). Als Einsatzbereiche der Beobachtung in Business-to-Business-Märkten lassen sich beispielsweise die Beobachtung von Produktionsprozessen mit dem Ziel, ein zugeliefertes Produkt zu optimieren, und Handhabungstests von Prototypen nennen (*Hague* 1992, S. 256f.).

# 3.6    Bestimmung der Stichprobe

Bevor mit der primärstatistischen Datenerhebung begonnen werden kann, ist noch die Frage zu klären, ob alle oder nur ausgewählte Elemente der relevanten Grundgesamtheit befragt oder beobachtet werden sollen. Während bei kleineren Grundgesamtheiten, wie beispielsweise dem eigenen Kundenkreis, in der Regel eine **Vollerhebung** problemlos möglich ist, wird man sich mit zunehmender Größe einer Grundgesamtheit auf eine Auswahl der möglichen Elemente und damit eine **Teilerhebung** beschränken müssen. In diesem Fall stellt sich die Frage, durch welches **Auswahlverfahren** die **Stichprobe** bestimmt werden soll, welche die zu erhebende Teilmenge definiert. Die folgenden zwei Gruppen von Auswahlverfahren stehen zur Verfügung:

■ **Verfahren der Zufallsauswahl:** Kennzeichnend für diese Verfahren ist, dass die Selektion der Elemente der Grundgesamtheit durch einen **Zufallsprozess** erfolgt. Dieser wird so gestaltet, dass für jedes Element der Grundgesamtheit eine berechenbare, von Null und Eins verschiedene Wahrscheinlichkeit besteht, in die Stichprobe zu gelangen. Mögliche Verfahren der Zufallsauswahl in Business-to-

Business-Märkten sind die **einfache Zufallsauswahl, geschichtete Zufallsauswahl** und die **mehrstufige Auswahl** (*Meffert* 1992, S. 189ff.; *Berekoven et al.* 2004, S. 52ff.).

■ **Verfahren der bewussten Auswahl**: Diese Verfahren beruhen auf dem Prinzip der **bewussten Konstruktion** der Stichprobe, d. h. die Selektion der Elemente der Grundgesamtheit erfolgt gezielt auf Basis sachrelevanter Merkmale. Für die Marktforschung in Business-to-Business-Märkten von Relevanz sind hierbei das **Quoten-** und das **Konzentrationsverfahren** (*Meffert* 1992, S. 189ff.; *Berekoven et al.* 2004, S. 55ff.).

Während die genannten Verfahren zur Auswahl von Untersuchungseinheiten auf **Unternehmensebene** eingesetzt werden, geht es in weiterer Folge auch darum, **innerhalb von Unternehmen** die relevanten Auskunftspersonen zu identifizieren. Von besonderer Bedeutung ist in diesem Zusammenhang das **Schneeballverfahren** (*Hüttner* 1989, S. 97; *von der Grün/Wolfrum* 1994, S. 191). Sind beispielsweise alle Mitglieder des Buying Centers als relevante Auskunftspersonen definiert, so bietet es sich an, in allen relevanten Unternehmen zunächst ein Mitglied der Einkaufsabteilung zu kontaktieren und dieses nach seiner Befragung zu bitten, weitere an bestimmten Beschaffungsentscheidungen beteiligte Personen zu nennen. Diese werden anschließend ebenfalls befragt und zur Nennung zusätzlich zu Befragender aufgefordert. Dieses Schneeball-Prinzip ist so lange fortzusetzen, bis alle Mitglieder des Buying Centers befragt wurden.

# 3.7 Datenbeschaffung und Datenverwertung

Während im Fall einer Sekundärerhebung die **Datenbeschaffung** durch die Gewinnung der Sekundärdaten erfolgt, sind bei einer Primärerhebung die relevanten Daten mittels der entwickelten Instrumente zu **sammeln** und anschließend für die weitere Verarbeitung – im Regelfall EDV-gestützt – **aufzuzeichnen**. Beendet wird die Phase der Datenbeschaffung bei einer Primärerhebung dadurch, dass die aufgezeichneten Daten mit Blick auf die nachfolgende Datenauswertung in dem Sinn **aufbereitet** werden, dass beispielsweise eine Elimination inkonsistenter Antworten erfolgt. Angesprochen ist damit der Prozess der **Qualitätskontrolle** durch das **Editieren von Daten** (*Parasuraman* 1991, S. 608ff.).

Die Phase der **Datenverwertung** beginnt mit der **Auswertung** von Primär- und gegebenenfalls auch Sekundärdaten, wozu verschiedenste Datenanalyseverfahren herangezogen werden können. Sobald deren Resultate **interpretiert** sind, können die Ergebnisse des Marktforschungsprojekts dem Auftraggeber **präsentiert** und damit das Projekt abgeschlossen werden.

## Literaturverzeichnis

BAUER, E. (2002): Internationale Marketingforschung, 3. Aufl., München/Wien.

BEREKOVEN, L./ECKERT, W./ELLENRIEDER, P. (2004): Marktforschung: Methodische Grundlagen und praktische Anwendung, 10. Aufl., Wiesbaden.

BLOCK, M. P./BLOCK, T. S. (2005): Business-to-Business Market Research, 2nd ed., Mason.

EBORALL, C. (1991): The Collection of Primary Data, in: SUTHERLAND, K. (ed.): Researching Business Markets: A Handbook of Business-to-Business Marketing Research, London, S. 95-140.

GARBE, B. (2000): Marktforschung im Industriegütersektor: Vom Kundenwunsch zum Produktkonzept, in: HERRMANN, A./HOMBURG, C. (Hrsg.): Marktforschung: Methoden, Anwendungen, Praxisbeispiele, 2. Aufl., Wiesbaden, S. 1107-1126.

HAGUE, P. (1992): The Industrial Market Research Handbook, 3rd ed., London.

HÜTTNER, M. (1989): Grundzüge der Marktforschung, 4. Aufl., Berlin/New York.

LANGNER, H. (2004): Marktforschung und Informationsbeschaffung auf Industriegütermärkten, in: BACKHAUS, K./VOETH, M. (Hrsg.): Handbuch Industriegütermarketing: Strategien – Instrumente – Anwendungen, Wiesbaden, S. 323-348.

MEFFERT, H. (1992): Marketingforschung und Käuferverhalten, 2. Aufl., Wiesbaden.

PARASURAMAN, A. (1991): Marketing Research, 2nd ed., Reading et al.

VOETH, M./BRINKMANN, J. (2004): Abbildung multipersonaler Kaufentscheidungen, in: BACKHAUS, K./VOETH, M. (Hrsg.): Handbuch Industriegütermarketing: Strategien – Instrumente – Anwendungen, Wiesbaden, S. 349-373.

VON DER GRÜN, K. H./WOLFRUM, B. (1994): Marktforschung in der Investitionsgüterindustrie, in: TOMCZAK, T./REINECKE, S. (Hrsg.): Marktforschung, St. Gallen, S. 182-194.

VON HIPPEL, E. (1986): Lead Users: A Source of Novel Product Concepts, in: Management Science, Vol. 32, No. 7, S. 791-805.

WERANI, T. (1998): Der Wert von kooperativen Geschäftsbeziehungen in industriellen Märkten, Linz.

WÜHRER, G. A./WERANI, T. (2000): Integration of Qualitative and Quantitative Research Approaches in Business-to-Business Marketing, in: WOODSIDE, A. G. (ed.): Getting Better at Sensemaking, Stamford, S. 467-489.

## Kurt Gaubinger

# Fallstudie ABATEC Electronic AG
## Situationsanalyse eines High-Tech-Unternehmens

# 1 Einleitung

„Das Vertrauen der Investoren in die ABATEC Electronic AG war absolut gerechtfertigt", titelte eine Presseaussendung der ABATEC Electronic AG[1] im Frühjahr 2006. Diese Aussage von Dipl.-Ing. Friedrich Niederndorfer MBA, Vorstandsvorsitzender des 1991 gegründeten Unternehmens, beruht auf dem Umstand, dass der Umsatz von ABATEC im Jahr 2005 um 33 Prozent auf rund 10,4 Mio. Euro anstieg und somit den Investoren ein Gewinnanteil von 11 Prozent ausbezahlt werden konnte. Zurückzuführen ist dieses ausgezeichnete Ergebnis laut Vorstandsvorsitzendem Niederndorfer vor allem auf eine Vielzahl von Innovationen und auf intensivierte Marketing-Anstrengungen des Unternehmens. Die Zahlen im 1. Quartal des Jahres 2006 bestätigen den nachhaltigen Erfolg von ABATEC mit einer Umsatzsteigerung von 80 Prozent und einem operativen Betriebsergebnis, das um 465 Prozent höher liegt als im Vergleichszeitraum des Vorjahrs.

# 2 Die ABATEC Electronic AG

## 2.1 Geschichte

Das Unternehmen wurde 1991 von Bernhard Parzer und Dipl.-Ing. Friedrich Niederndorfer MBA als ABATEC GmbH in Regau (Oberösterreich) gegründet. Der Unternehmensgegenstand umfasste damals vor allem den Bau von elektronischen und elektrischen Geräten sowie die Entwicklung von Hard- und Software. 1998 wurde erstmals das Geschäftsfeld Sport etabliert.

Das Jahr 2000 kann als Meilenstein der Unternehmensentwicklung gesehen werden, da aufgrund einer Venture-Capital-Finanzierung durch die HTA Beteiligungs-Invest die Eigenkapitalbasis wesentlich erhöht und das Unternehmen in eine AG umgewandelt wurde. 2001 eröffnete ABATEC das jetzige Firmengebäude und seither trugen eine Reihe von innovativen Entwicklungen wie z. B. das einzigartige Trackingsystem „Local Position Measurement" zum hohen Firmenwachstum bei. Am 1. Januar 2005 waren im Unternehmen 48 Arbeiter und 32 Angestellte tätig, wobei zu diesem Zeitpunkt 12 Mitarbeiter im Bereich der Forschung und Entwicklung beschäftigt waren. Zum Ausbau der Produktions- und Fertigungskapazitäten akquirierte ABATEC im Oktober 2005 eine Produktionsstätte im Land Salzburg, wodurch der Mitarbeiterstand Ende 2005 auf 110 anwuchs.

---

[1]  In weiterer Folge wird die Kurzform „ABATEC" verwendet.

## 2.2    Geschäftsbereiche

Das Leistungsangebot von ABATEC gliedert sich in drei grundlegende Geschäftsbereiche. Der Geschäftsbereich „**Intelligent Control Systems**" (ICS) kann als Stammbereich
des Unternehmens bezeichnet werden, da hier in vier Geschäftsfeldern rund 90 Prozent des Umsatzes erwirtschaftet werden. Im Geschäftsfeld „Alternative Energy"
werden unter anderem Steuer- und Regeleinheiten für Pellets- und Hackschnitzelhei-
zungen sowie Wärmepumpen konzipiert und produziert. Im Geschäftsfeld „Wellness"
entwickelt und produziert ABATEC beispielsweise Steuerungssysteme für Wärme-
und Saunakabinen sowie für Whirlpools und Dampfduschen. Weiters werden in den
Geschäftsfeldern „Security" und „New Tasks" Steuer- und Regelungseinheiten für
Zutrittssysteme, Verkehrssignalsteuerungen oder auch Bestückungsautomaten entwickelt und gefertigt.

*Abbildung 2-1:*    *Leistungsspektrum im Geschäftsbereich ICS*

| | |
|---|---|
| ◼ **Kerndienstleistungen** | – Assembling, Produkttests |
| ◼ **Ingenieur-Leistungen** | – Neu- und Weiterentwicklung von Hard- und Software |
| | – Entwicklung von Testumgebungen |
| | – Produktdesign |
| | – Zertifizierungen |
| ◼ **Management-Leistungen** | – Marktforschung |
| | – Ideengewinnung gemeinsam mit Kunden |
| | – Administrative Unterstützung |
| | – Projektfinanzierung |
| ◼ **Logistik-Leistungen** | – Verpackung und Labelling |
| | – Versand an Endkunden |
| ◼ **Zusatzleistungen** | – Schulungen, Reparatur und Garantie |

Im Geschäftsbereich ICS ist ABATEC hauptsächlich in der Auftragsentwicklung sowie
Auftragsfertigung tätig. Dies bedeutet, dass im Regelfall der Kunde mit einem Problem oder einer Idee zu ABATEC kommt und das Unternehmen eine Lösung entsprechend den individuellen Bedürfnissen des Kunden entwickelt bzw. das entsprechende
Produkt produziert. Darüber hinaus versucht ABATEC immer mehr Eigenprodukte
wie beispielsweise Saunasteuerungen und Farblampen zu entwickeln und unter eigener Marke zu vertreiben. Die Palette der Eigenprodukte ist jedoch noch relativ gering.

Das gesamte Leistungsspektrum, welches ABATEC im Geschäftsbereich ICS seinen Kunden über das Produkt hinaus anbietet, ist in *Abbildung 2-1* zusammengefasst.

In dem im Jahr 2003 etablierten Geschäftsbereich „**Local Position Measurement**" (LPM) wurde ein weltweit einzigartiges System zur lokalen Positionsbestimmung von Objekten entwickelt. Die Entwicklung verschlang bisher eine Summe von über vier Mio. Euro und wurde 2003 als Eigenprodukt in den Markt eingeführt. LPM bietet völlig neue Anwendungen in den Bereichen **Sportanalyse** und **Infotainment**, da durch das System Positionen von z. B. Spielern, Athleten oder ganzen Teams in Echtzeit dreidimensional und bis zu 1.000-mal pro Sekunde dargestellt werden können. Seit 2004 ist ABATEC mit LPM auch im **Dienstleistungsbereich** für Sportveranstaltungen tätig und war beispielsweise der Hauptdienstleister für die Red Bull Air Race World Series 2005. Neben diesen Anwendungen kann LPM dank verschiedener Ausführungen auch in der **Logistik** (vollelektronische Transport- und Warenverfolgung), im **Fahrtechniktraining** (Aufzeichnung und Analyse der Fahrt) und auch in der **Verhaltensforschung** (Nachverfolgbarkeit von Tieren) eingesetzt werden.

Das gesamte Leistungsspektrum, welches ABATEC seinen Kunden im Geschäftsbereich LPM über das Produkt hinaus anbietet, ist in *Abbildung 2-2* zusammengefasst.

*Abbildung 2-2:*   *Leistungsspektrum im Geschäftsbereich LPM*

| Kerndienstleistungen | – Planung |
| --- | --- |
| | – Systemaufbau |
| | – Inbetriebnahme der Anlage |
| | – Kundenschulung |
| Ingenieur-Leistungen | – Entwicklung anwendungsabhängiger Software zur Datenvisualisierung |
| | – Entwicklung von spezifischer Anwendungs-Hardware |
| | – Entwicklung von Transponder-Befestigungssystemen |
| Management-Leistungen | – Marktforschung |
| | – Ideengewinnung gemeinsam mit Kunden |
| | – Administrative Projektunterstützung |
| Zusatzleistungen | – Fernwartung |
| | – On-Site-Service bei mobilen Anlagen |
| | – Vermietung von LPM-Systemen |
| | – Veranstaltungsservice |

Aufgrund der bereits erwähnten Firmenakquisition wurde 2005 mit „**Made-to-Order-Production**" (MOP) ein weiterer Geschäftsbereich etabliert, welcher sich ausschließlich mit Auftragsfertigung und Lohnbestückung beschäftigt.

## 2.3 Organisation

Die ABATEC Electronic AG zeichnet sich durch eine flache Aufbauorganisation aus und ist in die Bereiche Forschung und Entwicklung, Produktion, Vertrieb und Marketing sowie Verwaltung gegliedert.

Entsprechend der Firmenphilosophie „We do it first" kommt dabei der **Forschung und Entwicklung** (F&E) eine zentrale Bedeutung im Unternehmen zu. 17 Mitarbeiter mit Kompetenzen vorwiegend in den Bereichen Elektronik, Softwareentwicklung und Steuerungstechnik sind am Firmenstandort Regau in der F&E-Abteilung tätig. Eine Forschungsquote von über 10 Prozent in Relation zum Umsatz spiegelt die Bedeutung der F&E als Triebfeder für Innovationen wider. Zahlreiche Patente und Auszeichnungen bestätigen überdies den Erfolg des kundenorientierten Innovationsmanagements des Unternehmens. So erhielt ABATEC unter anderem den Jungunternehmerpreis der Wirtschaftskammer Oberösterreich als innovativstes Unternehmen und den Innovationspreis des Landes Oberösterreich.

*Abbildung 2-3:*     *Organigramm der ABATEC Electronic AG*

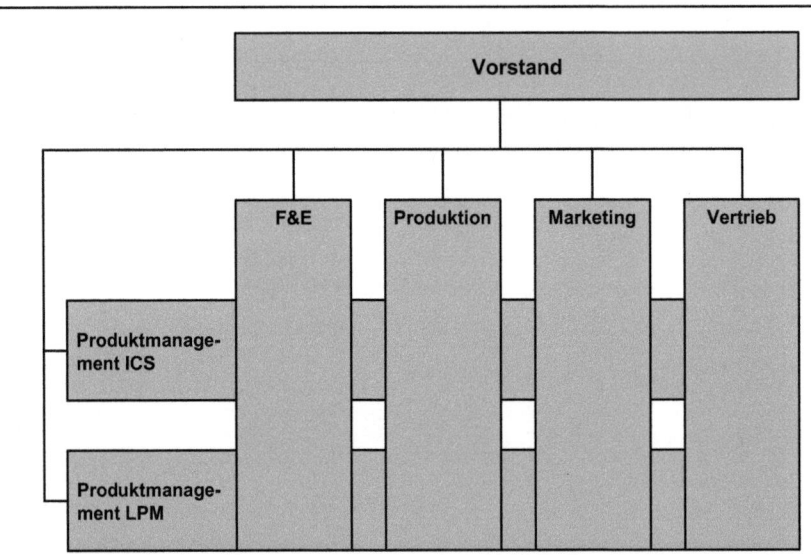

Aufgrund der offenen Unternehmenskultur und des kooperativen Führungsstils sind im Sinne der Kaizen-Philosophie[2] alle Mitarbeiter bestrebt, die Unternehmensprozesse und -leistungen kontinuierlich zu verbessern. Um diesen **kontinuierlichen Verbesserungsprozess** (KVP) zu unterstützen, wurde im Unternehmen bereits im Jahre 2000 ein betriebliches Vorschlagssystem eingerichtet. Ein internes KVP-Team nimmt dabei die Vorschläge der Mitarbeiter entgegen, prüft diese auf Machbarkeit und initiiert gegebenenfalls die Umsetzung. Um Anreize für die Erarbeitung von Verbesserungsvorschlägen zu bieten, werden den Mitarbeitern auch schon für „kleine" Anregungen Bons ausgegeben, welche im Unternehmen zum Beispiel für Bekleidung und Sportartikel oder auch in bar eingelöst werden können.

Um die Kundenorientierung der betrieblichen Tätigkeit in Zukunft sicherzustellen, wurde im Jahr 2005 die Organisation des Unternehmens geändert und je ein **Produktmanager** für die Geschäftsbereiche ICS und LPM eingestellt. Den zwei Produktmanagern sind gleichzeitig auch die Vertriebsmitarbeiter unterstellt. Diese Reorganisation sollte sicherstellen, dass im Sinne einer „market-pull-Strategie" zukünftige Innovationen nicht nur mittelinduziert sind („technology-push"), sondern vermehrt vom Markt initiiert bzw. auf diesen abgestimmt werden. Ergänzend sei erwähnt, dass die Produktmanager ebenso wie die Leiter der anderen Funktionsbereiche direkt an den Vorstand berichten. *Abbildung 2-3* illustriert die neue Struktur der Organisation.

Im Hinblick auf die Erfüllung der **Qualitäts-** und **Umweltanforderungen** der Kunden bzw. der Öffentlichkeit wurde das Unternehmen entsprechend der Norm ISO 9001 zertifiziert und erfüllt bei Entwicklung und Fertigung die neuesten RoHS/WEEE-Richtlinien der Europäischen Union[3].

# 3   Finanzwirtschaftliche Daten

*Abbildung 3-1* zeigt wesentliche Daten aus dem Jahresabschluss der ABATEC Electronic AG vom 31. 12. 2005.

---

2   Das Konzept des kontinuierlichen Verbesserungsprozesses ist vielfach auch unter der japanischen Bezeichnung „Kaizen" bekannt (Kai=Veränderung, Zen=zum Besseren).

3   RoHS: Richtline 2002/95/EG zur Beschränkung der Verwendung bestimmter gefährlicher Stoffe in Elektro- und Elektronikgeräten; WEEE: Richtlinie 2002/96/EG über Elektro- und Elektronikaltgeräte.

*Abbildung 3-1:*     Kennzahlen aus dem Jahresabschluss 2005

|  | 2005 | 2004 | Veränderung |
|---|---|---|---|
| **Langfristiges Vermögen** | 5.275 t Euro | 5.657 t Euro | -6,8 Prozent |
| **Netto-Umlaufvermögen** | 1.805 t Euro | 1.088 t Euro | +65,9 Prozent |
| **Eigenmittel** | 3.105 t Euro | 2.363 t Euro | +31,4 Prozent |
| **Langfristiges Fremdkapital** | 3.975 t Euro | 4.380 t Euro | -9,3 Prozent |
| **Umsatz** | 10.399 t Euro | 7.843 t Euro | +32,6 Prozent |
| **EGT** | 1.212 t Euro | 577 t Euro | +110,1 Prozent |
| **Bilanzgewinn** | -444 t Euro | -1.392 t Euro | -68,1 Prozent |

# 4     Die Marketingumwelt

## 4.1     Absatzmarkt

Im Geschäftsbereich **ICS**, in welchem, wie bereits erwähnt, derzeit 90 Prozent des Umsatzes erwirtschaftet werden, umfasst das Spektrum potenzieller und tatsächlicher Kunden Unternehmen, welche folgende Leistungen herstellen:

- Hackschnitzel- und Pelletsheizungen,
- Wärmepumpen,
- Whirlpools und Dampfduschen,
- Saunen und Infrarotkabinen,
- Verkehrstechnik und
- Zutrittssysteme.

Der Großteil des Umsatzes wurde in diesem Geschäftsbereich mit österreichischen Kunden erwirtschaftet. Als größter Auslandsmarkt von ABATEC gilt Deutschland.

Im Geschäftsbereich **LPM** gibt es durch die breiten Anwendungsmöglichkeiten ein großes Kundenspektrum. Exemplarisch seien hier folgende Kunden angeführt:

- Sportorganisationen und Vereine für Sportarten wie Fußball, Eishockey, Eisschnelllauf und Ski Alpin,

- sportwissenschaftliche Institutionen,

- Sportveranstalter (vorwiegend als Dienstleistungsabnehmer),

- Fahrtechnikzentren, Betreiber von Rennstrecken,

- Industriekunden wie z. B. Automobilkonzerne und Anbieter von Logistiklösungen,

- Universitäten und Institute im Bereich der Veterinärmedizin bzw. Verhaltensforschung für Tiere.

Im Jahr 2005 wurde eine LPM-Anlage an einen europäischen Kunden verkauft und sieben Dienstleistungsprojekte durchgeführt.

Im Geschäftsbereich **MOP** zählen sämtliche Unternehmen der Elektronik-, Elektro- und Mechatronikbranche zu den potenziellen und tatsächlichen Kunden.

# 4.2    Mitbewerb

Im Geschäftsbereich ICS zählen zwei Unternehmen zu den stärksten Mitbewerbern von ABATEC. Das oberösterreichische Unternehmen **Technosert** erzielte im Jahr 2005 einen Umsatz von 16 Mio. Euro (2004: 15,3 Mio.), beschäftigt ca. 140 Mitarbeiter und betreibt eine eigene F&E-Abteilung. Das Unternehmen bietet für folgende Branchen und Anwendungsgebiete Lösungen im Bereich der Steuerung und Regelung an: Elektro- und Elektronikindustrie, KFZ-Industrie, Maschinenbau, Medizintechnik, Büroelektronik, Telekommunikation, Computerindustrie, Apparatebau, Regelungstechnik, Sensorik und Flugsicherheitstechnik.

Das steirische Unternehmen **Seidel Elektronik GmbH** stellt den zweiten Mitbewerber von ABATEC dar. Dieses Unternehmen beschäftigt ca. 280 Mitarbeiter und erzielte 2005 einen Umsatz von rund 47 Mio. Euro (2004: 44 Mio.). Das Spektrum der Lösungsbereiche stellt sich bei diesem Unternehmen folgendermaßen dar: Leistungselektronik, Gamingindustrie, Verkehrs-, Medizin-, Diagnose- sowie Sicherheitstechnik.

Studien von Fachverbänden zeigen, dass die Elektronikindustrie im Jahr 2004 um 5,3 Prozent, im Jahr 2005 um ca. 4,7 Prozent gewachsen ist und dass auch in Zukunft mit einem Anhalten dieses Trends zu rechnen ist.

Im Geschäftsbereich LPM, in welchem ABATEC die weltweite Technologie- und Marktführerschaft anstrebt, findet man weltweit nur zwei Mitbewerber. Das deutsche Unternehmen **Cairos technologies AG** hat ein ähnliches Positionsbestimmungssystem für Anwendungen im Sport- und industriellen Bereich entwickelt und steht damit kurz vor der Markteinführung. Im Jahr 2005 arbeiteten in diesem Unternehmen, einschließlich der Tochtergesellschaft IMP AG, rund 100 Mitarbeiter. Das Leistungsspektrum der IMP AG umfasst sportwissenschaftliche Statistiken, TV-Sendegrafiken sowie Technologiekonzepte für TV-Formate und Multimedia.

Der israelische Mitbewerber **Orad Hi-tec Systems Ltd.** entwickelt mit 100 Mitarbeitern Lösungen für den TV- und Videobereich (Videografiken, 3D-Animationen, Einblendungen, etc.). Das erste Positionsbestimmungssystem wurde kürzlich an den Hongkong-Jockeyclub verkauft, ist allerdings hinsichtlich Wartung und Betrieb als sehr aufwendig einzustufen. Die Marketingleitung von ABATEC schätzt, dass dieses System um rund 1 Mio. Euro verkauft wurde. Der Umsatz von Orad belief sich im Jahr 2004 auf 15,73 Mio. USD und es wurde ein Ergebnis von -3,88 Mio USD erwirtschaftet.

Neben diesen Mitbewerbern gibt es vor allem im Geschäftsbereich MOP bei der **Lohnfertigung** eine Vielzahl von Unternehmen, welche ähnliche Leistungen anbieten. Insbesondere Mitbewerber aus dem südosteuropäischen und asiatischen Raum können aufgrund anderer wirtschaftlicher Rahmenbedingungen häufig kostengünstiger produzieren als ABATEC. Der Marktanteil von ABATEC beträgt in diesem Geschäftsfeld im Vergleich zum stärksten Mitbewerber rund 5 Prozent, doch rechnet das Produktmanagement mit einem Wachstum dieses Geschäftsfelds von ca. 1 bis 2 Prozent für das Jahr 2006.

## 4.3    Beschaffungsmarkt

Für die Produktion des Leistungsspektrums von ABATEC werden vor allem elektronische Bauteile, Mechatronik-Komponenten, Leiterplatten sowie Anlagen und Maschinen benötigt. Für die Lieferantenauswahl und die Aufrechterhaltung der diesbezüglichen Beziehungen ist bei ABATEC eine eigene Einkaufsabteilung zuständig, welche drei Mitarbeiter umfasst. Die Lieferanten von ABATEC kommen vor allem aus Österreich, Deutschland, der Schweiz, Frankreich, Italien sowie Korea und stellen keinen Engpass für ABATEC dar.

## 4.4    Konjunkturdaten des produzierenden Bereichs

Einer Studie des österreichischen Wirtschaftsforschungsinstituts (WIFO) zufolge wird in den nächsten Jahren mit einem jährlichen Anstieg der **privaten Konsumausgaben** um ca. 1,8 Prozent gerechnet. Die Konjunkturdaten des **produzierenden Bereichs** (*Abbildung 4-1*) zeigen in den Branchen Maschinenbau sowie Mess-, Steuer- und Regelungstechnik ebenso ein leichtes Wachstum hinsichtlich Beschäftigtenzahl und Auftragslage.

Wie in vielen anderen Teilen der Wirtschaft stieg auch in diesen Branchen in den letzten Jahren der Trend zur Auslagerung von Leistungen in den Bereichen Entwicklung und Produktion an andere Unternehmen („**Outsourcing**"), um damit primär Kostenvorteile zu erzielen. Diesbezüglich kam das Fraunhofer Institut für Systemtechnik und Innovationsforschung (ISI) in einer Studie[4] jedoch zu ernüchternden Ergebnissen. So betonen die Experten, dass vor allem in der Forschung und Entwicklung (F&E) durch ein zuviel an externer Dienstleistung wichtige Kernkompetenzen des Unternehmens verloren gehen können, wodurch in der Regel die Wettbewerbsfähigkeit vermindert wird. Die Forscher fordern daher einen hohen Eigenanteil der Unternehmen bei F&E bzw. empfehlen, als Ausweg aus dem Dilemma zwischen Erhalt der Kernkompetenzen und Kostenersparnis klar geregelte strategische Partnerschaften im F&E-Bereich einzugehen.

*Abbildung 4-1:*    *Auszug aus der Konjunkturstatistik – Produzierender Bereich (Statistik Austria, Statistisches Jahrbuch 2006, S. 372)*

| Konjunkturstatistik<br><br>Produzierender Bereich | Unselbstständig Beschäftigte | | Auftragsbestand in 1.000 € | | Abgesetzte Produktion in 1.000 € | |
|---|---|---|---|---|---|---|
| | 31. 12. 03 | 31. 12. 04 | 31. 12. 03 | 31. 12. 04 | 2003 | 2004 |
| Maschinenbau | 68.873 | 70.132 | 4.840.968 | 6.041.738 | 11.657.650 | 13.238.277 |
| Rundfunk, Fernseh- und Nachrichten- technik | 23.382 | 23.950 | 1.973.149 | 2.559.927 | 4.866.433 | 5.281.755 |
| Medizin-, Mess-, Steuer- und Regelungstechnik, Optik | 12.111 | 12.205 | 320.534 | 312.693 | 1.518.895 | 1.637.277 |

# 4.5    Sonstige Rahmenbedingungen

Bei privaten Personen ist ebenfalls eine für ABATEC relevante Entwicklung erkennbar: **Wellness** als wohlverstandene Gesundheitsvorsorge liegt bei vielen Teilen der Bevölkerung immer mehr im Trend und wird für immer mehr Personen zur persönlichen Notwendigkeit. Dies bestätigt eine Vielzahl von Studien[5], welche beispielsweise der Deutsche Wellness Verband auf seiner Homepage veröffentlicht. Laut Prognosen der Experten sind die Konsumenten zunehmend bereit, Präventivmaßnahmen für Ge-

---

4    http://www.isi.fraunhofer.de/pr/2003de/pri16/pri16.htm (10. 12. 2005)
5    http://www.wellnessverband.de/infodienst/ zahlen_ daten_ fakten.html (10. 12. 2005)

sundheit und Wohlbefinden aus eigener Tasche zu bezahlen. Somit wird sich der Trend der letzten Jahre, der in *Abbildung 4-2* dargestellt ist, weiterhin fortsetzen.

Überdies zeigt eine Studie, dass vor allem Produkte und Dienstleistungen großes Erfolgspotenzial haben, die zusätzlich zum rein funktionalen Nutzen auch Lifestyle, Verwöhnerlebnis und Komfort in den Mittelpunkt stellen.

Neben den skizzierten Entwicklungen am Wellnessmarkt zeigt sich auch im Gebäudetechnikmarkt ein Wandel hin zu intelligenten und komfortablen Lösungen. Das **vernetzte intelligente Haus** stand beispielsweise im Mittelpunkt des Kongresses „e/home", welcher im September 2005 in Berlin stattfand[6]. Musik aus dem drahtlosen Heimnetzwerk und Fernsehgeräte, die über Bildschirmmenüs den gesamten Haushalt steuern, gehörten zu den Themen dieser Veranstaltung. Experten schätzten im Rahmen dieser Veranstaltung das Marktpotenzial für intelligente Haussysteme auf rund 200 Millionen Objekte in Europa.

*Abbildung 4-2:*     *Entwicklung des Wellnessmarkts (Deutscher Wellness Verband: http://www.wellnessverband.de/infodienst/zahlen_daten_fakten.html (10. 12. 2005)*

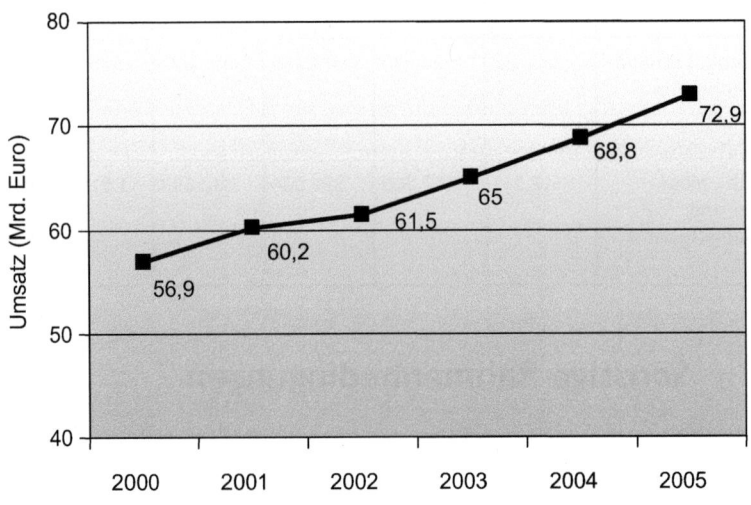

---

6   http://www1.messe-berlin.de/vip8_1/website/MesseBerlin/htdocs/www.ehomeberlin.de/de/Kontakt/Impressum/index.html (10. 12. 2005)

Im Zusammenhang mit der Gebäudetechnik kann auch die Entwicklung im Markt für **Pelletsheizungen**[7] erwähnt werden. Entsprechend einer Pressemitteilung zur Fachmesse „Pellets 2005"[8] wird insbesondere aufgrund der Entwicklung der Öl- und Gaspreise im Jahr 2005 mit einem Marktwachstum von mehr als 80 Prozent gerechnet. In den nächsten zehn Jahren ist für Deutschland von einer Verzehnfachung der installierten Pelletsheizungen auszugehen. Ähnlich lauten auch die Schätzungen für Österreich und die Schweiz.

# 5 Unternehmensziele

Um den oben skizzierten positiven Trend fortzusetzen, strebt die ABATEC Electronic AG in allen Geschäftsbereichen eine Expansion der Geschäftstätigkeit an. Diese Zielsetzung findet in der Unternehmensvision (*Abbildung 5-1*) ihren Ausdruck.

***Abbildung 5-1:*** *Unternehmensvision der ABATEC Electronic AG*

Wir wollen uns mit elektronischen Hightech-Lösungen und Systemen in den Geschäftsbereichen „Intelligent Control Systems" (ICS) und „Local Position Measurement" (LPM) durch Innovationsgeist, Kreativität, Technologievorsprung und permanente Orientierung an den jeweiligen Kundenbedürfnissen im Spitzenfeld der Konkurrenten der einzelnen Geschäftsbereiche platzieren.

Im Schlüssel-Geschäftsbereich LPM streben wir darüber hinaus die weltweite Technologie- und Marktführerschaft an. Der Geschäftsbereich LPM soll mittelfristig mindestens genauso stark wie der Stammbereich ICS werden.

Die Umsetzung der Unternehmensstrategie wird durch eine **Balanced Scorecard** (BSC) unterstützt, die eine Ableitung operativer Teilziele aus den strategischen Zielvorgaben ermöglicht.

---

[7] Bei Pelletsheizungen werden als Brennstoff Presslinge aus unbehandelten Holzspänen und Sägemehl, so genannte Holzpellets, verwendet.

[8] http://www.pellets2007.de/uploads/media/Pressemitteilung2.pdf (10. 12. 2005)

*Kurt Gaubinger*

# 6 Problemstellungen

- Stellen Sie die Beziehung von ABATEC zum Marketingumfeld strukturiert anhand einer Grafik dar.

- Analysieren Sie im Rahmen einer systematischen Umfeldanalyse die Chancen und Risiken für die einzelnen Geschäftsbereiche und daraus abgeleitet für das gesamte Unternehmen.

- Führen Sie für die einzelnen Geschäftsbereiche eine Stärken-Schwächen-Analyse durch und erstellen Sie das entsprechende Stärken-Schwächen-Profil für das gesamte Unternehmen.

- Erstellen Sie auf Basis der beiden vorhergehenden Aufgaben eine SWOT-Analyse für das gesamte Unternehmen.

- Entwickeln Sie ausgehend von den Ergebnissen der SWOT-Analyse ein Konzept zur weiteren Vorgehensweise. Welche Handlungsempfehlungen lassen sich Ihrer Meinung nach aus den Ergebnissen ableiten?

Doris Eyett/Kurt Gaubinger

# Fallstudie Format Werk GmbH

## Kundenzufriedenheitsanalyse im Büroartikelmarkt

# 1      Das Unternehmen

Die Format Werk GmbH ist Österreichs größter Hersteller von Papierwaren für Schule und Büro mit Firmensitz in Gunskirchen bei Wels (Oberösterreich). Das Unternehmen beschäftigt auf 5.000 m² verbauter Fläche rund 110 Mitarbeiter. Mit einer Verarbeitungskapazität von ca. 15.000 Tonnen pro Jahr gehört das Format Werk zu den größten papierverarbeitenden Industriebetrieben in Europa.

Das Unternehmen wurde 1976 gegründet. Im Jahr 1992 erfolgte ein Zusammenschluss mit den Firmen Ursus und Joh. Haas zur PBS-Austria. Nach der Akquisition durch Herlitz im Jahr 1997 erfolgte im Jahr 2000 ein Management-Buy-out. Seither sind Mag. Thomas Riemer und Christian Moser sowie die PBS-Holding zu je einem Drittel Eigentümer des Format Werks.

Der Umsatz des Unternehmens lag im Geschäftsjahr 2005 bei 18,2 Mio. Euro, wovon 40 Prozent durch Exporte erwirtschaftet wurden. Im Jahr 2006 strebt das Unternehmen insbesondere durch eine Intensivierung der Auslandsaktivitäten ein Umsatzwachstum von 5 Prozent an.

# 2      Produktspektrum

Das Produktsortiment des Format Werks gliedert sich im Standardsortiment für Österreich in 500 Artikel. Von den klassischen Schulheften gibt es alleine 100 verschiedene Artikel. Im Exportbereich werden aufgrund der länderspezifischen Besonderheiten 4.000 Produkte hergestellt. Ausschließlich Auftragsfertigung gibt es beispielsweise im Kalenderbereich mit rund 2.000 Produktvarianten. Die Innovationskraft des Unternehmens zeigt sich deutlich bei der Anzahl neuer Produkte. So wurden allein im Jahr 2005 200 neue Produkte eingeführt.

Die Produktpalette des Format Werks besteht aus zwei großen Segmenten: Büro und Schule. Im **Business-to-Business-Segment Büro** ist das Format Werk mit der Traditionsmarke Ursus, der neuen Sortimentsmarke Ursus Success aber auch mit den Marken Tell, Alma und Marke Format vertreten. Im **Business-to-Consumer-Segment Schule** werden die Produkte unter den Marken Formati und Format-X vertrieben.

Im **Business-to-Business-Segment** steht **Ursus** für Produkte im Büroalltag. Ein breites Sortiment (Bürohefte, Büronotizblöcke, Kollegblöcke, Flipcharts, Geschäftsbücher, etc.), hohe Verfügbarkeit und kompromisslose Qualität machen Ursus-Produkte seit vielen Jahren zur ersten Wahl vieler Unternehmen. Die Produkte und die dazugehörige Kommunikation wurden auf eine einheitliche, internationale, eindeutig erkennbare

Linie gebracht. Durch ständige Zusammenarbeit mit Leistungsträgern aus der Wirtschaft ist man in der Lage, die Produkte immer weiter marktgerecht zu verbessern. Hierbei setzt das Unternehmen innovative Tools wie internetbasierte Instrumente zur frühzeitigen Integration des Kunden in den Produktentwicklungsprozess ein.

Dass gerade im Bürobereich besondere Probleme eines individuellen Lösungsansatzes bedürfen, zeigt die neue Sortimentsmarke **Ursus Success**. In Fortführung der Ursus-Tradition wurden hier gemeinsam mit Wissenschaft und Wirtschaft Lösungen für die Bereiche Prozess-, Konzept-, Zeit-, Projekt- und Informationsmanagement entwickelt.

Die **Marke Format** steht für unverzichtbare Produkte im Büro. Formularbücher und -blöcke sind mit Top-Qualität „Made in Austria" ausgestattet. **Alma** und **Tell** sind seit vielen Jahren bekannt für hochwertige Büroprodukte wie beispielsweise Fahrtenbücher, Journale und Mehrwertsteuerbücher.

Im **Business-to-Consumer-Segment** finden Kunden unter der Marke **Formati** Produkte, die im Speziellen den Anforderungen im Volks- und Sonderschulbereich gerecht werden. Das Sortiment wurde in Kooperation mit Pädagogen entwickelt. Unterschiedliche Lehrplanthemen wie Schreiben, Rechnen, Sachunterricht und Religion sind Gegenstand der Sortimentsentwicklung. Die speziellen Lineatur- und Farbgestaltungen der Formati-Produkte stellen besonders wertvolle Lehr- und Lernhilfen für den Unterricht dar.

**Format-X** bietet ein Gesamtkonzept für die Unter- und Oberstufe (Schulhefte, Schulblöcke, Ringbucheinlagen, Zeichenblöcke, etc.). Abgestimmte Designwelten, eine Internetplattform mit vielen Tipps rund um die Schule, interessante Gewinnmöglichkeiten und vieles mehr schaffen dabei eine spannende Markenwelt.

# 3 Papierverarbeitung

Die Produkte des Format Werks sind vorwiegend aus total chlorfreiem (TCF) und elementar chlorfreiem (ECF) Papier. Bei den Schulheften der Marken Formati und Format-X wird in Österreich und Deutschland ausschließlich IQ Unique Triotec Papier eingesetzt, das besonders umweltfreundlich ist. Das Papier besteht aus drei Schichten mit einem Recycling-Anteil von bis zu 50 Prozent.

Bei der TCF-Papierproduktion werden zum Bleichen ausschließlich Sauerstoff und Sauerstoffverbindungen verwendet. Somit ist das Abwasser frei von chlororganischen Verbindungen und das Papier ist damit das mit Abstand umweltfreundlichste am Markt. Beim ECF-Papier werden beim Bleichen sehr kleine Mengen an Chlorverbindungen eingesetzt; demnach ist dieses Papier als chlorarm einzustufen.

Die Lieferanten des Format Werks garantieren, dass der Faserrohstoff Holz nicht aus dem Urwald, sondern aus Durchforstungs- und Restholz stammt. Alle Farben und Papierqualitäten sind lebensmittelecht. Für diverse Abfallstoffe gibt es im Format Werk ein organisiertes Abfallwirtschaftskonzept. Die anfallenden Abfallstoffe werden an verschiedene Altpapierhändler verkauft.

Jährlich werden ca. 10.000 Tonnen Papier verarbeitet bzw. 110.000 Leistungsstunden im Zweischichtbetrieb erbracht. Im Jahr 2005 wurden vom Format Werk über 30 Mio. Schulhefte produziert.

Zum Maschinenpark zählen unter anderem mehrere Heftmaschinen, Loseblattmaschinen, Bogenmaschinen, Blockmaschinen, Spiralisiermaschinen, Buchbindereimaschinen, Digitaldrucker und eine Bogen-Offsetmaschine.

# 4 Stärken des Unternehmens

Eine im Unternehmen durchgeführte Analyse ergab, dass eine wesentliche Stärke des Format Werks die innovativen und auf die einzelnen Zielgruppen abgestimmten Produkte darstellen. Diese Kundenorientierung wird durch verschiedene Maßnahmen erreicht. Durch die permanente Kooperation mit Leistungsträgern aus Wirtschaft und Wissenschaft ist das Format Werk in der Lage, seine Produkte im **Business-to-Business-Segment** immer weiter marktgerecht zu optimieren. So wurden beispielsweise in Kooperation mit dem Kompetenzzentrum Wissensmanagement der Johannes Kepler Universität Linz Büroprodukte entwickelt und getestet. Innovative IT-Lösungen unterstützen dabei die Produktentwicklung. So können Kunden über die Internetseite des Unternehmens aktiv an der Produktentwicklung teilnehmen.

Im **Schulbereich** arbeitet man laufend mit Partnerschulen bei der Entwicklung und dem Test neuer Produkte zusammen. Dieser ständige und wechselseitige Kontakt mit Lehrern und Schülern wird unter anderem durch Exkursionen von jährlich 4.000 Schülern und Lehrern ins Format Werk erreicht. Mit der Albertina, einer der größten Kunstsammlungen der Welt, hat das Format Werk in diesem Zusammenhang einen attraktiven Partner gefunden. Aus der Zusammenarbeit sind bereits einige Atelier-Workshops im historischen Museumsgebäude hervorgegangen, in denen Schüler ihre Kreativität spielend und vor allem sinnvoll erforschen können. Um auch in Zukunft die richtigen Lernhilfen für Schüler im Sortiment zu haben, hat das Format Werk weitere strategisch wertvolle Kooperationen abgeschlossen.

Darüber hinaus zeichnet sich das Unternehmen durch flexible Auflagengrößen, maßgeschneiderte Vertriebs- und Marketingkonzepte, komplette Lagerführung für Dritte und innovative Extranet-Lösungen aus, welche die Partnerunternehmen mit dem

Format Werk vernetzen, um so z. B. aktuelle Umsätze, Lagerbestände und Bilddaten jederzeit abrufen zu können. Auch das interne Berichtswesen spiegelt den State-of-the-Art wider und es können tagesaktuell Liefermengen, Lieferzeitpunkte, Reklamationen, etc. eingesehen werden. Die Kundendatenbank enthält eine vollständige Adressliste aller Distributionspartner inklusive der relevanten Ansprechpersonen, klassifiziert gemäß der bestellten bzw. gelieferten Menge nach A-, B- und C-Kunden.

# 5 Kunden

Wie bei der Vorstellung des Produktspektrums bereits dargestellt, bietet das Format Werk Produkte für zwei Kundengruppen an. Einerseits finden **Unternehmen** unter den Marken Ursus, Ursus Success, Marke Format, Alma und Tell ein umfangreiches Produktsortiment für den Bürobereich vor. Für **Schüler** aller Schulstufen bietet das Format Werk unter den Marken Format-X und Formati ein breites Spektrum an Papierwaren an.

Die genannten Kundengruppen repräsentieren die Endkunden des Format Werks und werden vom **Handel** betreut und beliefert. Dieser wiederum stellt für das Format Werk den **direkten Kunden** dar.

Im Großhandelsbereich ist die PBS Austria als größter heimischer Großhändler der wichtigste Kunde. Die PBS Austria beliefert Fachhandelsketten wie Skribo und Büroprofi, aber auch einzelne Fachhändler.

Zu den **Hauptexportländern** gehören die Schweiz, die Niederlande, Skandinavien, Italien, Ungarn und Deutschland. Unabhängig davon, ob der Kunde ein Lebensmitteleinzelhändler, Versender, Großhändler, eine Cash & Carry-Kette oder Büroartikelhändler ist, das Format Werk ist sowohl im Inland als auch im Exportgeschäft als Vollsortimenter mit mehr als 4.000 Artikeln bekannt. *Abbildung 5-1* illustriert die Struktur der direkten Kunden des Format Werks.

Wie auch in anderen Branchen ist in der Papierwarenbranche die Handelswelt durch eine große Dynamik gekennzeichnet. Durch die Globalisierung operieren immer mehr Handelsunternehmen länderübergreifend und üben so verstärkt Druck auf lokale Hersteller aus. Gewünscht werden einheitliche Produkte in allen Ländern. Auf der anderen Seite gibt es jedoch länderspezifische Anforderungen von Seiten der Endkunden – in der Schweiz sogar kantonal unterschiedlich –, mit denen sich der Handel auseinander setzen muss.

Als weitere Konsequenz der Globalisierung kommt es vermehrt zu einem Sterben des Fachhandels und der Markt bereinigt sich laufend. Die somit immer größer werdenden Handelsketten platzieren zudem verstärkt eigene Handelsmarken, die mit den Marken des Format Werks in Konkurrenz stehen.

---

*Abbildung 5-1:*    *Struktur der direkten Kunden des Format Werks*

---

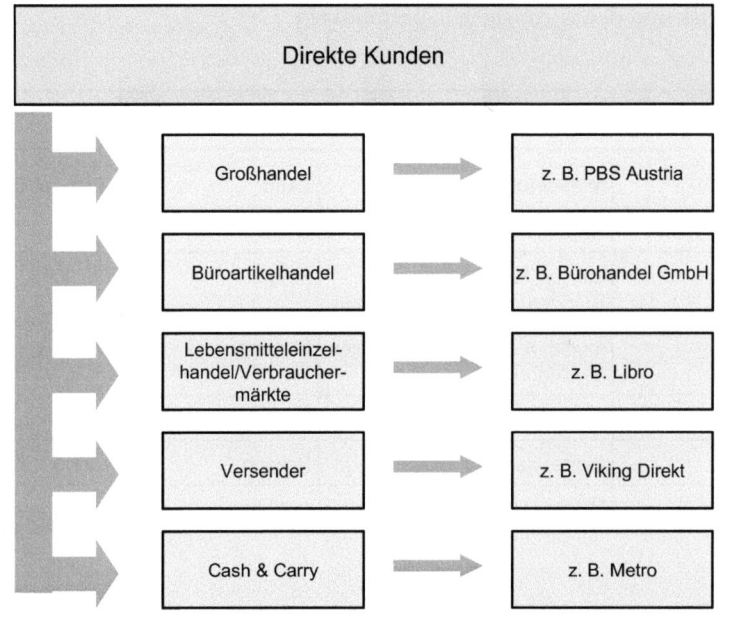

# 6    Lieferanten

Es gibt nur wenige Papierproduzenten, die für die Papierwarenbranche als potenzielle Lieferanten in Frage kommen. Daher besteht eine extreme Abhängigkeit von diesen Lieferanten. Zudem wird von Seiten eines Herstellers wie dem Format Werk Rollenpapier zur Produktion seiner Produkte benötigt. Dieses stellt jedoch für die Papierproduzenten meist nur ein Randsortiment dar, da diese in der Regel auf Bogenpapier spezialisiert sind. Viele potenzielle Lieferanten konzentrieren sich darüber hinaus verstärkt auf Büropapier, bei dem die Qualität weniger wichtig ist als bei Schulschreibpapier. Generell ist in diesem Zusammenhang ein Trend zur Forcierung des qualitativ minderwertigeren elementar chlorfreien Papiers zu erkennen.

# 7 Mitbewerb

Das Format Werk ist mit einem intensiven Wettbewerbsumfeld konfrontiert, da es viele Mitbewerber gibt, deren Produkte sich nur für Kenner deutlich von denen des Format Werks unterscheiden. *Abbildung 7-1* gibt einen Überblick über die Mitbewerber in Österreich und den wichtigsten Exportmärkten.

*Abbildung 7-1:* *Mitbewerber des Format Werks*

| Land | Mitbewerber | Land | Mitbewerber |
|---|---|---|---|
| Österreich | Kliemstein | Ungarn | Füzfoi |
| Deutschland | Landre, Bacher, Schreyer, Brunnen, Herlitz, Vencaremos | Polen | Top 2000 |
| Schweiz | Ingold, Biwa, Elco, Schweizer Blockfabrik | Norwegen | Andvord |
| Frankreich | Hamelin, Clairefontaine | Finnland | Lindegaard |
| Italien | Pigna, Banzato, Blasetti | Belgien | Aurora |
| Spanien | Unipapel | Niederlande | Lutkie |

# 8 Besonderheiten in der Branche

Hinsichtlich des Büro-Segments ist festzustellen, dass aufgrund der Entwicklungen im IT-Bereich immer mehr Aktivitäten „papierlos" erledigt werden. Somit besteht ein erhebliches Substitutionspotenzial von Papieranwendungen durch IT-Lösungen.

Für das Schul-Segment gilt, dass bedingt durch die Saisonalität bei Schulprodukten die Hersteller von Papierwaren in der Regel im 4. Quartal freie Kapazitäten aufweisen. Darüber hinaus führen rückläufige Schülerzahlen und die auch in diesem Bereich teilweise auftretende Substitution von Schulheften durch neue Medien zu einem Rückgang der Branchenumsätze. Da der relevante Markt in den meisten Ländern bereits abgesteckt ist, ist überdies häufig nur noch ein begrenztes Wachstumspotenzial vorhanden.

Bei allen Herstellern von Papierwaren besteht durch den Maschinenpark eine hohe Kapitalbindung und da auf vielen Maschinen ausschließlich Hefte produziert werden können, existieren für die Hersteller hohe Austrittsbarrieren.

Bezüglich der Kaufentscheidung für eine bestimmte Marke ist anzumerken, dass diese in der Regel bereits mit der Wahl der Einkaufsstätte gefallen ist, da in den einzelnen Geschäften nur selten mehr als eine Marke geführt wird.

# 9 Problemstellungen

Das Format Werk ist bestrebt, seinen Händlern und Endkunden erstklassige Erzeugnisse, besten Service und faire Preise zu bieten. Daher ist die Geschäftsführung daran interessiert, wie zufrieden die Kunden mit den Leistungen des Unternehmens sind. In einem ersten Schritt möchte man das **Business-to-Business-Segment** untersuchen und kontaktiert diesbezüglich ein führendes Marktforschungsinstitut.

Als ProjektmanagerIn dieses Instituts sind Sie aufgefordert, sich mit folgenden Punkten auseinander zu setzen:

◼ Analysieren Sie, welchen Beitrag eine Kundenzufriedenheitsstudie für die Zukunft des Format Werks leisten könnte.

◼ Diskutieren Sie die Vor- und Nachteile einer hausintern durchgeführten gegenüber einer extern vergebenen Studie.

◼ Definieren Sie die Zielgruppen der Studie und berücksichtigen Sie dabei die Besonderheiten des organisationalen Beschaffungsverhaltens.

◼ Sollte eine qualitative Vorerhebung durchgeführt werden? Begründen Sie Ihre Entscheidung.

◼ Wie könnte ein qualitativer Fragebogen für eine eventuelle Vorfeldanalyse aussehen?

◼ Welche Methoden bzw. Formen der Datensammlung sollten eingesetzt werden? Stellen Sie deren Vor- und Nachteile gegenüber. Welche Sekundärquellen könnten Sie für die Kundenzufriedenheitsstudie heranziehen?

◼ Entwickeln Sie vor dem Hintergrund der definierten Zielgruppen die entsprechenden Fragebögen. Um eine Benchmark mit anderen Anbietern in der Branche zu erhalten, sollte auch die Zufriedenheit mit den jeweiligen Konkurrenten abgefragt werden. Berücksichtigen Sie diesen Aspekt im Fragebogendesign.

◼ Welche Punkte sind im Hinblick auf die Auswertung der Kundenzufriedenheitsstudie zu bedenken? Wie und an wen sollten die Ergebnisse kommuniziert werden?

# Teil IV

## Strategische

## Marketingplanung

# Harald Kindermann

# Grundlagen der strategischen Marketingplanung

# 1     Einleitung

Jedes betriebswirtschaftlich orientierte Unternehmen möchte langfristig erfolgreich sein. Dies kann beispielsweise bedeuten, dass das eingesetzte Kapital entsprechend verzinst wird bzw. die Mitarbeiter auf allen Ebenen ein adäquates Einkommen erhalten. Um dies zu verwirklichen, ist darauf zu achten, dass langfristig der erwirtschaftete Ertrag den dafür notwendigen Ressourceneinsatz übersteigt[1].

Akzeptiert man diese Überlegungen als fundamentales Unternehmensziel, so stellt sich die Frage, wie dieses erreicht werden kann. Die Beantwortung dieser Frage muss im Wesentlichen die **Unternehmensstrategie** leisten. Diese definiert die grundlegende, langfristige Ausrichtung eines Unternehmens und bezieht sich insbesondere auf (*Homburg/Krohmer* 2003, S. 342ff.; *Kühn/Grünig* 1998, S. 28):

- Die Festlegung der generellen Stoßrichtung des Unternehmens unter Berücksichtigung des **Unternehmenszwecks.** Der Unternehmenszweck wird in der Regel bei der Firmengründung definiert und bildet den Ausgangspunkt für die weitere Orientierung des Unternehmens. Im Mittelpunkt steht dabei die Beantwortung der Frage „Was ist unser Geschäft?" bzw. „Was sollte unser Geschäft sein?" (*Kotler/Bliemel* 2001, S. 110; *Benkenstein/Meffert* 2001, S. 1709).

- Die Festlegung des **relevanten Markts**, der in der Zukunft Gegenstand der absatzpolitischen Bemühungen sein soll. Dieser Markt definiert sich in **sachlicher**[2] und **räumlicher**[3] Hinsicht.

- Die Festlegung der **strategischen Geschäftseinheiten**[4] innerhalb eines Unternehmens.

- Die **Festlegung des Handlungsrahmens** für strategische Maßnahmen innerhalb einer strategischen Geschäftseinheit, damit der angestrebte Unternehmenszweck erreicht und abgesichert wird.

An dieser Stelle stellt sich die Frage, wie die Marketingstrategie im Rahmen der Unternehmensstrategie einzuordnen ist. Aus der Vielzahl an Abgrenzungen, die diesbezüglich in der Literatur zu finden sind (*Homburg/Krohmer* 2003, S. 350), wird jene Sichtweise gewählt, welche die Marketingstrategie als eine dominierende Funktional-

---

[1]   Gemeinwirtschaftliche Unternehmungen mit einem „Versorgungsauftrag" werden in diesem Zusammenhang nicht betrachtet.

[2]   Konkurriert beispielsweise ein Erdgaslieferant nur mit anderen Erdgaslieferanten oder auch mit Anbietern alternativer Energieformen (Fernwärme, Erdwärme, Solarenergie, etc.)?

[3]   Welcher Marktraum wird grundsätzlich in Betracht gezogen, z. B. Gemeinde, Staat, EU?

[4]   Eine Strategische Geschäftseinheit (SGE) ist eine organisatorische Einheit innerhalb eines Unternehmens mit weitgehend eigenständigem Entscheidungsspielraum sowie mit Gewinn- und Verlustverantwortung.

*Harald Kindermann*

strategie betrachtet, die im Rahmen der Unternehmensstrategie eine zentrale Rolle spielt, sich aus dieser ableitet (*Abbildung 1-1*) und somit im Vergleich zu den anderen Funktionalstrategien eine exponierte Stellung einnimmt.

---

**Abbildung 1-1:**  *Einordnung der Marketingstrategie*

---

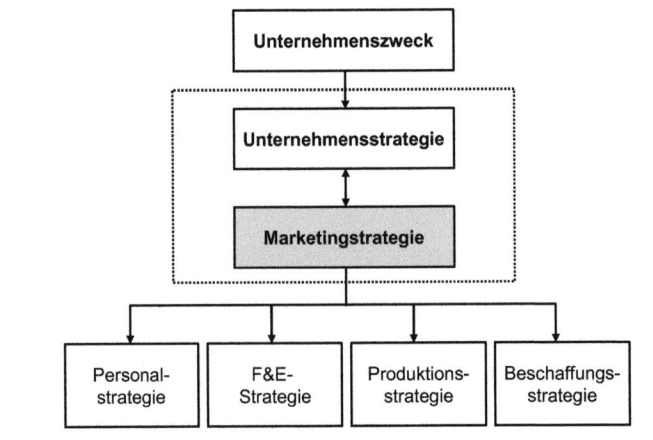

---

Die inhaltliche Nähe und Interdependenz von Unternehmens- und Marketingstrategie – in der Literatur werden diese Begriffe oft sogar gleichgesetzt (*Homburg/Krohmer* 2003, S. 350) – soll durch den Doppelpfeil und dem punktierten Kasten in *Abbildung 1-1* veranschaulicht werden.

Vor diesem Hintergrund werden zu Abgrenzungszwecken die weiter oben erwähnten Punkte 1 bis 3 als Entscheidungstatbestände der Unternehmensstrategie angesehen, aus der sich in der Folge die Marketingstrategie (Punkt 4) ableitet. Der Prozess der Entwicklung einer Marketingstrategie läuft dabei wie folgt ab: Auf Basis des relevanten Markts erfolgt zuerst eine Analyse der strategischen Ausgangssituation. Diese bezieht sich auf die allgemeine Unternehmensumwelt (z. B. Änderungen der rechtlichen und/oder politischen Rahmenbedingungen), auf die vom Unternehmen fokussierten Märkte (z. B. Wettbewerbssituation, Änderungen im Kundenverhalten) und auf die Situation im Unternehmen selbst (z. B. Finanzkraft, Änderungen beim Personal). Durch diese umfassende Situationsanalyse[5] ist eine geeignete Basis zur Formulierung wirtschaftlicher (und realistischer) Marketingziele (z. B. Umsatz, Marketingkosten, Gewinn) gegeben. Zur Erreichung dieser Ziele ist die Planung einer geeigneten Marketingstrategie notwendig. Diese basiert auf den Aspekten des angestrebten Kundennutzens und lässt sich weiter in eine strategische ("Was muss getan werden?") und eine

---

5    Vgl. dazu in diesem Buch S. 59ff.

operative („Wie muss es getan werden?") Komponente unterscheiden. Der letzte Prozessschritt umfasst die konkrete Umsetzung der Strategie selbst sowie ein Umsetzungscontrolling. Aus diesem Controlling sollten durch eine entsprechende Rückkoppelung permanent Impulse für die weitere Marketingplanung resultieren. Der gesamte skizzierte Prozess wird in der Literatur als **Marketing-Management-Prozess** bezeichnet (*Abbildung 1-2*).

---

*Abbildung 1-2: Der Marketing-Management-Prozess*

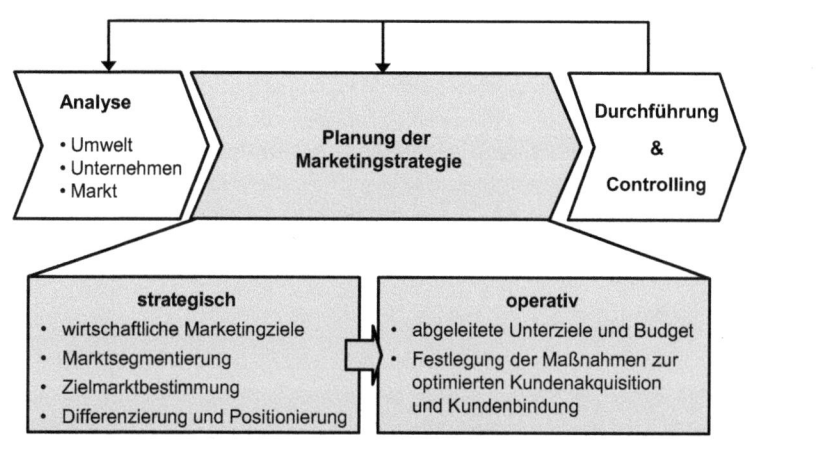

Nachfolgend wird der **strategische Planungsteil** der Marketingstrategie aus *Abbildung 1-2* näher beleuchtet.

# 2 Planung der Marketingstrategie

## 2.1 Was ist eigentlich eine Strategie?

Beim Versuch, in der Literatur eine einheitliche Strategiedefinition zu finden, erkennt man sehr rasch, dass dieses Unterfangen zum Scheitern verurteilt ist. Die Vorstellungen zum Strategiebegriff gehen einfach zu weit auseinander (*Welge/Al-Laham* 1999, S. 12). Der Begriff der Strategie stammt, betrachtet man vorerst die etymologisch-historischen Wurzeln, aus dem Griechischen und bedeutet dort soviel wie „Heeresführung" (*stratos* = Heer, *agein* = führen). Eine Übertragung auf die Betriebswirtschaftslehre findet erst im Rahmen der Spieltheorie in der Mitte des 20. Jahrhunderts statt. Dort entspricht die Strategie eines Spielers einem vollständigen Plan, der für alle denkbaren Situationen eine richtige Wahlmöglichkeit beinhaltet (*Neumann/Morgenstern* 1961).

Hinsichtlich der angesprochenen uneinheitlichen Vorstellungen zum Strategiebegriff lassen sich im Wesentlichen zwei Strömungen identifizieren: das **klassische Strategieverständnis** und eine **Gegenposition**, die vor allem durch *Mintzberg* (1995) beeinflusst wird.

### Das klassische Strategieverständnis

Der Begriff der Strategie bezeichnet hier das längerfristig ausgerichtete Anstreben einer vorteilhaften Lage oder eines Ziels, das über ein geplantes Maßnahmenbündel erreicht werden soll. Nach diesem Ansatz bedeutet strategisches Handeln ein **zielorientiertes Vorgehen** nach einem **langfristigen Plan**. Die Strategie ist hierbei das Ergebnis **formaler, rationaler Planung**.

### Die Schule um Mintzberg

Im Gegensatz zu obiger Position sind für *Mintzberg* (1995, S. 29ff.) Strategien nicht zwingend das Ergebnis formaler und rationaler Planung, sondern es existiert ein **Spektrum verschiedener Strategietypen** in Unternehmen. *Welge/Al-Laham* (1999, S. 16f.) fassen diese Typen übersichtlich zusammen. Die beiden wichtigsten Typen sind dabei:

- **Strategien als Pläne:** Dieser Typ entspricht weitgehend dem bereits genannten klassischen Strategieverständnis. *Mintzberg* (1995, S. 31) betont allerdings, dass dieser Typ in der Unternehmenspraxis selten vorkommt und ohnehin nur sinnvoll ist, wenn unter anderem eine stabile und planbare Umweltentwicklung gegeben ist. Zusätzlich kann es durch Planungs- oder/und Umsetzungsfehler vorkommen, dass die geplante Strategie nicht verwirklicht wird.

- **Strategien als Muster:** Nach *Mintzbergs* Verständnis entwickelt sich eine Strategie meist unbeabsichtigt aus dem Handeln und aus den Entscheidungen des Unternehmens heraus. Wenn sich im Nachhinein ein konsistentes Muster erkennen lässt, so ist dieses zufällig entstanden und man spricht von einer sogenannten „emergenten Strategie".

Zusammengefasst können diese Überlegungen anhand von *Abbildung 2-1* dargestellt werden.

**Abbildung 2-1:** *Strategietypen (in Anlehnung an Kühn/Grünig 1998, S. 33; Welge/Al-Laham 1999, S. 18)*

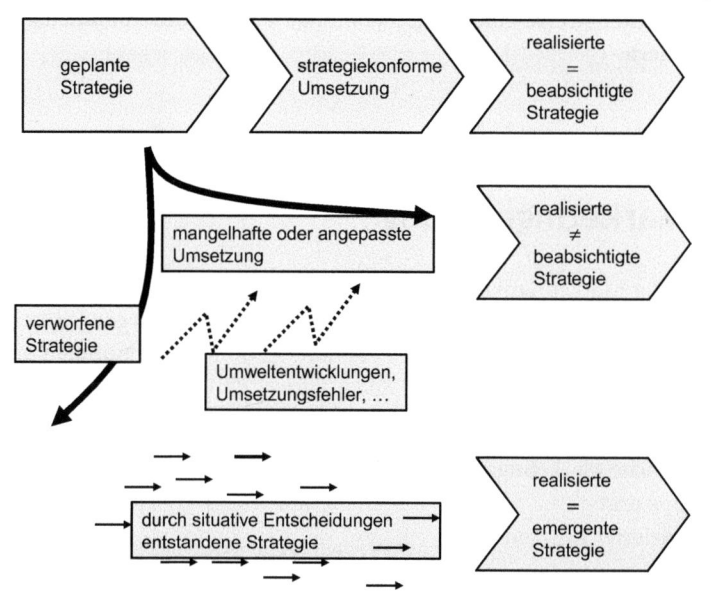

Wie *Abbildung 2-2* zeigt, entsteht in der Praxis eine realisierte Strategie in der Regel aus einer Kombination von geplanter Strategie und emergentem Verhalten.

**Abbildung 2-2:** *Realisierte Strategie als Kombination aus geplanter Strategie und ermergenter Verhaltensweise*

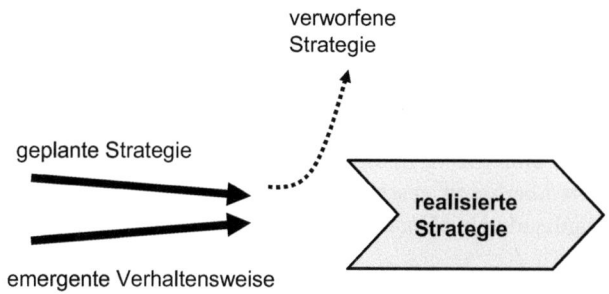

Für den hier angestrebten Zweck erscheint es sinnvoll, einen formalen Strategiebegriff zu wählen und daher in Anlehnung an das klassische Strategieverständnis wie folgt zu definieren: Der Begriff Strategie bezeichnet eine **langfristig ausgerichtete, grundsätzliche Verhaltensweise** einer Unternehmung, um den **Unternehmenserfolg nachhaltig zu sichern**.

## 2.2  Grundsätze der strategischen Marketingplanung

Die strategische Marketingplanung bezieht sich auf jene Aspekte, welche die grundsätzliche Verhaltensweise einer Unternehmung langfristig festlegen. Entscheidend ist hierbei die Frage, um welche Aspekte es konkret geht. In Anlehnung an die einschlägige Literatur (*Homburg/Krohmer* 2003; *Kotler/Bliemel* 2001; *Meffert* 1991) sind vor allem folgende Aspekte zu beachten:

- wirtschaftliche Marketingziele,
- Zielgruppe und
- kommunizierter Kundenwert.

**Wirtschaftliche Marketingziele**: Diese bilden den Ausgangspunkt aller betrieblichen Überlegungen. Sind die wirtschaftlichen Marketingziele nur unzureichend formuliert, besteht die Gefahr, dass die daraus abgeleiteten Strategien und Maßnahmen unkoordiniert durchgeführt werden und ineffizient agiert wird. Bei der Formulierung von Marketingzielen sind im Wesentlichen vier Dimensionen zu beachten: Inhalt, Ausmaß, Zeit- und Segmentbezug. Zusätzlich ist zu beachten, dass sich die Marketingziele aus den Oberzielen des Unternehmens ableiten (*Backhaus* 2003, S. 54).

**Zielgruppe**: Hier geht es um die Frage, welche Zielgruppen bzw. Marktsegmente überhaupt bearbeitet werden sollen. In diesem Zusammenhang ist grundsätzlich zwischen einer vollständigen Abdeckung der identifizierten relevanten Märkte und einer nur partiellen Marktbearbeitung zu unterscheiden. Bei der partiellen Marktabdeckung beschränkt sich ein Unternehmen auf die Bearbeitung von ausgewählten Segmenten. Diese Segmente werden aufgrund ihrer Attraktivität – z. B. wirtschaftliches Potenzial und leichte Erreichbarkeit – selektiert (*Kotler/Bliemel* 2001, S. 449ff.).

**Kommunizierter Kundenwert**: In diesem Zusammenhang geht es um die Frage, welcher Kundenwert überhaupt geschaffen werden soll. Die Grundproblematik dieser Frage lässt sich anhand von *Abbildung 2-3* veranschaulichen.

Der Kundenwert kann durch das Produkt selbst, durch produktbegleitende Dienstleistungen, durch die Mitarbeiter oder auch durch ein Image vermittelt werden. Reduziert wird die sich so ergebende Wertsumme durch eine Kostensumme. Konkret können dies direkte monetäre Kosten (z. B. Produktpreis und Lieferkosten) und sonstige Aufwendungen (z. B. eingesetzte Zeit für die Produktsuche) sein. Aus der Differenz von Wert- und Kostensumme ergibt sich ein Wertgewinn. Erreicht ein Unternehmen nun, dass die Kunden bei den eigenen Leistungen einen höheren Wertgewinn wahrnehmen als dies bei den Leistungen der Mitbewerber der Fall ist, so hat dieses Unternehmen gegenüber seinen Konkurrenten einen **Wettbewerbsvorteil**. Wichtig ist, dass die Kunden diesen Wettbewerbsvorteil auch tatsächlich wahrnehmen. Denn es nützt ein nach objektiven Maßstäben erbrachter Wertgewinn nichts, wenn der Kunde diesen in seinem subjektiven Empfinden nicht als solchen sieht.

*Abbildung 2-3:*   *Kundenwert und Wettbewerbsvorteil*

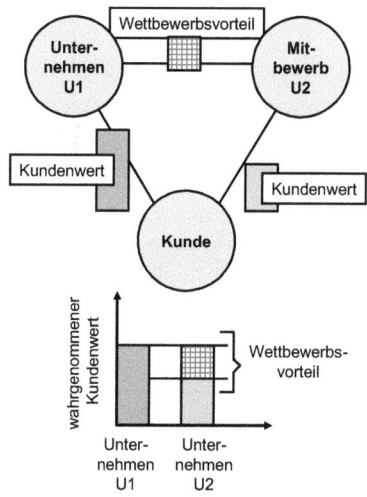

## 2.3   Strategische Optionen

Vor dem Hintergrund der bisherigen Überlegungen leiten sich die in *Abbildung 2-4* dargestellten Strategieoptionen im Wesentlichen aufgrund der Art des Wettbewerbsvorteils („Wie erreicht man einen Wertgewinn?") und der Breite der Wettbewerbsposition („Welche Marktsegmente will man bearbeiten?") ab.

■ **Strategie der Kostenführerschaft**: Diese Strategie führt dann zum Erfolg, wenn ein Unternehmen es schafft, dauerhafte Kostenvorteile gegenüber allen übrigen, im gleichen Markt anbietenden Unternehmen zu realisieren. Normalerweise ist dies nur möglich, wenn das Unternehmen über große Marktanteile verfügt und damit sogenannte „Economies of Scale" realisieren kann (*Backhaus* 2003, S. 255ff.; *Homburg/Krohmer* 2003, S. 351ff.; *Kühn/Grünig* 1998, S. 53f.). Die Strategie der Kostenführerschaft kann dann riskant werden, wenn der Mitbewerb Wege findet, um ebenfalls die Kosten zu senken, und auf der Preisebene gleichzieht.

**Abbildung 2-4:**   *Mögliche Strategieoptionen (in Anlehnung an Kühn/Grünig 1998, S. 53; Porter 1992, S. 67)*

| | **Art des Wettbewerbsvorteils** | |
|---|---|---|
| | Differenzierung durch niedrige Preise | Differenzierung durch einzigartigen Wert |
| gesamter relevanter Markt | Kostenführerschaft | Differenzierung |
| auf ein spezifisches Marktsegment bezogen | Erlangung einer dauerhaft überlegenen Position | |
| | günstigster Nischenpreis | Orientierung auf segmentspezifische Wertgenerierung |

*(Seitlich: Breite der Wettbewerbsposition)*

- **Strategie der Differenzierung**: Diese Strategie ist dann erfolgreich, wenn es dem Unternehmen gelingt, den Kunden dauerhaft einen einzigartigen Wert zu vermitteln. Je nach Markt kann dies durch „echte Leistungsvorteile" (z. B. Produktqualität, Serviceleistung) oder durch einen vermittelten emotionalen Zusatznutzen (z. B. Image des Produkts) erreicht werden. Das größte Risiko der Strategie der Differenzierung besteht darin, dass die Leistungsvorteile imitiert werden und dadurch der vermittelte Wertgewinn verloren geht.

- **Orientierung auf eine segmentspezifische Wertgenerierung**: Damit diese Strategie erfolgreich ist, muss es einem Unternehmen gelingen, spezielle Bedürfnisse eines bestimmten Marktsegments besonders gut abzudecken. Die Risiken der Strategie sind darin zu sehen, dass sich bei einer Änderung der Bedürfnisstruktur der Kunden das bearbeitete Segment quasi auflösen kann.

- **Strategie eines günstigen Nischenpreises**: Besonders bei kleinen Marktsegmenten, die in der Regel für den Marktführer uninteressant sind, können kleinere Unternehmen reüssieren, wenn diese dank geringer Overhead-Kosten eine vorteilhafte Kostenstruktur aufweisen und damit eine entsprechende Niedrigpreispolitik umsetzen können. Das Risiko der Strategie besteht darin, dass am Gesamtmarkt orientierte große Anbieter meist in der Lage sind, den Nischenanbieter durch entsprechende kurzfristige Preissenkungen zu verdrängen.

Hat sich ein Unternehmen für eine Strategieoption entschieden, so geht es darum, dass auch die Kunden erkennen, inwiefern sich das jeweilige Angebot von anderen unterscheidet. Insofern sind sämtliche marketingpolitischen Instrumente (Produkt-, Preis-, Distributions- und Kommunikationspolitik) darauf auszurichten, dass das Angebot bei den Kunden einen „besonderen, geschätzten und von den Wettbewerbern abgesetzten Platz einnimmt" (*Kotler/Bliemel* 2001, S. 495). Dieser Vorgang wird Positionierung genannt und ist bereits im Überschneidungsbereich zur operativen Marketingplanung angesiedelt, bei der konkrete Maßnahmen beschlossen werden müssen, damit letztlich Kunden akquiriert bzw. bestehende Kunden gebunden werden können.

## Literaturverzeichnis

BACKHAUS, K. (2003): Industriegütermarketing, 7. Aufl., München.

BENKENSTEIN, M./MEFFERT, H. (2001): Unternehmensmission, Unternehmenszweck, in: DILLER, H. (Hrsg.): Vahlens Großes Marketing Lexikon, 2. Aufl., München, S. 1709.

HOMBURG, C./KROHMER, H. (2003): Marketingmanagement: Strategie – Instrumente – Umsetzung – Unternehmensführung, Wiesbaden.

KOTLER, P./BLIEMEL, F. (2001): Marketing-Management: Analyse, Planung und Verwirklichung, 10. Aufl., Stuttgart.

KÜHN, R./GRÜNIG, R. (1998): Grundlagen der strategischen Planung: Ein integraler Ansatz zur Beurteilung von Strategien, Bern et al.

MEFFERT, H. (1991): Marketing: Grundlagen der Absatzpolitik, Wiesbaden.

MINTZBERG, H (1995): Die Strategische Planung: Aufstieg, Niedergang und Neubestimmung, München/Wien.

PORTER, M. E. (1992): Wettbewerbsstrategie: Methoden zur Analyse von Branchen und Konkurrenten, 7. Aufl., Frankfurt.

VON NEUMANN, J./MORGENSTERN, O. (1961): Spieltheorie und wirtschaftliches Verhalten, Würzburg.

WELGE, M. K./AL-LAHAM, A. (1999): Strategisches Management: Grundlagen – Prozess – Implementierung, 2. Aufl., Wiesbaden.

Markus Putz/Thomas Werani

# Fallstudie voestalpine Anarbeitung GmbH

## The Only Way Is Up!

# 1    Prolog

„The Only Way Is Up!" Dieser ambitionierte Anspruch wurde der voestalpine Anarbeitung GmbH bereits in die Wiege gelegt. Als Teil des international höchst erfolgreichen Stahl- und Verarbeitungskonzerns voestalpine AG mit Sitz in Linz (Oberösterreich) liegt die selbst gelegte Latte entsprechend hoch: Verdopplung des Umsatzes innerhalb von 10 Jahren, Ausbau der bestehenden Aktivitäten sowie Erweiterung des Leistungsspektrums durch Verlängerung der Wertschöpfungskette in Richtung Kunden. Dass der Weg dorthin nicht einfach sein würde, war allen Beteiligten von Anfang an klar. Neues zu schaffen und gleichzeitig Bestehendes zu bewahren war ein nicht immer einfacher Auftrag. Im Gegensatz zu einem Green Field-Projekt musste in diesem Fall eine neue Firma über den Umweg bestehender Strukturen, Prozesse und Kulturen eine eigene Identität finden.

# 2    Die Vorgeschichte der Gründung

Die voestalpine AG gliedert sich in vier Divisionen:

- Division Stahl,

- Division Bahnsysteme,

- Division Automotive und

- Division Profilform.

Im Geschäftsjahr 2005/06 erwirtschaftete die voestalpine AG einen Umsatz von rund 6,5 Mrd. Euro. Knapp die Hälfte davon ging auf das Konto der Division Stahl, deren Schwerpunkt auf der Erzeugung und Verarbeitung von Flachstahlprodukten für die Automobil-, Hausgeräte- und Bauindustrie liegt.

Leitgesellschaft der Division Stahl ist die voestalpine Stahl GmbH, welche am Standort Linz eines der modernsten, voll integrierten Hüttenwerke Europas (Roheisen- und Stahlerzeugung bis hin zu Walz- und Veredelungsprozessen) betreibt. Das Kerngeschäft der voestalpine Stahl GmbH liegt in der Entwicklung, Produktion, Verarbeitung und dem Vertrieb qualitativ höchst anspruchsvoller Stahlerzeugnisse. Hauptprodukte sind warm- und kaltgewalzte sowie oberflächenveredelte Flachstahlprodukte.

Am Ende des integrierten Hüttenprozesses stehen Flachprodukte, die von den Anlagen als Stahlrollen, sogenannte Coils (*Abbildung 2-1*), der Auslieferung an den Kunden bzw. der weiteren Verarbeitung zugeführt werden.

*Abbildung 2-1:*    Coils der voestalpine Stahl GmbH

Bereits vor mehreren Jahren wurde in der voestalpine Stahl GmbH beschlossen, die weitere Be- und Verarbeitung von Coils in eigene Tochtergesellschaften auszulagern. Entsprechend der Strategie „Das Werk hört beim Coil auf" wurde im Jahr 1997 die voestalpine Stahl Service Center GmbH gegründet. In dieser Gesellschaft wurden nachgelagerte Verarbeitungsschritte wie Längs- und Querteilen (im Fachjargon „Anarbeitung") von Coils kaltgewalzter Flachprodukte gebündelt. Diese gehören zu den qualitativ anspruchsvollsten Produkten, die ein Stahlwerk erzeugt, und werden vor allem in der Automobil- und Hausgeräteindustrie verwendet. Kaltgewalzte Produkte zeichnen sich durch engste Dickentoleranzen und hochwertige Oberflächen aus.

Als konsequenter nächster Schritt stand für die voestalpine Stahl GmbH die Auslagerung der Anarbeitung von warmgewalzten Flachprodukten auf dem Programm. Hierbei war von Beginn an klar, dass sich die Umsetzung dieses Schritts weitaus komplexer gestalten würde als bei den kaltgewalzten Flachprodukten. Denn zur Gruppe der warmgewalzten Flachprodukte gehören nicht nur von der voestalpine Stahl GmbH produzierte Coils, sondern auch Grobbleche, die in einer eigenen Tochtergesellschaft, der voestalpine Grobblech GmbH, hergestellt werden.

Die Anarbeitung von warmgewalzten Flachprodukten war zu diesem Zeitpunkt auf vier Gesellschaften verteilt:

- voestalpine Stahl GmbH: Quer- und Längsteilen von warmgewalzten Stahlband-Coils,

- voestalpine Stahl Service Center GmbH: Längsteilen von warmgewalzten Stahlband-Coils als Aushilfsleistung für die voll ausgelasteten Anlagen der voestalpine Stahl GmbH,

■ voestalpine Grobblech GmbH: Anarbeitung von Grobblechen (Rechteckzuschnitte, Laserzuschnitte) und

■ voestalpine Stahlhandel GmbH: Anarbeitung von Grobblechen (Formzuschnitte, Rechteckzuschnitte, Wärmebehandlung, etc.).

Anzumerken ist, dass sich die Anarbeitung von Grobblech hinsichtlich der benötigten Fertigungsanlagen stark von der Anarbeitung von warmgewalztem Stahlband unterscheidet. Während Coils auf Längs- und Querteilanlagen mit Scheren zu Schlitzbändern und Tafelblechen weiterverarbeitet werden, erfolgt die Bearbeitung von Grobblechen mittels Brennertechnologie.

# 3    Ein neues Unternehmen wird geschaffen

Im Herbst 2004 wurde in der voestalpine Stahl GmbH die Entscheidung getroffen, sämtliche Anarbeitungsaktivitäten von warmgewalzten Flachprodukten in ein neu zu gründendes Unternehmen, die voestalpine Anarbeitung GmbH, auszulagern.

Durch diese Bündelung in einer Firma sollte es möglich werden, die Weiterbearbeitung und -verarbeitung von warmgewalztem Stahlband sowie Grobblech strategisch zu fokussieren. Bis dahin stellte die Anarbeitung von warmgewalzten Flachprodukten in jedem der damit befassten Unternehmen eine Randaktivität dar, welche durch die jeweilige eigentliche Kernkompetenz überlagert wurde. Durch die Gründung der neuen Firma sollte diese Randaktivität ins Zentrum des unternehmerischen Tuns rücken und somit selbst zur Kernkompetenz werden. Dementsprechend wurde der strategische Auftrag vom Eigentümer, der voestalpine Stahl GmbH, wie in *Abbildung 3-1* dargestellt formuliert.

Ein Schlüsselelement dieses Auftrags bildete die Schaffung von Mehrwert in zwei Richtungen:

■ Horizontal: Bestehende Aktivitäten im Sinne von „Mehr-Menge" ausbauen.

■ Vertikal: Zusätzliche Anarbeitungsschritte dem Leistungsspektrum hinzufügen.

Den Mitarbeitern war von Anfang an klar, dass vor allem letzterer Punkt für die langfristige Positionierung im Konzernportfolio entscheidend sein würde. Da sich der Konzern selbst als Verarbeitungskonzern sieht, sollte sich der strategische Wert des neu gegründeten Unternehmens mit zunehmender Verarbeitungskompetenz steigern. Auf der anderen Seite war es nahe liegend, dass sich das vorgegebene schnelle Wachstum in erster Linie nur durch einen massiven Ausbau bereits vorhandener Kompetenzen realisieren lässt.

---

***Abbildung 3-1:*** *Strategischer Auftrag der voestalpine Anarbeitung GmbH*

**voestalpine Anarbeitung GmbH**
Anarbeitungskompetenz für warmgewalzte Flachprodukte

Schaffung einer **Kernkompetenz** in der Division Stahl

**Vertiefung** der Anarbeitung – **Erhöhung** der Wertschöpfung

Steigerung **Kundennutzen**

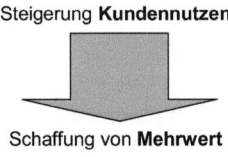

Schaffung von **Mehrwert**

---

Generell war man sich darüber im Klaren, dass sich der Aufbau von neuen Anarbeitungsleistungen ungemein schwierig gestalten würde, da ein kompletter Produktentwicklungsprozess zu durchlaufen ist. Marktforschung, Technologieauswahl, Aufbau von Fertigungs-Know-how, (Neu-)Kundenakquisition, etc. nehmen viel Zeit und Ressourcen in Anspruch. Überdies befürchtete man, dass Kunden eher zurückhaltend reagieren könnten, wenn ein neuer Lieferant mit Leistungsangeboten an sie herantritt, mit denen er noch keine Erfahrung vorweisen kann.

## 3.1 Die ersten Schritte

Am 1. April 2005 wurde die voestalpine Anarbeitung GmbH formal gegründet. Bis dahin hatte eine Gruppe von Personen im Rahmen eines divisionalen Projekts an der Entstehung dieser neuen Firma gearbeitet. Standen bis zu diesem Zeitpunkt eher konzeptive Überlegungen im Vordergrund, so galt es jetzt, funktionierende Strukturen und Prozesse zu schaffen. Die große Herausforderung lag dabei im Zusammenführen von Prozessen aus mehreren Unternehmen (*Abbildung 3-2*) und Unternehmenskulturen.

**Abbildung 3-2:**   *Zusammenführung von Prozessen aus mehreren Unternehmen*

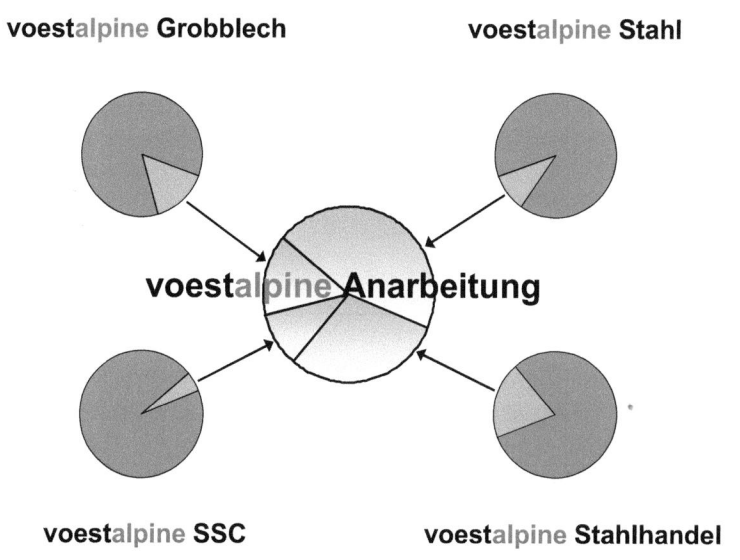

Diese Zusammenführung gestaltete sich extrem zeit- und ressourcenaufwendig, da im Grunde alle notwendigen Aktivitäten gleichzeitig vorangetrieben werden mussten: Vorbereitung und Abstimmung der Kundenübernahme mit den verschiedenen Gesellschaften, Ausgliederung des Anlagevermögens aus den bisherigen Unternehmen und Einbringung in das neue Unternehmen, Übernahme der Mitarbeiter, Berücksichtigung der gesetzlichen und konzerninternen Vorschriften und Einführung komplett neuer IT-Systeme, um nur einige Punkte zu nennen.

Parallel mussten interne Strukturen geschaffen werden, die sich aber erst langsam entwickeln konnten, da viele künftige Mitarbeiter nicht sofort in die voestalpine Anarbeitung GmbH wechseln konnten. Darüber hinaus mussten Prozesse komplett neu gestaltet und implementiert werden. Hinzu kam die berechtigte Forderung der abgebenden Gesellschaften, dass „mit den Kunden und Mitarbeitern nichts passieren darf", was einen enorm hohen Abstimmungs- und Kommunikationsaufwand zur Folge hatte.

Da den leitenden Mitarbeitern der voestalpine Anarbeitung GmbH klar war, dass unter diesen Vorzeichen die Gründung der neuen Gesellschaft nicht sofort mit der Forderung nach Wachstum verknüpft sein konnte, entwickelte man das in *Abbildung 3-3* dargestellte Phasenkonzept. Dieses sah vor, dass man sich zuerst auf die Thematik des Zusammenführens konzentrierte. Erst danach sollte der Fokus auf Wachstum und Optimierung gelegt werden.

*Abbildung 3-3:*   *Phasenkonzept*

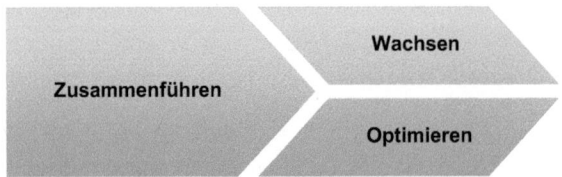

Die Phase der Zusammenführung wurde wiederum in zwei Phasen unterteilt. Zuerst sollten sämtliche Grobblech-Anarbeitungsaktivitäten der voestalpine Stahlhandel GmbH und voestalpine Grobblech GmbH übernommen werden. Das Hauptargument hierfür war, dass die Integration dieser Aktivitäten als weit weniger komplex eingeschätzt wurde als die der Stahlband-Aktivitäten. Darüber hinaus war davon auszugehen, dass aufgrund der relativ geringeren Mengen (ca. 5 Prozent der Stahlband-Anarbeitung) bei etwaigen Problemen die Auswirkungen auf dem Markt und somit auch das Unternehmensergebnis nicht dramatisch sein würden. Im Anschluss an die Übernahme der Grobblech-Anarbeitungsaktivitäten war für die zweite Hälfte des Geschäftsjahres 2005/06 (1. 4. 2005 bis 31. 3. 2006) geplant, parallel zum operativen Grobblechgeschäft die Übernahme der Warmband-Kunden von der voestalpine Stahl GmbH und der voestalpine Stahl Service Center GmbH vorzubereiten. *Abbildung 3-4* illustriert im zeitlichen Überblick die Schritte des Zusammenführens.

*Abbildung 3-4:*   *Zeitlicher Ablauf der Phase der Zusammenführung*

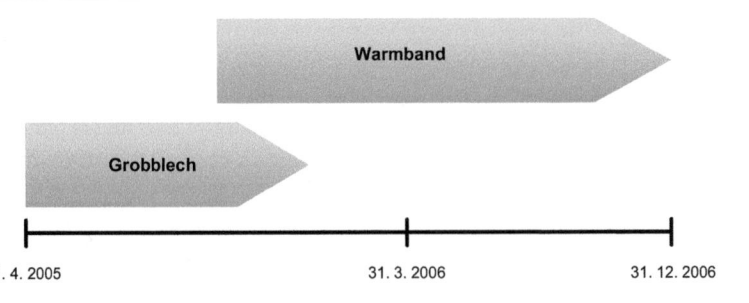

## 3.2 Es gibt viel zu tun

Die Planung der Übernahme der Warmband-Aktivitäten bereitete den leitenden Mitarbeitern der voestalpine Anarbeitung GmbH Sorge. Mit einem Schlag würde sich der Umsatz verdoppeln, die Mitarbeiterzahl von unter 100 auf rund 250 anwachsen, große Produktionsanlagen den Eigentümer wechseln und IT-Systeme neu aufzubauen sowie in die bestehenden zu integrieren sein. Darüber hinaus galt es, Dienst- und Kollektivverträge sowie Betriebsvereinbarungen aus vier verschiedenen Gesellschaften zu harmonisieren und Kunden und Lieferanten zu informieren, um noch einige der vielen notwendigen Aktivitäten aufzuzählen. Hinzu kam, dass vor allem seitens der voestalpine Stahl GmbH als größtes abgebendes Unternehmen die Erwartungshaltung hinsichtlich Kontinuität gegenüber den Kunden sehr hoch war. Zu vielen Kunden, die von der voestalpine Stahl GmbH zur voestalpine Anarbeitung GmbH wechseln sollten, pflegte Erstere seit Jahrzehnten gute partnerschaftliche Kontakte. Somit war es nur allzu verständlich, dass die voestalpine Stahl GmbH forderte, mit diesem „Erbe" sehr sorgsam umzugehen. Auch äußerten die einzelnen abgebenden Betriebe Bedenken in die Richtung, dass die organisatorische Herausnahme von Teilbereichen zu einer Störung sämtlicher betrieblicher Abläufe führen könnte. Um diese Bedenken schon im Vorfeld zu zerstreuen und eine professionelle Vorgehensweise zu signalisieren, initiierte die Geschäftsführung der voestalpine Anarbeitung GmbH einen intensiven Abstimmungs- und Kommunikationsprozess zwischen allen Beteiligten. In zahlreichen Meetings, Besprechungen und Abstimmungsrunden wurde jedes relevante Thema Punkt für Punkt besprochen, Lösungen entworfen und gemeinsam an deren Umsetzung gearbeitet. Da die personellen Ressourcen in dieser Planungsphase wegen des nur schrittweisen Eintritts von Mitarbeitern in das neue Unternehmen stark begrenzt waren, mussten bestehende Mitarbeiter zusätzliche Arbeiten übernehmen. Dies alles führte zu einer starken Innenorientierung der voestalpine Anarbeitung GmbH, wodurch es dem Management nur begrenzt gelang, in der Phase der Zusammenführung der Warmband-Aktivitäten den Fokus auf das Geschehen am Markt zu richten.

## 3.3 Der Markt boomt

Eine ständige Fokussierung auf das Marktgeschehen war umso wichtiger, als die Zusammenführung der Warmband-Aktivitäten in eine Periode stark steigender Preise bei gleichzeitig steigender Nachfrage fiel. Der globale Stahlmarkt war zu dieser Zeit durch eine chronische Unterversorgung gekennzeichnet, was zu einem massiven Nachfrageüberhang führte. Die voestalpine Stahl GmbH stand wie fast alle Stahlwerke weltweit vor dem Problem, dass sie den überbordenden Mengenwünschen ihrer Kunden nicht nachkommen konnte. Auch die voestalpine Anarbeitung GmbH war von Seiten ihrer Kunden zunehmend dem Druck ausgesetzt, Mehrmengen zu liefern. Diese konnten jedoch nicht angeboten werden, da einerseits die voestalpine Stahl GmbH selbst keine Mehrmenge zur Verfügung stellen konnte. Andererseits aber war die voestalpine Anarbeitung GmbH zu diesem Zeitpunkt überhaupt nicht darauf vorbereitet, Coils am freien Markt zuzukaufen, zu verarbeiten und den Kunden logistisch verfügbar zu machen. Denn diese Entwicklungsstufe war im Businessplan erst für einen späteren Zeitpunkt vorgesehen.

Das Führungsteam der voestalpine Anarbeitung GmbH sah sich plötzlich gezwungen, entgegen der bestehenden Planung das Thema des Zukaufs mit Priorität zu behandeln. Dies führte dazu, dass sämtliche Projektlisten, Aktivitäten usw. neu überdacht werden mussten. Betroffen war das gesamte Unternehmen, angefangen vom Einkauf über die Produktion bis hin zum Verkauf. Viele Probleme mussten provisorisch gelöst werden und manche, wie beispielsweise die Schaffung zusätzlicher überdachter Lagerflächen für Zukauf-Coils, blieben weiter bestehen. Kritisch war, dass die Herstellung und Verarbeitung von Stahl aufgrund der Philosophie eines integrierten Hüttenwerks auf eine Durchoptimierung vom Hochofen bis hin zum Endprodukt mit geringsten Lagerständen zwischen den einzelnen Prozessschritten ausgelegt war. Für die Verarbeitung von Zukauf-Coils ist jedoch ein völlig anderer Zugang notwendig. In diesem Fall müssen vor den Anlagen große Vormateriallager aufgebaut werden, die es erlauben, den Kunden kurzfristig und möglichst taggenau zu beliefern.

## 3.4    Das relevante Umfeld

Hinsichtlich des relevanten Umfelds wurde sowohl eine intensive Analyse bestehender und potenzieller Kunden als auch der wichtigsten Konkurrenten durchgeführt, um die vorhandenen Chancen und Risken bestmöglich einschätzen zu können.

Während dieser Analysephase wurde relativ schnell klar, dass vor dem Hintergrund von Liefertreue und Flexibilität die Transportproblematik den Radius für eine erfolgversprechende Marktbearbeitung auf rund 500 km einschränken würde. Innerhalb dieses Radius wollte man sich für alle Produkte auf Märkte mit entsprechendem Potenzial begeben: Nutzfahrzeuge, Maschinenbau, Energie (hier vor allem die boomende Windkraft) sowie Bahn sollten die Grundpfeiler der Kundenbasis bilden. Hinsichtlich der kundenseitigen Anforderungen unterscheiden sich die genannten Märkte nicht gravierend: Es wird generell eine hohe Qualität in der Stahlverarbeitung erwartet. Innovative und flexible Logistiklösungen, wie z. B. Just-in-Time-Belieferung oder Pufferlager, müssen genauso angeboten werden wie State-of-the-Art Supply-Chain-Management-Konzepte. Da sich die voestalpine Stahl GmbH mit diesen Themen schon seit geraumer Zeit intensiv auseinander gesetzt hatte, war davon auszugehen, dass die voestalpine Anarbeitung GmbH die diesbezüglichen Kundenerwartungen relativ rasch würde erfüllen können.

Bezüglich der Konkurrenten führte die Situationsanalyse zum Ergebnis, dass eine große Bandbreite an Leistungen angeboten wird, wobei sich die folgenden drei Arten von Anarbeitungsbetrieben unterscheiden lassen:

- **Werksanarbeitung**: Hier erfolgt die Anarbeitung im Rahmen eines integrierten Hüttenbetriebs und stellt mehr einen „Konfektionierungsschritt" als einen wertschöpfenden Prozess dar. So war die Anarbeitung von warmgewalztem Stahlband bis zur Auslagerung in die voestalpine Anarbeitung GmbH eine Werksanarbeitung der voestalpine Stahl GmbH. Zu den stärksten Mitbewerbern der voestalpine Anarbeitung GmbH aus diesem Segment zählen Dunafer (Ungarn), ILVA (Italien) und Salzgitter (Deutschland).

- **Werksnahe Anarbeitungsbetriebe**: Sind eigenständige Gesellschaften, wie beispielsweise die voestalpine Anarbeitung GmbH, in welche die der Stahlproduktion folgenden Anarbeitungsschritte vom Werk unter Wahrung eines starken Werksbezugs ausgelagert werden. Stärkste Konkurrenten sind hier die ThyssenKrupp nahen Stahl Service Center (Deutschland), Jebens (gehört zur deutschen Dillinger Hütte) und das Stahl Service Center von Arcelor (Luxemburg).

- **Unabhängige Anarbeitungsbetriebe**: Unter diese Betriebe fallen Unternehmen ohne direkten Werksbezug, die komplett auf den Zukauf von Fremdmaterial angewiesen sind und meist die Form eigentümergeführter Klein- und Mittelbetriebe (KMU) haben. Als stärkste Mitbewerber aus diesem Segment sind Exter Stahl, Techno Stahl, ABC (alle Österreich) und Rosenberger (Deutschland) zu sehen.

In allen drei Segmenten gibt es Konkurrenten, welche im Vergleich zur voestalpine Anarbeitung GmbH die gleichen und vereinzelt sogar höhere Kundenanforderungen erfüllen können. Obwohl sich viele Betriebe auf ein bestimmtes Leistungsspektrum fokussiert haben, sind die angebotenen Anarbeitungsleistungen insgesamt relativ leicht austauschbar, da die dafür notwendigen technischen Anlagen von einer Vielzahl von Herstellern zu verhältnismäßig günstigen Preisen angeboten werden.

Im „Billigsegment" der Anarbeitung positionieren sich hauptsächlich Werksanarbeiter sowie unabhängige Anarbeitungsbetriebe. Erstere betrachten die Anarbeitungsleistung als Add-On, um den produzierten Stahl besser verkaufen zu können. Zweitere können aufgrund einer äußerst günstigen Kostenstruktur zu sehr geringen Preisen anbieten. Da die voestalpine Anarbeitung GmbH einerseits mit der Anarbeitungsleistung selbst Gewinn erwirtschaften muss (und diese somit nicht als Add-On betrachten kann), andererseits jedoch von der Kostenstruktur her aufgrund der Zugehörigkeit zu einem börsenotierten Konzern gegenüber einem KMU deutliche Nachteile aufweist, sind die von Werksanarbeitern und unabhängigen Anarbeitungsbetrieben bearbeiteten Marktsegmente für die voestalpine Anarbeitung GmbH nicht interessant.

Betrachtet man das Qualitätssegment der Stahlanarbeitung, so stehen dort langfristig orientierte Kundenpartnerschaften im Vordergrund. Kunden, die aufgrund ihrer spezifischen Anforderungen ein Preispremium zu zahlen bereit sind, legen besonderen

Wert auf die Nachhaltigkeit einer Geschäftsbeziehung. Eingespielte Abläufe zwischen den Partnern, eine gewisse Vertrauensbasis als Geschäftsgrundlage sowie Versorgungs- und Qualitätssicherheit sind Kristallisationspunkte, um die herum sich eine hohe Kundentreue aufbauen lässt. Neben Hard-Facts wie bester Verarbeitungsqualität und wettbewerbsfähigen Preisen spielen in diesem Segment Soft-Facts wie persönliche Beziehungen und Verlässlichkeit eine besondere Rolle.

# 4 Problemstellungen

Die beschriebene Start-Up-Phase der voestalpine Anarbeitung GmbH war dadurch geprägt, dass das operative Tagesgeschäft derart ressourcenbindend war, dass für Strategieüberlegungen kaum noch Zeit blieb. Doch gerade für ein junges Unternehmen ist die Frage, wohin die Reise denn überhaupt gehen soll, eine ganz entscheidende. Daher wurden in der Start-Up-Phase innerhalb eines halben Jahres zwei jeweils zweitägige Strategieworkshops in einem Seminarhotel abgehalten. Ein Team von Führungskräften beschäftigte sich mit Kernthemen wie Vision („In welche Richtung soll sich das Unternehmen in den nächsten Jahren entwickeln?"), Mission („Was ist der grundlegende Unternehmensauftrag?") und Strategie, aber auch mit kulturbezogenen Fragen wie etwa Unternehmswerten und dem Umgang mit Mitarbeitern.

Als Mitglied dieses Strategie-Teams stehen Sie vor folgenden Aufgaben:

■ Wie kann sich die voestalpine Anarbeitung GmbH vom Mitbewerb differenzieren? Arbeiten Sie heraus, wie ein nachhaltiger Wettbewerbsvorteil aussehen könnte.

■ Entwerfen Sie für die voestalpine Anarbeitung GmbH eine Vision. In welchen Schritten soll sich das Unternehmen in welche Richtung entwickeln?

■ Was muss das Mission-Statement der voestalpine Anarbeitung GmbH, das als Wegweiser zum Erreichen der Vision dienen soll, beinhalten? Formulieren Sie dieses Statement.

■ Entwickeln Sie eine differenzierte Unternehmens- und Marketingstrategie, welche auf das Phasenkonzept „Zusammenführen, Wachsen, Optimieren" abstellt.

■ Zeigen Sie auf, welche operativen (Marketing-)Maßnahmen zur Strategierealisierung notwendig sind.

# Petra Kuchinka

# Fallstudie Alois Pöttinger Maschinenfabrik GmbH

## Die Ladewagen-Erfolgsstory

# 1    Einleitung

Die Alois Pöttinger Maschinenfabrik GmbH ist ein traditionelles Familienunternehmen, das nun schon von der vierten Generation, Herrn Mag. Heinz Pöttinger und Herrn Dipl.-Ing. Klaus Pöttinger, erfolgreich geführt wird. Das Unternehmen wurde 1871 gegründet und etablierte sich in Oberösterreich mit Futterschneidmaschinen. Damit wurde auch der Grundstein für die weitere Entwicklung von Pöttinger als Landtechnik-Spezialist für Grünland gelegt. Im Jahr 1963 entwickelte Pöttinger den ersten Ladewagen[1] und darauf folgend im Jahr 1972 den Erntewagen. Damit begann der Aufstieg des Unternehmens als größter Ladewagenhersteller der Welt. In *Abbildung 1-1* ist ein kurzer Abriss der Geschichte des Unternehmens dargestellt.

Grünlandtechnik „Made by Pöttinger" hat entsprechend langjährige Tradition. Das Flaggschiff von Pöttinger ist und bleibt der Ladewagen. Seit 40 Jahren wird konsequent an seiner (Weiter-)Entwicklung gearbeitet. Der Vorläufer des Ladewagens ist der Heuauflader, der bei Pöttinger noch bis Anfang der 60er Jahre produziert wurde. Der erste Ladewagen war eine Kombination eines Transportfahrzeugs mit einer Lade- und Entladeeinrichtung. Die Vorteile dieses Ladesystems: hohe Arbeitsgeschwindigkeit und universelle Verwendbarkeit. Eine entscheidende Phase im Ladewagen-Fortschritt war von der Idee geprägt, einen Ladewagen mit Schneidwerk und hoher Messerzahl zu bauen: einen Kurzschnitt-Ladewagen, der sich überdies mit einem Entlade-Dosiergerät kombinieren ließ. Diesen Ladewagen brachte Pöttinger 1972 auf den Markt – ein starker Impuls für den internationalen Ladewagenbau. „Der Ladewagen ist unumstritten das kostengünstigste Futter-Bergeverfahren", ist der kaufmännische Geschäftsführer Mag. Heinz Pöttinger vom Ladewagenverfahren überzeugt.

1999 folgte dann die Entwicklung des Großraumsilierwagens[2] „JUMBO" – ein Wagen, der für Schlepper mit bis zu 300 PS Leistung geeignet, mit 45 Messern zur Erzeugung eines Graskurzschnitts ausgerüstet ist und erhebliche Kostenvorteile bietet. Pöttinger konnte sich dadurch bis heute die Weltmarktführerschaft im Ladewagen-Segment sichern.

---

[1]  Ein Ladewagen ist eine Maschine, die abgemähtes, getrocknetes Gras über einen Rotor mit Schneidmessern (zum nochmaligen Zerkleinern des Grases) vom Boden direkt in den Laderaum aufnimmt und dort sammelt – ähnlich einem Transportanhänger mit einer Aufladefunktion.

[2]  Der Unterschied zwischen Lade- und Silierwagen wird in Abschnitt 7 erklärt.

*Petra Kuchinka*

---

*Abbildung 1-1:*   *Geschichtlicher Hintergrund der Alois Pöttinger Maschinenfabrik GmbH*

---

| Jahr | Ereignis | |
|------|----------|---|
| 1871 | **Firmengründung** durch Franz Pöttinger in Grieskirchen. Er führt die Futterschneidmaschine in Oberösterreich ein. | |
| 1909 | Pöttinger fertigt viele landwirtschaftliche Geräte: Mühlen, Pressen, Häcksler; ab 1950 Serienproduktion von **Heuaufladern** und **Schwadrechen**. |  |
| 1960 | Baubeginn des neuen Werks; Entwicklung der Pöttinger-Heuraupe (Revolution in der Hangmechanisierung). |  |
| 1963 | „Pöttinger bringt das grüne Programm" – Spezialisierung auf Grünlandmechanisierung; bahnbrechende Entwicklung eines **Ladewagens.** |  |
| 1969 | Entwicklung des **Maishäckslers** mit Scheibenrad. | |
| 1972 | Erfindung eines **Dosiersystems für Ladewagen**. Pöttinger wird in der Folge größter Ladewagenhersteller der Welt. | |
| 1975 | Erwerb der **Bayerischen Pflugfabrik**. | |
| 1996 | Einrichtung von **3D-CAD-Unigraphics, ISO 9001-Zertifizierung** und Inbetriebnahme einer neuen Produktionshalle mit Lackierzentrum. |  |
| 2001 | Durch die Übernahme des **RABE Sätechnik-Werks** in Bernburg baut Pöttinger sein Bodenbearbeitungsprogramm mit mechanischen, pneumatischen und Mulchsaat-Maschinen aus. Pöttinger macht die nachhaltige Bewirtschaftung des Bodens zum Thema. |  |
| 2006 | Das beste Geschäftsjahr in der Unternehmensgeschichte; mit **171,1 Mio. Euro** wurde ein **Rekordumsatz** erreicht. Bereits 79 Prozent des Gesamtumsatzes werden in Auslandsmärkten erzielt. |  |

# 1.1   Zahlen, Daten und Fakten

Pöttinger hat in den letzten Jahren ein enormes Wachstum erlebt. Der Umsatz stieg seit dem Geschäftsjahr 2000/01 um knapp 70 Prozent auf 171,1 Millionen Euro im Geschäftsjahr 2005/06 (*Abbildung 1-2*), erwirtschaftet mit vier Produktionsstätten in Österreich (Grieskirchen), Deutschland (Landsberg und Bernburg) und Tschechien (Vodnany). Zusätzlich zu den Produktionsstätten hat das Unternehmen noch Vertriebsstandorte in Deutschland, der Schweiz, Italien, Frankreich, Kanada und Australien. Ungefähr 79 Prozent des Umsatzes werden in Auslandsmärkten (davon 25 Prozent in Deutschland), der Rest in Österreich erwirtschaftet (*Abbildung 1-2*). Die Mitarbeiteranzahl betrug 2005 unternehmensweit 926 Mitarbeiter, wobei der größte Anteil im Produktionsstandort Grieskirchen tätig ist. Der starke Boom der letzten Jahre ist vor allem auf die Steigerung der Exportrate sowie auf den Ausbau des Produktportfolios – Erweiterung der Ladewagenpalette sowie des Bodenbearbeitungsbereichs – zurückzuführen.

Der Ladewagen ist nach wie vor das Leitprodukt des Unternehmens: Weltweit wurden bis dato über 100.000 Pöttinger Lade-, Ernte- und Silierwagen verkauft. Konkurrenz hat der Ladewagen vor allem durch den Häcksler[3], welcher ebenfalls für die Ernte von Gras eingesetzt werden kann.

---

*Abbildung 1-2*:   *Umsatzentwicklung in Mio. Euro und Länderaufteilung des Umsatzes in Prozent*

---

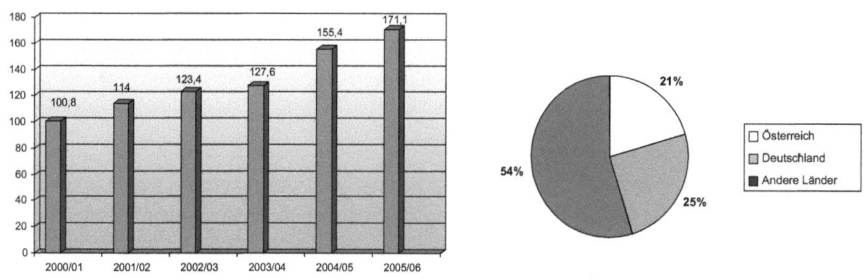

---

---

[3]   Vgl. dazu Abschnitt 7.

## 1.2    Leitbild

Pöttinger ist ein Anbieter innovativer Landtechnikmaschinen, der die Landwirtschaft fördert. Dies kommt auch klar im Leitbild (*Abbildung 1-3*) zum Ausdruck.

*Abbildung 1-3:    Leitbild der Alois Pöttinger Maschinenfabrik GmbH*

### INNOVATIV – ENGAGIERT – MIT HANDSCHLAGQUALITÄT

Wir wollen mittels fortschrittlicher, innovativer Landtechnik einen wertvollen Beitrag zur Effizienzsteigerung der Agrarproduktion leisten.

Mit unseren Leistungen wollen wir die Arbeitsbedingungen unserer Kunden im Sinne von „Mach's dir leichter" verbessern.

In den von uns bearbeiteten Gebieten der Land- und Entsorgungstechnik streben wir die führende Position mit dem besten Preis-/Leistungsverhältnis bei hoher Qualität an.

*Nutzen für Kunden und Vertriebspartner*

Wir wollen:

- ein attraktives Einkommen schaffen,
- Lebensqualität steigern,
- Freude mit unseren Produkten stiften.

Dieser Nutzen wird geschaffen mittels Anbau-, Aufbau- und gezogenen Geräten zur Bodenbearbeitung und Erntetechnik sowie damit verbundenen Dienstleistungen.

Abgeleitet aus dem Leitbild bildet das „Pöttinger-Erfolgsdreieck" den strategischen Handlungsrahmen für alle Aktivitäten des Unternehmens. Die Eckpunkte dieses Dreiecks stehen für Kundennähe, Produktführerschaft und operative Exzellenz. Vor allem der Kundennähe wird als Familienunternehmen besondere Bedeutung beigemessen, wobei hier für Pöttinger die Herausforderung mit stetig zunehmender Exportquote steigt.

# 2    Produktprogramm

Pöttinger ist heute nicht nur für seine Ladewagen bekannt, sondern vor allem als Komplettanbieter im Grünlandbereich sowie in der Bodenbearbeitung (inkl. Sätechnik). Das Produktprogramm für den Grünlandbereich umfasst Maschinen für die gesamte Ernte- und Silagekette[4]: Mähwerke (Trommel- und Scheibenmäher in Front-, Heck- und gezogener Technik), Zett- und Schwadkreisel sowie Ladewagen. Im Bereich der Bodenbearbeitung gehören Pflüge, Grubber, Eggen (Kreiseleggen und Kurzscheibeneggen) sowie Sämaschinen (mechanische und pneumatische Technik) zum Programm. In beiden genannten Bereichen spiegelt das Produktprogramm die folgende Philosophie wider: Herstellung von Landmaschinen, die an jeden Schlepper – unabhängig vom Herstellerfabrikat – angebaut werden können, d. h. integrativ mit dem Schlepper arbeiten, jedoch nicht von selbstfahrenden Maschinen (wie z. B. Mähdrescher oder Häcksler). Der Grund ist darin zu sehen, dass die Herstellung von Motoren, Getrieben und anderen Komponenten für Selbstfahrer in den Augen von Pöttinger kein Kernkompetenzfeld der Zukunft darstellt. In diesem Punkt liegt der wesentliche Unterschied zu vielen Mitbewerbern, die Selbstfahrtechnik anbieten und diese als Zukunftstechnik für mehr Schlagkraft (d. h. höhere Flächenleistung pro Stunde) beurteilen. Hinsichtlich der Ladewagen bietet Pöttinger die folgende Modellpalette an:

- Ladewagen mit **Schwingensystem**: Boss, Euroboss, Primo.
- Silierwagen mit **Rotorsystem**: Faro, Europrofi, Torro, Jumbo[5].

# 3    Kundensegmente

Pöttinger bedient mit seinem Produktportfolio sowohl Grünland- als auch Ackerbau- und Mischbetriebe. Die wesentlichen Kundensegmente nach Größenklassen sowie Betriebsstruktur segmentiert sind Familienbetriebe, Lohnunternehmer und Großbetriebe. Familienbetriebe benötigen in der Regel robuste Maschinen, die zuverlässig arbeiten und eine gewisse Schlagkraft besitzen, jedoch entsprechend wirtschaftlich sind. Familienbetriebe konzentrieren sich zunehmend auf ihre Kernkompetenzen (z. B. Milchviehbetriebe auf die Erzeugung von Milch und die Betreuung der Tiere) und lagern andere Tätigkeiten (wie in diesem Fall die Produktion und das Ernten von Futter) aus.

---

[4]  Die Silageproduktion wird in Abschnitt 7 erklärt.
[5]  Eine Erklärung der Unterschiede zwischen Schwingen- und Rotorsystem findet sich in Abschnitt 7.

Dadurch wächst die Zielgruppe der Lohnunternehmer, welche genau die von den Familienbetrieben ausgelagerten Tätigkeiten übernehmen. Nachdem Lohnunternehmer eine Vielzahl an Kunden bedienen, zählen Leistung und Schlagkraft der Maschinen am meisten. Denn die Tätigkeiten müssen oft in schneller Abfolge bei mehreren Kunden durchgeführt werden. Als Beispiel seien das Mähen und die Futterbergung genannt, die auf Schönwetterperioden begrenzt sind. Der kritische Punkt bleibt jedoch die Auslastung der Maschinen, sodass der Lohnunternehmer auch keine Übermechanisierung brauchen kann. Im Bereich der Ladewagenpalette wurde von Pöttinger vor allem der Großraumsilierwagen „Jumbo" für die Bedürfnisse der Lohnunternehmer entwickelt.

Großbetriebe sind durch eine starke Eigenmechanisierung gekennzeichnet und investieren in schlagkräftige, intelligente Landtechnik, die flexibel und wirtschaftlich sein muss. Aufgrund der großen Betriebsflächen ist hier höchste Schlagkraft (Flächenleistung) gefordert.

# 4    Mitbewerb

Hinsichtlich der Graserntesysteme hat Pöttinger zwei Arten von Mitbewerbern: die anderen Hersteller von Ladewagen sowie die Häckslerhersteller. Da Pöttinger Weltmarktführer im Ladewagen-Segment ist, stellen die anderen Ladewagenanbieter keine unmittelbare Bedrohung dar, auch wenn es selbstverständlich Konkurrenten wie beispielsweise das deutsche Unternehmen Strautmann gibt. Pöttinger konkurriert jedoch stark mit dem Häcksler, der in den letzten Jahren immer häufiger auch zur Grasernte eingesetzt wurde. Die wesentlichen Mitbewerber sind hier die beiden deutschen Unternehmen Claas und Krone.

Claas hat im Jahr 2004/2005 einen weltweiten Umsatz von rund 2,2 Milliarden Euro mit 8.134 Mitarbeitern an 8 Standorten erwirtschaftet. Die Exportrate liegt bei 75 Prozent. Claas hat ein breit gefächertes Produktprogramm, welches neben den Häckslern vor allem auch Schlepper, Grünlandprodukte und Mähdrescher umfasst. Der genannte Umsatz bezieht sich dabei auf das gesamte Produktprogramm. Krone hingegen konnte 2004/2005 weltweit einen Umsatz von 735 Millionen Euro mit 1.800 Beschäftigten erzielen, allerdings ist hier auch das Geschäftsfeld LKW inkludiert. Krone ist stark im Selbstfahrer-Segment (Häcksler und Mäher) tätig und Grünland-Spezialist.

Auch die großen, global tätigen Schlepperhersteller John Deere (USA) und Case New Holland (amerikanische Wurzeln, wurde 1999 vom Fiat-Konzern übernommen) sind zusätzlich im Häcksler-Segment vertreten und dadurch relevante Mitbewerber. Daneben konnte sich noch die norwegische Kverneland Group (497 Millionen Euro Gesamtumsatz im Wirtschaftsjahr 2004/2005 mit 2.800 Mitarbeitern bei 88 Prozent

Exportquote) mit den beiden Hauptmarken Vicon und Taarup im Grünlandbereich etablieren. Allerdings bilden beide Marken im Häckslerbereich keine starke Konkurrenz; angeboten werden vor allem gezogene Häcksler.

# 5 Strategische Portfolioentscheidung – Ladewagenverfahren versus Häcksler

Seit der Entwicklung des ersten Ladewagens hat Pöttinger konsequent auf dieses System gesetzt, in der Überzeugung, dem Kunden aus folgenden Gründen das beste und nachhaltigste System zu bieten:

- Futter und Boden werden optimal geschont.
- Längerer Grasschnitt (ca. 60 bis 70 mm) schont den Pansen der Milchkuh und trägt zur Erhaltung von deren Gesundheit und Leistungsfähigkeit bei.
- Sowohl Schlagkraft (Tagesleistung von ca. 50 ha bei Einsatz des Ladewagens mit einer Mähkombination) als auch Wirtschaftlichkeit des Verfahrens (bei mittlerer Feld-Hof-Distanz) sind gegeben.
- Mittels Ladewagen kann das Futter mit bis zu 20 km/h vom Boden aufgenommen werden.
- Der Ladewagen ist Ernte- und Transportgerät zugleich, somit ist keine zusätzliche Maschine notwendig. Vor allem bei kleineren bis mittleren Feld-Hof-Entfernungen kommt dieser Vorteil des Ladewagenverfahrens voll zum Tragen.

Doch wie bereits erwähnt kann zum Bergen des abgemähten und getrockneten Grases inklusive dessen Zerkleinerung zwecks Silagebereitung nicht nur der Ladewagen (gezogene Technik) eingesetzt werden, sondern auch der Häcksler (im Regelfall selbstfahrende Technik als direkte Konkurrenz zum Ladewagen). Der Häcksler wurde ursprünglich für die Maisernte entwickelt, wird aber seit dem Ende der 70er bzw. Beginn der 80er-Jahre auch im Grünlandbereich eingesetzt und steht seitdem in Konkurrenz zum Ladewagen.

Die Philosophie des Häckslers ist „Schlagkraft pur" für die Ein-Tages-Silage, wobei ca. 100 ha Fläche pro Tag (7 ha pro Stunde) bewältigt werden können. Dies ist dadurch möglich, dass der Häcksler das Futter direkt in einen Transport-LKW befördert, der am Feld nebenher fährt. Der volle LKW oder LKW-Anhänger kann einfach gegen einen leeren Wagen ausgetauscht werden, ohne dass der Häcksler dafür vom Feld fahren muss und wertvolle Transportzeit verliert. Dieses Ernteverfahren bedingt allerdings einen regelmäßigen Einsatz, der nicht immer möglich ist. Aufgrund zu geringer Auslastung fehlt dem Häcksler daher vielfach die Wirtschaftlichkeit.

Die Schnittlänge des Grases beträgt beim Häcksler nur ca. 30 bis 40 mm, wodurch eine bessere Verdichtung im Silo möglich wird. Auch für den Einsatz in Biogasanlagen ist dieser kürzere Schnitt optimal. Der Häcksler spricht daher als Zielsegmente vor allem Lohnunternehmer und Großkunden an, die entweder große Mengen an Silage erzeugen oder das Gras für Biogasanlagen zur Erzeugung von Energie verwenden. Zusätzlich haben einzelne Mitbewerber, so z. B. Claas, bereits Weiterentwicklungen wie die stufenlose Schnittlängenverstellung auf den Markt gebracht und dadurch die Konkurrenz zum Ladewagen noch weiter verstärkt.

Das Ziel des Unternehmens Pöttinger ist es, den Häcksler aus der Grasernte weitestgehend zu verdrängen, so dass sein Anwendungsgebiet wieder auf die Maisernte beschränkt wird. Der Häcksler würde damit ein Nischenprodukt bleiben. Schätzungen zufolge könnte der Häcksler im tschechischen Markt komplett aus der Grasernte verschwinden. Im norddeutschen Markt werden derzeit immer noch ca. 70 Prozent der Aufbereitung des ersten Grasschnitts[6] mit dem Häcksler getätigt, erst für die restlichen 3 bis 4 Schnitte wird der Ladewagen stärker eingesetzt. Denn der Häcksler hat ein Problem damit, kleinere Schwaden[7], die vor allem bei diesen Folgeschnitten entstehen, aufzunehmen. Der Ladewagen hingegen kann sowohl mit großen als auch kleinen Schwaden umgehen. Somit besteht für dieses Erntesystem auch beim ersten Grasschnitt ein großes Durchdringungspotenzial. *Abbildung 5-1* illustriert die Vor- und Nachteile von Ladewagen und Selbstfahrhäcksler.

Die strategischen Überlegungen der Geschäftsführung von Pöttinger hinsichtlich des Umgangs mit der starken Konkurrenz zum Ladewagen sind vielschichtig. In einem ersten Schritt startete das Unternehmen 1999 eine offensive Kommunikationskampagne gegen den Selbstfahrhäcksler unter dem Motto „Kampf der Systeme". Ziele dieser Kampagne waren die Sensibilisierung der Vertriebspartner und Kunden für die Vorteile des durchaus erklärungsbedürftigen Ladewagensystems sowie die Steigerung des Bekanntheitsgrads des Verfahrens im Allgemeinen und der Pöttinger-Ladewagenpalette im Besonderen. Vor allem die Wirtschaftlichkeit des Ladewagenverfahrens wurde den (potenziellen) Kunden veranschaulicht. Im Jahr 2004 wurde die Kampagne unter dem Motto „Schlagkraft mit Köpfchen" – d. h. Maschinensysteme, die dem Kunden technische und wirtschaftliche Vorteile bieten – fortgesetzt. Durch diese gezielten Aktivitäten zur Förderung des Verfahrens konnte der Ladewagenabsatz stark gesteigert werden und Pöttinger stärkte seine Position als Weltmarktführer.

---

6   Pro Jahr werden in Deutschland ca. 4 bis 5 Grasschnitte (= Abmähen des Grases) durchgeführt.

7   Zur Erklärung dieses Begriffs siehe Abschnitt 7.

*Abbildung 5-1:*    *Vor- und Nachteile von Ladewagen und Selbstfahrhäcksler im Überblick*

| | Ladewagen | Selbstfahrhäcksler |
|---|---|---|
| **Vorteile** | – höchste Leistung im Ein-Mann-Verfahren<br><br>– geringster Dieselverbrauch pro ha<br><br>– einfache Wartung<br><br>– flexibel auf verstreuten Flächen einsetzbar<br><br>– günstigstes Ernteverfahren für Grassilage und Heu | – hohe Schlagkraft der Erntekette<br><br>– günstig bei sehr großen Feld-Hof-Entfernungen (> 10 km), da der Häcksler am Feld bleiben kann |
| **Nachteile** | – etwas höheres Wetterrisiko<br><br>– ungünstig bei sehr großen Feld-Hof-Entfernungen (> 10 km), da der volle Ladewagen zwecks Abladen zum Silo zurückfahren muss | – hoher Dieselverbrauch pro ha<br><br>– mindestens ein Häcksler und zwei Transportfahrzeuge im Einsatz<br><br>– geringe Schlagkraft auf verstreuten Feldern und Restflächen (hoher logistischer Aufwand)<br><br>– zu wenig Struktur des Grases für pansengerechte Fütterung<br><br>– Steine im Gras werden vom Häcksler mit aufgenommen und können die Maschine schwer beschädigen<br><br>– stärkere Bodenverdichtung durch hohes Gewicht von Häcksler und LKW |

Allerdings versucht auch die Konkurrenz sowohl durch Weiterentwicklungen der Häcksler als auch gezielte Kampagnen Marktanteile zu gewinnen. Dadurch könnte der weitere Erfolg des Ladewagenverfahrens gehemmt werden. Pöttinger möchte daher bereits frühzeitig die Anstrengungen der Mitbewerber abfedern und den Ladewagen zum weltweit am stärksten bei der Grasernte eingesetzten Verfahren entwickeln.

Mehrere Optionen werden im Unternehmen diskutiert: Reicht eine Weiterentwicklung der Kommunikationsschiene aus, wenn das bestehende Produktportfolio gleich belassen wird? Kann der Ladewagen sich wirklich als das Zukunftssystem durchsetzen oder ist der Höhepunkt seiner Entwicklung bereits überschritten? Ist Pöttinger langfristig gezwungen, selbst in das Segment der Selbstfahrhäcksler einzusteigen – was ein völlig neues Produkt im Portfolio bedeuten würde? Auch seitens der Produktentwicklung wird ein Vorschlag eingebracht: Der Ladewagen könnte als ein Kombiwagen mit doppeltem Nutzen weiterentwickelt werden, so dass einerseits die klassische Funktion erhalten bleibt, andererseits der Wagen aber auch als Transportfahrzeug eingesetzt werden kann, wenn die Zielkunden bereits über einen Häcksler verfügen und diesen entsprechend auslasten müssen. Auch dieser Ansatz greift entscheidend in das bestehende Produktportfolio ein. Würde dieses Produkt in Konkurrenz zu den anderen Ladewagen treten oder könnte es doch deutlich unterschiedliche Zielgruppen bedienen? Pöttinger muss sich für einen Weg entscheiden.

# 6   Problemstellungen

- Analysieren und beurteilen Sie die Wettbewerbsposition von Pöttinger-Ladewagen gegenüber Selbstfahrhäckslern anhand definierter Kriterien.

- Welche strategischen Handlungsmöglichkeiten hat das Unternehmen Pöttinger, um seinen Erfolgskurs fortzusetzen? Entscheiden Sie sich für eine Option und argumentieren Sie Ihre Wahl.

- Wie wirkt sich die gewählte Option auf das Produktportfolio des Unternehmens aus? Welche Konsequenzen (Chancen und Risiken) sind zu erwarten?

# 7   Anhang

Nachfolgend werden für diese Fallstudie wesentliche Begriffe und Konzepte aus der Landtechnikbranche erläutert.

## 7.1   Silageproduktion - Die Silierkette

Ein Grundfuttermittel für Milchkühe ist neben Heu und Grünschnitt die sogenannte Silage aus Gras. Die Silage wird in mehren Schritten produziert:

- **Mähen**: Das Gras wird nicht zu kurz (um die Grasnarbe zu schonen) abgemäht und mittels Aufbereiter breit abgelegt, um es zu trocknen.

- **Trocknen (Zetten)**: Frisch gemähtes Gras hat einen Trockensubstanzgehalt (TS) von rund 20 Prozent, für gute Silagequalität wird aber ein TS von 30 bis 40 Prozent benötigt. Deshalb wird das Gras unter mehrmaligem Wenden (= Zetten) getrocknet.

■ **Schwaden**: Das getrocknete Gras muss für die Bergung durch den Ladewagen in Form eines Schwades mit ca. 1,3 m Breite zusammengetragen werden. Dies kann mittels eines Schwadkreisels erfolgen.

■ **Ernten mit Ladewagen**: Das getrocknete Gras wird bei der Aufnahme vom Boden mittels Messern in eine Länge von 60 bis 80 mm geschnitten und in das Wageninnere befördert. Das Gras darf deshalb nicht zu kurz geschnitten werden, da es sonst dem Pansen der Milchkuh schadet.

■ **Befüllen des Silos**: Der Inhalt des Ladewagens wird in einem Silo abgeladen; ein Walzschlepper oder Radlader verdichtet dann das getrocknete Gras stark. Abschließend wird eine Folie verwendet, um das Gras vor Nässe zu schützen und luftdicht abzuschließen.

# 7.2 Ladewagensysteme

Ein Ladewagen ist eine auf die Grasernte spezialisierte Maschine. Zur Gewinnung von Silage ist es wichtig, dass das (an-)getrocknete Gras bei der Aufnahme durch den Ladewagen optimal vorverdichtet (gepresst) wird. Daher kann im Inneren des Ladewagens das Gras per Steuerung durch den sogenannten Kratzboden (eine Art Förderband) nach hinten transportiert werden, bis es an der Rückwand des Ladewagens angekommen ist und von dort ausgehend nach vorne beim weiteren Aufnehmen von Gras immer stärker verdichtet wird.

Bei Ladewagensystemen sind hauptsächlich zwei Kategorien zu differenzieren: Ladewagen und Silierwagen, wobei beide mit oder ohne Dosiereinrichtung (zum kontrolliert-dosierten Abladen des Grases) ausgestattet sein können. Die Hauptunterscheidung beider Kategorien liegt in der Art der Förderung des Grases: Pöttinger-Ladewagen sind zur Grasförderung in das Wageninnere mit Förderschwingen ausgestattet (Produktbeispiele: Euroboss, Primo), während Pöttinger-Silierwagen als Rotorwagen ausgeführt sind, d. h. die Beförderung des Grases in in das Wageninnere erfolgt über Rotoren (Produktbeispiele: Faro, Torro, Jumbo).

Der Durchsatz bei Silierwagen kann bis zu ca. 50 kg Gras pro Sekunde betragen, wobei sich der Rotor einmal pro Sekunde dreht. Beim Häcksler dagegen dreht sich der Rotor bis zu 20-mal pro Sekunde, wodurch – vor allem auch bei nassen Verhältnissen – fast doppelt so viel Diesel wie im Fall des Ladewagens verbraucht wird.

## 7.3 Feldhäcksler

Der Feldhäcksler war ursprünglich auf die Maisernte spezialisiert, ist nun aber mit verschiedenen Ernteaufsätzen erhältlich und kann somit auch zur Grasernte eingesetzt werden.

# Teil V

## Geschäftstypenspezifisches

## Marketing

Thomas Werani/Claudia Prem

# Grundlagen des geschäftstypenspezifischen Marketing

# 1 Typologien im Business-to-Business-Marketing

Transaktionen zwischen Unternehmen bzw. Organisationen bilden in der Marketing-wissenschaft ein eigenes Forschungsfeld. Konkret geht es um den Austausch von Gü-tern und Dienstleistungen, deren Vermarktungsprozesse sich großteils stark vonein-ander unterscheiden und somit kein allgemein gültiges Marketingprogramm zulassen. Notwendig sind daher Typologien, welche die vielfältigen Transaktionen in Business-to-Business-Märkten zu homogenen Gruppen mit **ähnlichen Marketingproblemen** zusammenfassen, sodass Generalisierungen möglich sind und **Handlungsempfeh-lungen** abgeleitet werden können (*Kleinaltenkamp* 1994, S. 78; *Backhaus* 2003, S. 300).

Wählt man einen pragmatischen Zugang und gliedert die in der Literatur zum Busi-ness-to-Business-Marketing vertretenen Typologien nach den berücksichtigten Markt-parteien, so kann zwischen **primär angebotsbezogenen Typologien**, bei denen leistungs- und produktbezogene Einteilungskriterien gewählt werden, **primär nach-frageorientierten Typologien**, die vor allem auf beschaffungsverhaltensrelevante Aspekte abstellen, und **marktseiten-integrierenden Typologien**, welche die beiden erstgenannten Ansätze miteinander verbinden, differenziert werden (*Kleinaltenkamp* 1994, S. 79).

## 1.1 Primär angebotsorientierte Typologien

Angebotsorientierte Ansätze wählen zur Typologisierung von Business-to-Business-Transaktionen leistungs- und produktbezogene Kriterien aus der Sicht des Anbieters. Geschäftstypen werden somit nach der Art der angebotenen Leistung oder des ange-botenen Produkts unterschieden.

Ein erster, allerdings nicht unter Marketing-Zielsetzung entwickelter angebotsorien-tierter Ansatz stammt von *Riebel* (1965) und unterscheidet Leistungen, die für einen anonymen Markt oder für einzelne Kunden produziert werden. *Riebel* spricht von **Marktproduktion**, wenn Güter für einen anonymen Markt hergestellt werden, und von **Kundenproduktion**, wenn sich Art, Menge und zeitliche Verteilung der Produkti-on nach einem konkreten Kundenauftrag richten. Ein wesentliches Unterscheidungs-merkmal der beiden Produktionsarten ist, dass sich die Leistungen für einen anony-men Markt an den Erwartungen der Entwicklung der Kundenwünsche orientieren, während sich die Kundenproduktion an realen Kundenaufträgen ausrichtet und neue Produkte hier auch zusammen mit dem Kunden entwickelt werden (*Riebel* 1965, S. 666ff.).

Eine zweite angebotsorientierte Typologie wurde vom Arbeitskreis „Marketing in der Investitionsgüter-Industrie" der Schmalenbach-Gesellschaft entwickelt. In diesem Ansatz werden in Abhängigkeit von der Gutskomplexität drei Typen von Transaktionen unterschieden (*Arbeitskreis* 1975, S. 758):

■ **Produktgeschäft** (Komponenten): charakterisiert durch das Zusammenwirken von Know-how der Entwicklung, der Konstruktion und der Produktionstechnik.

■ Klassisches **Anlagengeschäft** (Einzelanlagen): umfasst die Vermarktung von Funktionseinheiten aus Komponenten und dem Engineering für Kombinationstechnik.

■ **Systemgeschäft**: besteht in der Zusammenfassung von Funktionseinheiten zu komplexen Systemen mit Hilfe des Engineering für Kombinationstechnik sowie des Projektmanagements.

Hervorzuheben ist, dass die Typologie des Arbeitskreises explizit auf diejenigen Dienstleistungen Bezug nimmt, die mit der Vermarktung der betreffenden Leistungen verbunden sind (*Arbeitskreis* 1975, S. 758f.). Allerdings ist die Beschränkung auf die Vermarktung von Potenzialfaktoren im Produktionsprozess als Nachteil des Ansatzes zu sehen.

Die steigende Bedeutung, die Dienstleistungen im Rahmen des Business-to-Business-Marketing zukommt, führte dazu, dass *Engelhardt et al.* (1993) eine Leistungstypologie entwickelten, die als Fortführung des Arbeitskreis-Ansatzes verstanden werden kann. Es handelt sich um einen umfassenden Zugang, der keine strikte Trennung von Sach- und Dienstleistungen vornimmt. Die Gliederung in Leistungstypen erfolgt auf Grundlage von **Leistungsergebnissen**, die in unterschiedlichem Umfang materielle und immaterielle Komponenten enthalten, und **Leistungserstellungsprozessen**, die in variierender Intensität sowohl autonom als auch unter Integration eines externen Faktors durchgeführt werden (*Engelhardt et al.* 1993, S. 416f.). *Abbildung 1-1* illustriert mögliche Leistungstypen anhand konkreter Beispiele.

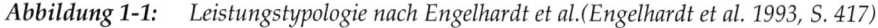

**Abbildung 1-1:**   *Leistungstypologie nach Engelhardt et al.(Engelhardt et al. 1993, S. 417)*

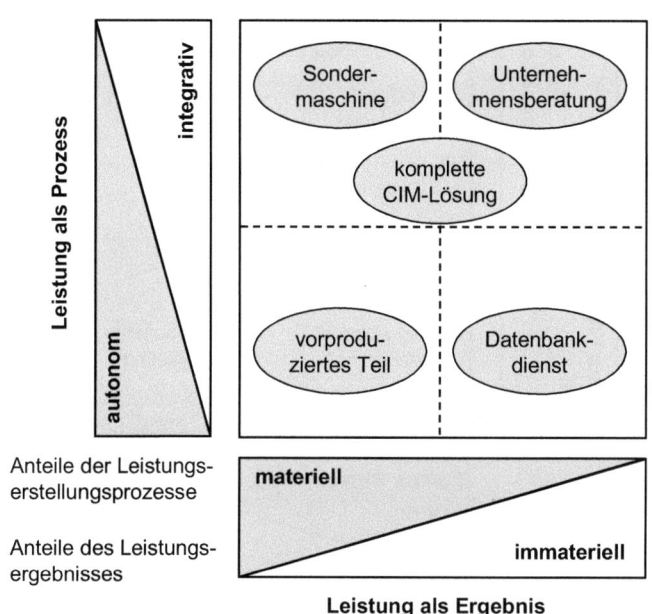

*Plinke* (1991) entwickelt einen Transaktionstypen-Ansatz, der sich mit dem Absatzprozess von Leistungen befasst und auch Managementaspekte mit einbezieht. Er unterscheidet drei „Arenen", die als Schauplatz des Wettbewerbs und damit des Kampfs um komparative Konkurrenzvorteile dienen. Ein Anbieter muss als Grundlage der Planung seiner Marketingstrategien die Arena definieren, in der er sich bei einer konkreten Transaktion bewegt. Zu unterscheiden sind (*Plinke* 1991, S. 175):

- Marketing in anonymen Märkten bzw. Marktsegmenten,

- Marketing in längerfristigen Geschäftsbeziehungen und

- Marketing beim einzelnen Auftrag.

In Fortführung dieser Überlegungen definiert *Plinke* (1992, S. 841ff.) zwei Typologisierungskriterien: den Individualisierungsgrad des Leistungsangebots und die Transaktionshäufigkeit. Auf Basis der Extremausprägungen von Individualisierungsgrad (Einzelkunden-Angebot vs. anonymer Markt bzw. Marktsegment, vergleichbar dem Ansatz von *Riebel* (1965)) und Transaktionshäufigkeit (Einzeltransaktion vs. Wiederkauf) kommt *Plinke* zu den vier in *Abbildung 1-2* dargestellten transaktionstypenbezogenen Marketingprogrammen.

**Abbildung 1-2:** *Transaktionstypenbezogene Marketingprogramme (Plinke 1992, S. 842)*

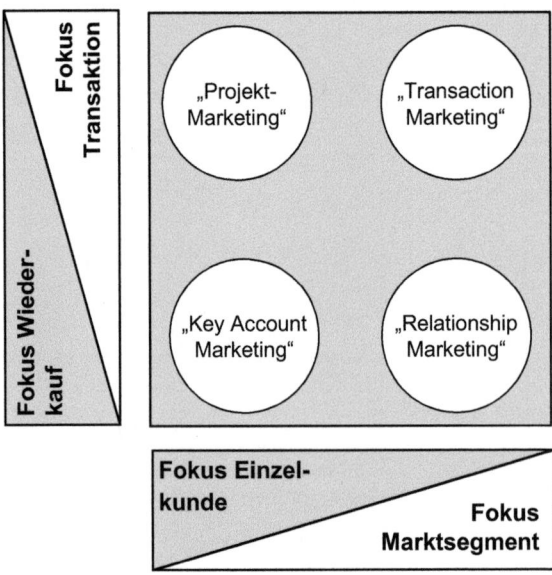

Jeder Programmtyp ist Ausdruck einer bestimmten Definition der Wettbewerbsarena, die sich aus der Struktur, dem Prozess und dem Ergebnis des Wettbewerbs ergibt. Je nach Wahrnehmung der Wettbewerbssituation und der definierten Wettbewerbsziele definiert der Anbieter seine Wettbewerbsarena und eines der folgenden Marketingprogramme (*Plinke* 1992, S. 842):

- ▣ **„Transaction Marketing"**: Wird für mehrere Kunden gemeinsam entwickelt und ist strikt auf eine Einzeltransaktion bezogen.

- ▣ **„Relationship Marketing"**: Wird für mehrere Kunden gemeinsam entwickelt und bezieht das Wiederkaufverhalten der Kunden in die Programmplanung mit ein.

- ▣ **„Key Account Marketing"**: Wird für Einzelkunden spezifisch entwickelt und stellt eine längerfristige Geschäftsbeziehung in den Mittelpunkt der Marketingbemühungen.

- ▣ **„Projekt-Marketing"**: Wird für Einzelkunden spezifisch entwickelt und ist auf einen singulären Bedarfsfall fokussiert.

*Plinke* (1992, S. 842) weist darauf hin, dass es sich bei den genannten Programmen um Extrempunkte fiktiver Natur handelt, d. h. dass in der Realität Programmmischungen auftreten können und werden.

*Abbildung 1-3* fasst die verschiedenen primär angebotsorientierten Typologien zusammen.

**Abbildung 1-3:**  *Primär angebotsorientierte Typologien von Business-to-Business-Transaktionen (in Anlehnung an Kleinaltenkamp 1994, S.81)*

| Autor(en) | Typologisierungskriterium | Typen |
|---|---|---|
| *Riebel* 1965 | Produktionstypen | – Marktproduktion<br>– Kundenproduktion |
| *Arbeitskreis* 1975 | Gutskomplexität | – Produktgeschäft<br>– Anlagengeschäft<br>– Systemgeschäft |
| *Engelhardt et al.* 1993 | – Leistungen mit hoher/geringer Integrativität<br>– Leistungen mit hoher/geringer Materialität | exemplarische Leistungstypen |
| *Plinke* 1991 | Wettbewerbsarenen | – anonyme Märkte bzw. Marktsegmente<br>– Geschäftsbeziehung<br>– Einzelauftrag |
| *Plinke* 1992 | – Individualisierungsgrad des Leistungsangebots<br>– Transaktionshäufigkeit | – Transaction Marketing<br>– Relationship Marketing<br>– Key Account Marketing<br>– Projekt-Marketing |

# 1.2   Primär nachfrageorientierte Typologien

Den im vorangegangenen Kapitel beschriebenen angebotsorientierten Typologien von Business-to-Business-Transaktionen können nachfrageorientierte Typologien gegenübergestellt werden, die sich mit den Besonderheiten der Transaktionssituation aus der Sicht des Nachfragers beschäftigen.

Ein früher nachfrageorientierter Ansatz stammt von *Kutschker* (1972) und befasst sich mit dem Beschaffungsprozess des Nachfragers. Der Kaufprozess im Sinne eines Problemlösungsprozesses stellt sich je nach dem Wert des Investitionsguts, der Neuartigkeit des Problems und dem Grad des organisationalen Wandels in unterschiedlicher

Intensität und Komplexität dar. Die aus der Perspektive des Nachfragers betrachtete **Neuartigkeit der Problemdefinition** legt fest, ob es sich um einen Erst- oder Wieder-holungskauf handelt. Die Dimensionen des **organisationalen Wandels** und des **Werts des Investitionsguts** geben darüber Aufschluss, mit welchen Risiken der Beschaf-fungsprozess für den Nachfrager verbunden ist (*Kleinaltenkamp* 1994, S. 80f.) Das eine Extrem einer Transaktion markiert die vollständige Routinisierung durch IT-gestützte Vernetzung von Lieferant und Abnehmer, das andere Extrem stellt ein hochkomplexer Problemlösungsprozess dar, der im industriellen Anlagengeschäft bis zu mehreren Jahren dauern kann (*Plinke* 1991, S. 173). Insgesamt ergeben sich die drei in *Abbildung 1-4* dargestellten Transaktionstypen.

**Abbildung 1-4:**     *Beschaffungskomplexitätsbezogene Typologie (Kutschker 1972, S.47)*

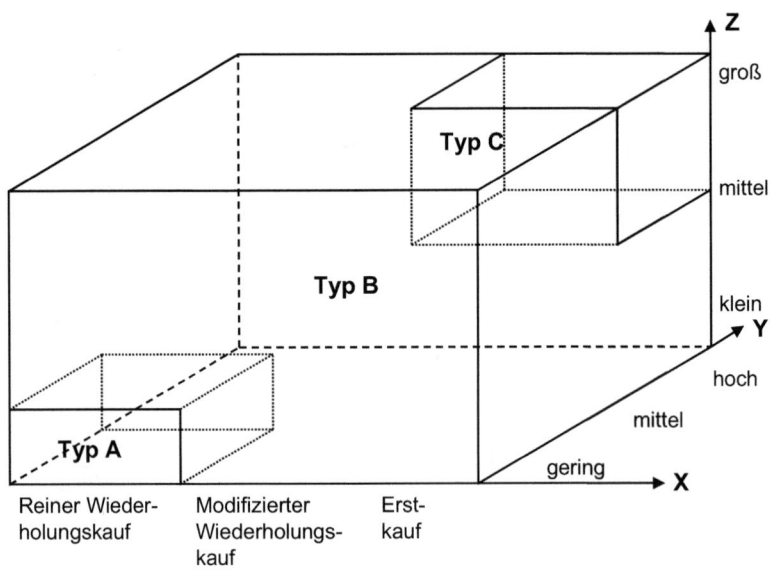

X = Neuartigkeit der Problemdefinition für den Verwender
Y = Organisatorischer Wandel beim Verwender
Z = Wert des Investitionsguts für dessen Verwender

Einer der ersten Versuche, eine nachfrageorientierte Typologie auch in Marketingpro-gramme umzusetzen, stammt von *Backhaus* (1982). Dieser differenziert Vermarktungs-situationen in Individual- und Routinetransaktionen. Erstere sind durch Einzelkun-denorientierung, geringe Wiederholungshäufigkeiten und individuell kontrahierte Leistungen charakterisiert, während sich Letztere durch eine hohe Wiederholungshäu-figkeit von Leistungs- und Transaktionsprozessen auszeichnen. Prototypisch für eine

Individualtransaktion ist das Anlagengeschäft und eine typische Routinetransaktion liegt bei Gütern des klassischen Produktgeschäfts vor, die in Serien- und Massenfertigung erzeugt werden (*Backhaus* 1982, S. 93).

Die zunehmende Entwicklung von Systemtechnologien hat dazu geführt, dass *Backhaus* seine Transaktionstypen des Individual- und Routinegeschäfts, die im wesentlichen dem **Anlagen-** und **Produktgeschäft** entsprechen, mit dem **Systemgeschäft** um einen weiteren Typ ergänzt hat (*Kleinaltenkamp* 1994, S. 81). Das Systemgeschäft ist dadurch charakterisiert, dass sukzessive Leistungen gekauft werden, die auf Basis einer Systemarchitektur miteinander verknüpft sind. Somit besteht ein Verbund zwischen einer langfristig wirkenden Systementscheidung und einer durch kurzfristige Lebenszyklen gekennzeichneten Komponentenbeschaffung. In diesem Punkt wird der einzeltransaktionsübergreifende Aspekt einer technologisch bedingten Geschäftsbeziehung deutlich (*Backhaus* 1990, S. 205f.).

*Abbildung 1-5* stellt die skizzierten primär nachfrageorientierten Typologien zusammenfassend dar.

**Abbildung 1-5:**    *Primär nachfrageorientierte Typologien von Business-to-Business-Transaktionen (in Anlehnung an Kleinaltenkamp 1994, S. 82)*

| Autor | Typologisierungskriterium | Typen |
|---|---|---|
| *Kutschker* 1992 | – Neuartigkeit der Problemdefinition | – Typ A |
| | – Organisationaler Wandel | – Typ B |
| | – Wert des Investitionsguts | – Typ C |
| *Backhaus* 1982, 1990 | Vermarktungssituation | – Produktgeschäft |
| | | – Anlagengeschäft |
| | | – Systemgeschäft |

# 1.3    Der „Vier Typen"-Ansatz: Eine marktseitenintegrierende Typologie

Der auf Überlegungen von *Backhaus et al.* (1994) zurückgehende „Vier Typen"-Ansatz strukturiert Business-to-Business-Transaktionen auf Basis eines transaktionskostentheoretischen Zugangs. Von den drei die Wahl der transaktionskostenminimalen Koordinationsform ökonomischer Aktivitäten determinierenden Faktoren der Ressourcenspezifität, Transaktionshäufigkeit und Unsicherheit (*Williamson* 1985, S. 60f.) rücken dabei Letztere und Erstere in den Mittelpunkt der Betrachtungen.

Hinsichtlich der Unsicherheit ist zwischen ex ante- und ex post-Unsicherheit zu differenzieren (*Backhaus et al.* 1994, S. 22f.). Die **ex ante-Unsicherheit** stellt auf den Teil der Transaktionsunsicherheit ab, der durch gegebenenfalls kostenintensive Suchprozesse vor Vertragsabschluss beseitigt werden kann. Sie wird dann schlagend, wenn bei einer Transaktion keine spezifischen Investitionen involviert sind, die nach Vertragsabschluss zu abhängigkeitsinduzierter Unsicherheit führen können (*Backhaus et al.* 2005, S. 205). Kommt es ausschließlich auf die Reduktion von ex ante-Unsicherheit durch Bereitstellung von Informationen über die jeweilige Preis-Leistungs-Performance eines Anbieters an, so liegt der Fall des **Produktgeschäfts** vor. Nach Vertragsabschluss existiert hier nur allgemeine Qualitätsunsicherheit (*Backhaus* 2003, S. 316).

**Ex post-Unsicherheit** tritt dann auf, wenn ein Akteur spezifisch in einen Transaktionspartner investiert. Quelle der Unsicherheit ist in diesem Fall die Tatsache, dass die nach Vertragsabschluss bzw. getätigter Investition vorliegende ökonomische Abhängigkeit durch den jeweiligen Transaktionspartner opportunistisch ausgebeutet werden könnte. Konkret besteht die Gefahr, dass bei einem Abbruch der Geschäftsbeziehung ein nichttrivialer Teil der Rendite, die aus der an einen spezifischen Verwendungszweck gebundenen Investition erwartet wird – in Anlehnung an *Marshall* (1961) als **Quasirente** bezeichnet –, verloren geht (*Aufderheide/Backhaus* 1995, S. 51ff.). Unter ex post-Unsicherheit werden somit solche Unwägbarkeiten subsumiert, die erst nach einem Kauf Relevanz erhalten, jedoch bereits vorher im Entscheidungskalkül berücksichtigt werden (*Backhaus et al.* 2005, S. 205). Tritt die durch die Quasirente operationalisierte ökonomische Abhängigkeit nur beim Nachfrager auf, so wird dieser Transaktionstyp als **Systemgeschäft** bezeichnet. Ein **Anlagengeschäft** dagegen liegt dann vor, wenn die Quasirente beim Anbieter anfällt. Entsteht die Quasirente in etwa gleichem Maß sowohl nachfrager- als auch anbieterseitig, dann liegt der Transaktionstyp des **Zuliefergeschäfts** vor (*Backhaus* 2003, S. 322). *Abbildung 1-6* stellt die theoretisch begründete Abgrenzung von Business-to-Business-Transaktionen zusammenfassend dar.

Über die aufgezeigte theoretisch fundierte Abgrenzung hinaus lassen sich die vier Typen von Business-to-Business-Transaktionen auch auf Basis **pragmatischer Kriterien** systematisieren. Gemeinsames Merkmal des System- und des Zuliefergeschäfts aus praktischer Sicht ist das Vorhandensein eines zeitlichen Kaufverbunds. Dieser resultiert aus der beziehungsspezifischen Investition des Nachfragers und seiner somit abzusichernden Quasirente. Im Anlagen- und im Produktgeschäft hingegen tritt auf Seiten des Nachfragers keine Quasirente auf, wodurch aus dieser Perspektive kein Anreiz für Verbundkäufe existiert. Als ein erstes pragmatisches Systematisierungskriterium lässt sich daher die schon aus der primär angebotsorientierten Typologie von *Plinke* (1992) bekannte **Transaktionshäufigkeit** (Fokus Einzeltransaktion vs. Fokus Kaufverbund) identifizieren.

Sowohl im Zuliefer- als auch im Anlagengeschäft erstellt der Anbieter seine Leistung speziell für einen Einzelkunden. Charakteristisch ist in beiden Fällen, dass der Vermarktungsprozess in zeitlichem Vorlauf zum Fertigungsprozess erfolgt und die damit einhergehende kundenspezifische Ausrichtung eine anbieterseitige Quasirente bewirkt. Im Gegensatz hierzu richten sich das System- und das Produktgeschäft auf einen mehr oder weniger anonymen Markt, sodass bedingt durch das Prinzip der Vor- und Mehrfachfertigung anbieterseitig keine Quasirente auftritt. Damit kann als zweites pragmatisches Systematisierungskriterium der abermals bereits aus der Typologie von *Plinke* (1992) bekannte **Individualisierungsgrad des Leistungsangebots** (Fokus Einzelkunde vs. Fokus anonymer Markt bzw. Marktsegment) herangezogen werden.

---

*Abbildung 1-6:*   *Theoretisch begründete Abgrenzung von Business-to-Business-Transaktionen (Backhaus 2003, S.322)*

---

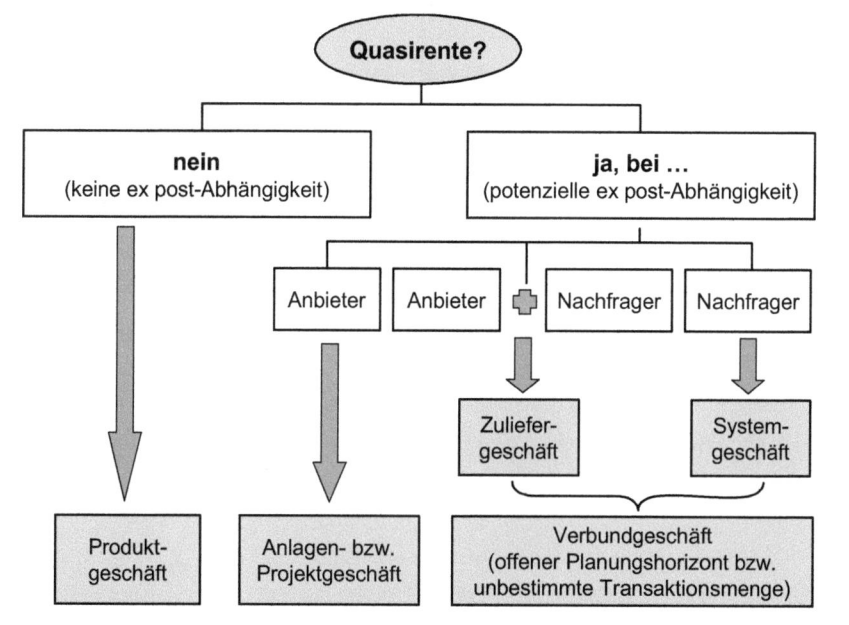

---

Als Konsequenz der vorangegangenen Ausführungen werden in *Abbildung 1-7* Business-to-Business-Transaktionen simultan auf Basis theoriebasierter und pragmatischer Typologisierungskriterien systematisiert, wobei durch die Heranziehung der Quasirente (QR) als anbieter- und nachfragerbezogenes Typologisierungskriterium der marktseiten-integrierende Charakter des „Vier Typen"-Ansatzes evident wird. Die Kriterienausprägungen in *Abbildung 1-7* weisen dabei keinen dichotomen Charakter auf, sondern sind als Extrempole des jeweiligen Kontinuums zu verstehen. Die Übergänge zwischen den vier identifizierten Geschäftstypen sind somit fließend und in der Realität können auch Mischformen dieser Typen auftreten.

**Abbildung 1-7:**   *Pragmatische und theoretische Abgrenzung von Business-to-Business-Transaktionen (Backhaus 2003, S. 324)*

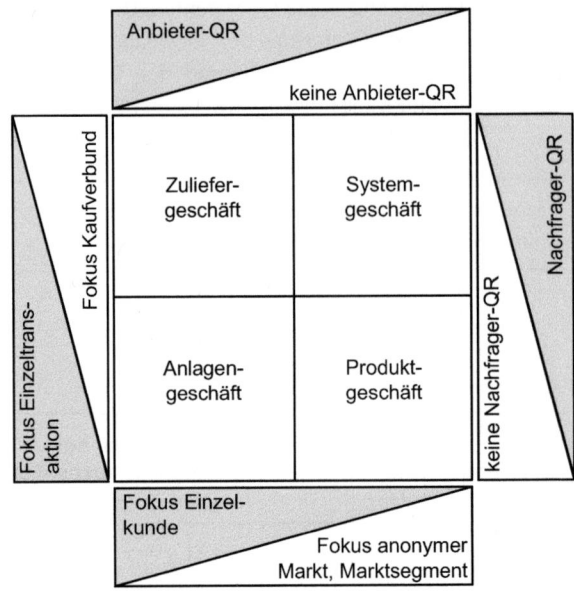

Nachfolgend wird jeder Geschäftstyp im Detail betrachtet und die Besonderheiten bei der Entwicklung der jeweiligen Marketingprogramme werden aufgezeigt.

# 2     Produktgeschäft

## 2.1   Merkmale des Produktgeschäfts

### 2.1.1   Anonymer Markt

Die Vermarktungsbemühungen des Anbieters sind im Produktgeschäft nicht einzel-kundenfokussiert, sondern richten sich auf einen anonymen Markt oder zumindest relativ anonyme Marktsegmente. Bei Leistungen in diesem Geschäftstyp handelt es sich um vorgefertigte, nach dem Prinzip der Massenerzeugung hergestellte Produkte wie z. B. Einzelaggregate oder Komponenten, die beim Kunden entweder isoliert ein-gesetzt werden oder in seine Fertigung einfließen (*Godefroid* 2003, S. 31). Der Spezifitätsgrad der Angebote ist daher tendenziell gering und die Produktentwicklung erfolgt in der Regel auf Basis von Gesamt- oder Teilmarktmodellen, die auf aggregierte Kundenpräferenzen abstellen. Darüber hinaus liegt beim Produktgeschäft der Leistungserstellungsprozess üblicherweise zeitlich vor dem Vermarktungsprozess (*Backhaus* 2003, S. 328).

## 2.1.2 Kein Kaufverbund

Im Produktgeschäft werden von Nachfragern Leistungen bezogen, ohne dass die einmal getroffene Kaufentscheidung weitere Kaufentscheidungen nach sich zieht. Da es sich somit um einen abgeschlossenen Kaufprozess handelt und die angebotenen Leistungen keinen direkten Einfluss auf Wiederkaufentscheidungen haben, besteht das entscheidende Marketingproblem in der **Bereitstellung unsicherheitsreduzierender Informationen vor dem Kauf** (Aufgabenbereich der Kommunikationspolitik). Der Nachfrager sucht hierbei in der Regel Informationen zum Produkt selbst (Aufgabenbereich der Produktpolitik), zu dessen Verfügbarkeit (Aufgabenbereich der Distributionspolitik) und dessen Preis (Aufgabenbereich der Preispolitik) (*Backhaus* 2003, S. 328). Jeder dieser drei letztgenannten Aufgabenbereiche besitzt sowohl eine sachlich-inhaltliche als auch eine informatorische Dimension, die entweder deckungsgleich oder divergierend sein können. Unter der sachlich-inhaltlichen Dimension werden objektive Leistungsmerkmale verstanden, während die informatorische Dimension die Verankerung von Leistungsangeboten in der Wahrnehmungswelt der Nachfrager beschreibt. Im Kern geht es darum, sicherzustellen, dass die objektiv vorhandenen Leistungsmerkmale des Angebots mit den Bedürfnissen der Nachfrager übereinstimmen und von diesen auch entsprechend wahrgenommen werden. Demnach bildet die nachfragerseitige Gewinnung von Informationen über die gewünschten und wahrgenommenen Leistungsmerkmale den Ausgangspunkt der Marketingaktivitäten im Produktgeschäft (*Backhaus* 2003, S. 328f.).

## 2.2 Gewinnung nachfragerbezogener Informationen

Der Prozess zur Gewinnung (nachfragerbezogener) Informationen für Marketingentscheidungen, d. h. der Marktforschungsprozess, beginnt mit der Beantwortung der Frage, welche Daten mit Blick auf die Informationsgewinnung überhaupt benötigt werden. Daran schließen sich die Identifikation möglicher Datenquellen und die Datengewinnung aus diesen Quellen an. In einem vierten Schritt müssen die erhobenen Daten analysiert werden, wodurch Informationen entstehen, die an die relevanten Entscheidungsträger im Unternehmen weiterzuleiten sind. *Abbildung 2-1* veranschaulicht den skizzierten Informationsgewinnungsprozess für Marketingentscheidungen und strukturiert die folgenden Ausführungen[1].

---

*Abbildung 2-1:*     *Informationsgewinnungsprozess für Marketingentscheidungen (in Anlehnung an Backhaus 2003, S. 332)*

---

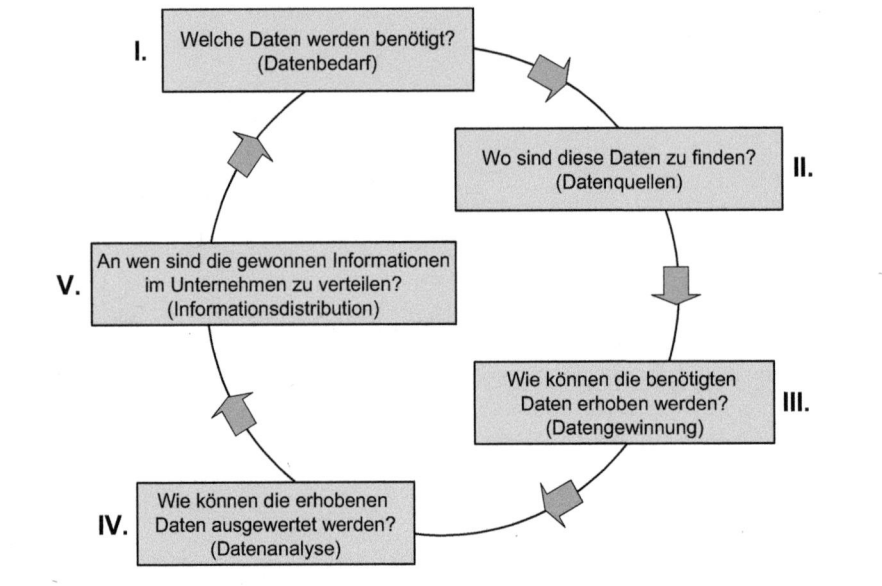

## 2.2.1    Ermittlung des Datenbedarfs

In der ersten Phase des Marktforschungsprozesses geht es um die Konkretisierung des Forschungsproblems und die Ableitung der Forschungsziele, woraus sich der relevante Datenbedarf ergibt. Je klarer die Definition des Datenbedarfs, desto genauer kann das Marktforschungsprojekt auf die Lösung des Problems abzielen und entsprechend kosteneffizient durchgeführt werden (*Kotler/Bliemel* 2006, S. 203). Im Hinblick auf die Ermittlung von Bedürfnissen und Problemlösungsanforderungen von Nachfragern ergeben sich beispielhaft die folgenden Forschungsfragen (*Backhaus* 2003, S. 332f.):

---

1    Detailliertere Überlegungen zur Marktforschung in Business-to-Business-Märkten finden sich in diesem Buch auf S. 71ff.

- Wie kann der relevante Markt abgegrenzt werden?

- Wie sieht das Nachfragerproblem im Detail aus?

- Was sind aus Nachfragersicht die relevanten Kaufkriterien?

- Wie hoch ist die Preisbereitschaft der Nachfrager?

Ziel solcher Fragestellungen ist es, jene Informationsdimensionen zu identifizieren, die in der konkreten Situation und für das konkrete Produkt von Interesse sind. Darüber hinaus sollte die Marktforschung aber auch zur Identifikation zukünftiger Entwicklungen und latenter Bedürfnisse der Nachfrager eingesetzt werden, um dem Unternehmen nachhaltige Wettbewerbsvorteile zu sichern.

## 2.2.2 Identifikation der Datenquellen

In dieser Marktforschungsphase muss geklärt werden, aus welchen Quellen die benötigten Daten bezogen werden können. Zur Datengewinnung können dabei sowohl **unternehmensinterne** als auch **unternehmensexterne** Datenquellen herangezogen werden, wobei die gewonnenen Daten jeweils primärer oder sekundärer Natur sein können. **Sekundärdaten** sind Daten, die selbst oder von Dritten für ähnliche oder auch ganz andere Zwecke bereits einmal erhoben wurden (*Berekoven et al.* 2004, S. 42ff.). **Primärdaten** hingegen resultieren aus dem jeweiligen Anlassfall. Diese Art der Datengewinnung, die **Primärforschung**, ist zwar mit höheren Kosten verbunden als die **Sekundärforschung**, allerdings lassen die erhobenen Daten in der Regel genauere Aussagen über das vorliegende Marketingproblem zu.

## 2.2.3 Datengewinnung

In der dritten Phase des Marktforschungsprozesses ist zunächst die Art und Weise der Datengewinnung festzulegen. Im Detail müssen im Zuge einer Primärforschung der Erhebungsumfang, die Erhebungsinstrumente sowie die Erhebungsinhalte bestimmt werden (*Backhaus* 2003, S. 334ff.), um in der Folge die relevanten Daten mittels der gewählten Erhebungsinstrumente gewinnen zu können.

Bei der Bestimmung des **Erhebungsumfangs** muss entschieden werden, ob alle oder nur ausgewählte Elemente der für ein bestimmtes Marktforschungsproblem relevanten Grundgesamtheit zur Datengewinnung herangezogen werden sollen. Im ersten Fall liegt eine **Vollerhebung**, im zweiten eine **Teilerhebung** vor. In der Regel erfolgt im Produktgeschäft eine Beschränkung auf letzteren Ansatz, da bei einer kaum quantifizierbaren Anzahl an Nachfragern in einem anonymen Markt eine Vollerhebung praktisch nicht durchführbar ist. Allerdings muss bei einer Teilerhebung sichergestellt werden, dass die zu erhebende Teilmenge, d. h. die Stichprobe, so gewählt wird, dass aus der Untersuchung für die Grundgesamtheit repräsentative Aussagen abgeleitet werden können. Dies bedeutet, dass die Stichprobe die relevante Grundgesamtheit in allen betrachteten Merkmalen repräsentieren muss. Für die Ziehung von Stichproben stehen verschiedene Verfahren zur Verfügung, die sich in **zufallsbasierte Verfahren** und **Verfahren der bewussten Auswahl** differenzieren lassen (*Hermann/Homburg* 2000, S. 20f.).

Hinsichtlich der **Erhebungsinstrumente** können Instrumente der **Befragung** und der **Beobachtung** unterschieden werden. Während bei einer Befragung durch verbale Stimuli (Fragen) verbale Reaktionen (Antworten) hervorgerufen werden (*Atteslander* 2000, S. 114), geht es bei der Beobachtung um die systematische (visuelle) Erfassung beobachtbarer Sachverhalte durch Personen und/oder entsprechende Geräte (*Berekoven et al.* 2004, S. 151). Da im Produktgeschäft häufig verhaltensrelevante Merkmale von Nachfragern, wie zum Beispiel Einstellungen zu einem Leistungsangebot, erhoben werden, kommt die Befragung besonders häufig zum Einsatz. In der Regel ist es zweckmäßig, diese als persönliche Befragung mittels eines standardisierten Fragebogens durchzuführen, wobei je nach Untersuchungsgegenstand auch alternative Befragungsformen wie z. B. das Telefoninterview oder die Online-Befragung einsetzbar sind (*Backhaus* 2003, S. 336f.).

Die **Erhebungsinhalte** bestimmen sich aus dem in der ersten Phase des Marktforschungsprozesses festgelegten Datenbedarf, wobei ein enger Zusammenhang zwischen Erhebungsinhalt und dem jeweils einsetzbaren Erhebungsinstrument besteht. Die Konkretisierung der Erhebungsinhalte ist häufig der schwierigste Teil eines Marktforschungsprojekts. Von entscheidender Bedeutung ist in diesem Zusammenhang, hinsichtlich des betreffenden Untersuchungsgegenstands die für die Auskunftspersonen **relevanten Sachverhalte** zu identifizieren (*Weiber/Jacob* 2000, S. 551f.). Nur wenn dies gelingt, lassen sich aus einem Marktforschungsprojekt Ergebnisse ableiten, welche das tatsächliche Nachfragerverhalten widerspiegeln.

## 2.2.4  Datenanalyse und Informationsdistribution

Die letzten zwei Phasen des Marktforschungsprozesses umfassen die statistische Auswertung und Interpretation der erhobenen Daten sowie die Konfrontation der relevanten Entscheidungsträger mit den somit gewonnenen Informationen. Zur Datenauswertung steht eine Vielzahl an Analyseverfahren zur Verfügung. In der Regel werden die erhobenen Daten tabellarisiert, ein- oder zweidimensionale Häufigkeitsverteilungen erstellt und für die wichtigsten Variablen Mittelwerte und Streuungsbreiten errechnet (*Kotler/Bliemel* 2006, S. 224). Je nach Untersuchungsgegenstand können jedoch auch anspruchsvollere statistische Methoden wie inferenzstatistische Tests (*Kanji* 1995) und multivariate Analyseverfahren (*Backhaus et al.* 2006) eingesetzt werden.

## 2.3 Produktpolitik

### 2.3.1 Produktpositionierung

Die mittels Marktforschung hinsichtlich der vom Nachfrager gewünschten und wahrgenommenen Leistungsmerkmale eines Produkts gewonnenen Informationen bilden die Basis zur Erstellung von Positionierungsmodellen. Derartige Modelle, die in der Regel unter Einsatz verschiedener multivariater Analyseverfahren (*Backhaus et al.* 2006) generiert werden, können unter dem Begriff der Wahrnehmungs- und Präferenzlandkarten zusammengefasst werden (*Green et al.* 1988, S. 678ff.). Ziel solcher Landkarten ist es, auf graphischem Weg zu veranschaulichen, wie das eigene Leistungsangebot relativ zu den Leistungsangeboten der Konkurrenz und relativ zum erwarteten Leistungsangebot („Idealprodukt") in der Wahrnehmung der Nachfrager verankert ist. Ein Positionierungsmodell ist demnach durch die folgenden vier Kernelemente charakterisiert (*Haedrich/Tomczak* 1996, S. 139f.):

- **Eigenschaften**: Durch die konkurrierende Leistungsangebote charakterisierenden Eigenschaften bzw. deren Verdichtung zu Eigenschaftsbündeln wird der mehrdimensionale Wahrnehmungsraum der Nachfrager aufgespannt. Entscheidend ist es, diejenigen Eigenschaften zu identifizieren, die auch tatsächlich auf die Kaufentscheidung Einfluss nehmen.

- **Positionen von Leistungsangeboten**: Jedes Leistungsangebot in einem bestimmten Markt wird durch die vom Nachfrager wahrgenommenen Ausprägungen der relevanten Eigenschaften charakterisiert und nimmt so im Wahrnehmungsraum eine spezifische Position ein.

- **Ideales Leistungsangebot**: Jeder Nachfrager besitzt eine Vorstellung des von ihm erwarteten Leistungsangebots. Nachfrager mit ähnlichen Erwartungen und somit homogenen Bedürfnissen bilden dabei ein Marktsegment.

- **Distanzen**: Distanzen treten in einem Positionierungsmodell sowohl zwischen den konkurrierenden Leistungsangeboten als auch zwischen Leistungsangeboten und Idealprodukt auf.

Auf Basis der durch Positionierungsmodelle repräsentierten Information ist es einem Anbieter möglich, aktiv die Position seines Leistungsangebots in der Wahrnehmung von Nachfragern zu steuern, d. h. eine adäquate **Positionierungsstrategie** zu entwickeln. Konkret geht es darum, dass sich das eigene Leistungsangebot möglichst stark von dem der Konkurrenz unterscheidet und gleichzeitig der Idealvorstellung der Nachfrager möglichst nahe kommt (*Trommsdorff* 2002, S. 364f.). Ziel einer Positionierungsstrategie ist es somit, für ein Leistungsangebot im relevanten Markt eine Alleinstellung zu erreichen und dessen Kaufwahrscheinlichkeit durch eine Steigerung des Erfüllungsgrads der Kundenerwartungen zu erhöhen. Die Realisierung der gewählten Positionierungsstrategie erfolgt hierbei durch den Einsatz der Marketinginstrumente.

Im Einzelnen geht es darum, im Rahmen der **Produkt- und Distributionspolitik** Leistungspotenziale durch Neu- und Weiterentwicklung zu verändern (**Leistungspotenzial-Gestaltung**), Produktpositionen durch die **Kommunikationspolitik** kommunikativ zu beeinflussen (**Leistungspotenzial-Kommunikation**) und im Zuge der **Preis- und Konditionenpolitik** die Gegenleistung zu gestalten (*Backhaus* 2003, S. 345).

## 2.3.2 Produktpolitische Entscheidungstatbestände

Die Produktpositionierungsanalyse bietet Anhaltspunkte dafür, in welche Richtung produktpolitische Veränderungen vorzunehmen sind. Mit der Produktinnovation, der Produktmodifikation und der Produktelimination sind hierbei drei produktpolitische Handlungsebenen zu berücksichtigen.

### 2.3.2.1 Produktinnovation

Unter Produktinnovation versteht man die Gewinnung neuer Produktideen, die Neuproduktentwicklung und die Markteinführung neuer Produkte. Ausgangspunkt des Innovationsprozesses sind Kundenwünsche, die durch die bestehenden Produkte nicht befriedigt werden können (*Richter* 2001, S. 175). Um zu garantieren, dass das neue Produkt den Anforderungen der Kunden gerecht wird, werden Kunden häufig aktiv in den Produktentwicklungsprozess miteingebunden. Der Beitrag, den die Kunden hierbei liefern können, kann sehr unterschiedlich sein (*Brockhoff* 1998, S. 8ff.):

- Kunden als Nachfrager, die Bedürfnisse erkennen lassen,

- Kunden als aktive Mitgestalter eines Produktentwicklungsprozesses,

- Kunden als Innovatoren, deren fertige oder quasi-fertige Problemlösung zu einem Produkt gemacht und vermarktet werden kann,

- Kunden als Quelle von Anwendungswissen und

- Kunden als Helfer bei der Überwindung von Innovationswiderständen innerhalb des Anbieterunternehmens.

Mit der Einbindung ausgewählter Kunden in den Produktentwicklungsprozess sind aber nicht nur Chancen, sondern auch erhebliche Risiken verbunden. Diese Chancen und Risiken der Kooperation bei der Neuproduktentwicklung zeigt *Abbildung 2-2*.

**Abbildung 2-2:** *Chancen und Risiken der kooperativen Neuproduktentwicklung (Backhaus 2003, S. 350)*

| Chancen | Risiken |
|---|---|
| – Zeitersparnisse durch frühzeitige Marktkorrektur | – Potenzieller Know-how-Abfluss an Nachfrager |
| – Kostenersparnisse bei Kostenteilung | – Verzögerung durch Nachfrager |
| – Qualitätsverbesserung durch Kundenorientierung | – Opportunismus des Nachfragers (z. B. Informationsweitergabe an Wettbewerber) |
| – Gewinnung von Lead-Usern | – Fehlerhafte Lead-User-Identifizierung |
| – Frühzeitige Reduktion von Marktrisiken | – Ausgleich divergenter Interessen bei Einbeziehung mehrerer Kunden |
| – Imagevorteile durch Referenzkunden | |
| – Gewinnung neuer Abnehmer | |
| – Erleichterung des Eintritts in neue Märkte | |
| – Gewinnung von Informationen über Wettbewerber | |

Die situationsspezifische Relevanz der genannten Chancen und Risiken ist in Abhängigkeit von der Kooperationsintensität zu sehen. Je höher diese ausfällt, desto eher ist beispielsweise ein Know-how-Abfluss möglich, umso früher aber können Marktrisiken erkannt werden (*Backhaus* 2003, S. 350).

Bei der Entwicklung und Einführung neuer Produkte wird idealtypisch folgendes stufenweise Vorgehen gewählt:

■ **Strategische Orientierungsphase**: Ausgangspunkt der Neuproduktkonzeption stellen immer Informationen über den Zielmarkt und die Zielkunden dar (*Kotler* 2000, S. 307). Auf Basis einer fundierten Marktsegmentierung kommt es zu einer Festlegung der Zielkunden, der angestrebten Marktposition und der zu verfolgenden Marketingstrategie (*Backhaus* 2003, S. 353).

■ **Ideenfindung und -prüfung**: In dieser Phase werden Ideen hinsichtlich der Produktkonzeption gesammelt und geprüft. Bei der Ideengewinnung soll eine möglichst große Zahl von Ideen für neue Produkte generiert werden, wobei kreativitätsfördernde Maßnahmen unterstützend eingesetzt werden können (*Gierl/Helm* 2002, S. 317f.). Im Anschluss werden alle Ideen einer Prüfung unterzogen, um jene mit dem höchsten Erfolgspotenzial herauszufiltern.

■ **Produktentwicklung**: Hier vollzieht sich die eigentliche Entwicklung des neuen Produkts. In der Praxis werden häufig eigene Neuprodukt-Entwicklungsteams gebildet, welche die Koordination aller am Entwicklungsprozess beteiligten Funktionsbereiche übernehmen (*Backhaus* 2003, S. 362).

■ **Produkttest**: In dieser Phase wird der Prototyp eines marktreifen Produkts getestet. In der Regel erfolgt eine Reihe technisch-funktionaler Tests und anschließend wird ein Markttest durchgeführt. Erstgenannte Tests dienen der Überprüfung des Produkts hinsichtlich funktionaler und/oder technischer Mängel. Sofern diese Tests erfolgreich verlaufen sind bzw. aufgetretene Schwächen behoben wurden, erfolgt ein Probeverkauf des Produkts unter kontrollierten Bedingungen in einem abgegrenzten Teilmarkt, um die Notwendigkeit weiterer Änderungen zu prüfen (*Backhaus* 2003, S. 363f.).

■ **Produkteinführung**: Nach erfolgreicher Testphase kann das Produkt am Markt eingeführt werden. Besondere Bedeutung kommt hierbei der Art und dem Zeitpunkt der Einführung zu. Bei der Planung der Einführung sollten die Aktivitäten der Konkurrenz, die Nutzung von Economies of Scale und eine mögliche Kannibalisierungsgefahr bereits existierender Produkte berücksichtigt werden (*Schmalen/Xander* 2002, S. 441).

Gerade im Produktgeschäft, in welchem eher standardisierte Produkte vermarktet werden, ermöglicht die Entwicklung neuer, innovativer Produkte eine Differenzierung von der Konkurrenz und die Realisierung von Wettbewerbsvorteilen.

### 2.3.2.2  Produktmodifikation

Unter Produktmodifikation wird die Veränderung bzw. Weiterentwicklung eines bestehenden Produktprogramms verstanden. In diesem Zusammenhang ist zwischen den Optionen der **Produktdifferenzierung** und der **Produktvariation** zu unterscheiden.

Maßnahmen der **Produktdifferenzierung** zielen darauf ab, ein Produkt durch das zeitlich parallele Angebot mehrerer Produktvarianten auf die Bedürfnisse unterschiedlicher Zielgruppen abzustimmen. Somit wird ein bereits im Markt eingeführtes Produkt durch Veränderungen einzelner Produktelemente variiert und diese Mutationen zusätzlich zum bestehenden Programm angeboten (*Meffert* 2000, S. 439). In der Praxis bezieht sich die Differenzierung häufig nicht auf das Kernprodukt, sondern erfolgt über andere Elemente wie beispielsweise Dienstleistungen. Hat sich bei einem Produkt bereits ein allgemeiner Standard herausgebildet und besteht keine Möglichkeit, sich technologisch zu differenzieren, so sind Dienstleistungen oftmals die einzige Möglichkeit, Mehrwert für den Kunden zu generieren (*Backhaus* 2003, S. 365ff.). Bei der Differenzierung durch Dienstleistungen geht es allerdings nicht nur um das Anbieten zusätzlicher Serviceleistungen, sondern auch um die Differenzierung durch Mitarbeiter. Beispielsweise kann die Qualität der Kaufberatung als Differenzierungskriterium eingesetzt werden (*Büschken/von Thaden* 2002, S. 604).

Bei der **Produktvariation** handelt es sich um die Veränderung von Produkten, die bereits im Markt eingeführt sind. Im Gegensatz zur Produktdifferenzierung werden also nicht zusätzliche Varianten eines Produkts auf den Markt gebracht, sondern das Produkt maßgeblich verändert, wobei nach der Variation die alte Version des Produkts vom Markt verschwindet (*Backhaus* 2003, S. 373). Die Produktvariation bietet sich immer dann an, wenn das ursprüngliche Produkt nicht mehr den gewünschten Erfolg am Markt erbringt. Folgende Gründe sind denkbar (*Büschken/von Thaden* 2002, S. 596):

- **Anspruchsänderungen der Nachfrager**: Die Bedürfnisse von Kunden können sich im Zeitablauf ändern. In der Regel werden die Nachfrager, insbesondere aufgrund einer Überangebots-Situation, immer anspruchsvoller und zwingen dadurch die Hersteller zu kontinuierlicher Verbesserung.

- **Technischer Fortschritt**: Technologische Entwicklungen können dazu führen, dass ein Produkt nicht mehr den gängigen technischen Ansprüchen entspricht und somit eine Produktverbesserung notwendig wird.

- **Rechtliche Änderungen**: Auch die Änderung von gesetzlichen Bestimmungen, denen ein Produkt genügen muss, kann Ausgangspunkt für eine Produktvariation sein.

- **Konkurrenzaktivitäten**: Kommt die Konkurrenz mit einem ähnlichen oder sogar besseren Produkt auf den Markt, gilt es das Produkt so zu verändern, dass es dem Vergleich mit der Konkurrenz wieder standhalten kann.

## 2.3.2.3 Produktelimination

Eine der schwierigsten produktpolitischen Entscheidungen betrifft die Produktelimination. Bei fortgeschrittenem Produktlebenszyklus und nicht vorgesehener bzw. bereits erfolgter Produktvariation kann es notwenig werden, ein Produkt vom Markt zu nehmen. In der Praxis des Produktgeschäfts wird die Elimination von Produkten häufig nicht konsequent genug betrieben, wodurch es aufgrund der dann gegebenen, kaum mehr überschaubaren Variantenvielfalt zu einer Verzettelung in den Marketingaktivitäten kommt. Die rechtzeitige Elimination schwacher Produkte hingegen kann wesentlich zum Markterfolg beitragen. Mögliche Verluste können frühzeitig abgewendet und Marketingaktivitäten auf erfolgsträchtige Produkte fokussiert werden (*Backhaus* 2003, S. 374f.).

Die Elimination von Produkten gehört planmäßig vorbereitet und behutsam durchgeführt, um gewachsene Geschäftsbeziehungen nicht zu gefährden (*Richter* 2001, S. 184). *Kotler* (2000, S. 359f.) empfiehlt die folgende mehrstufige Vorgehensweise bei der Produktelimination:

■ **Zusammenstellung eines Produktüberprüfungs-Komitees**: Es wird ein Komitee mit Vertretern aus den Bereichen Marketing, Produktion und Controlling zusammengestellt, welches die Aufgabe übertragen bekommt, alle schwachen Produkte in periodischen Abständen zu überprüfen.

■ **Festlegung von Zielen und Verfahren**: Das Komitee wird einberufen und legt Ziele und Verfahren für die Überprüfung schwacher Produkte fest. Zu entwickeln sind Indikatoren, anhand derer mit hoher Wahrscheinlichkeit bestimmt werden kann, ob die Elimination eines Produkts angebracht ist.

■ **Datensammlung**: Es werden laufend alle Daten gesammelt, die sich auf die ermittelten Indikatoren beziehen.

■ **Entscheidung**: Auf Basis der gesammelten Daten werden in regelmäßigen Abständen jene Produkte identifiziert, deren weiterer Verbleib im Produktportfolio angezweifelt werden muss. Die für diese Produkte zuständigen Produktmanager müssen eine Stellungnahme abgeben, wie sich ihrer Meinung nach Umsatz und Gewinn entwickeln werden, wenn alternativ das gegenwärtige Marketingprogramm beibehalten oder aber adaptiert wird. Das Produktüberprüfungs-Komitee entscheidet dann anhand dieser Einschätzungen, ob die Produkte wie bisher geführt, mit einer veränderten Marketingstrategie weitergeführt oder aber eliminiert werden.

Anzumerken ist, dass es die nachhaltige Sicherung des Markterfolgs unerlässlich macht, Eliminationsentscheidungen nicht bis zum Auftreten von Krisensituationen aufzuschieben, da die dann notwendigen Korrekturen erheblich schwieriger und häufig auch teurer werden (*Kotler* 2000, S. 359).

## 2.4    Distributionspolitik

Jeder Anbieter muss sich Gedanken darüber machen, wie seine Produkte den Nachfragern zugänglich gemacht werden sollen. Mit dem Prozess der Leistungsweitergabe an den Kunden befasst sich die Distributionspolitik, in deren Rahmen beispielsweise Entscheidungen hinsichtlich der Absatzkanalwahl, der Lagerhaltung, der Sicherstellung der Lieferzeit, des physischen Transports sowie der Rechnungslegung zu treffen sind. Die Funktionen der Distributionspolitik lassen sich letztlich auf zwei grundlegende Aspekte reduzieren, die **akquisitorische Distribution** und die **physische Distribution** (*Backhaus* 2003, S. 376f.).

## 2.4.1 Akquisitorische Distribution

### 2.4.1.1 Alternative Absatzkanäle

Unter der akquisitorischen Funktion der Distributionspolitik werden alle Entscheidungen hinsichtlich des Managements der Absatzkanäle subsumiert. *Abbildung 2-3* illustriert die verschiedenen Absatzkanal-Alternativen, die von einem Anbieter entweder alleine oder in Kombination eingesetzt werden können.

*Abbildung 2-3:*    *Alternative Absatzkanäle (Backhaus 2003, S. 377)*

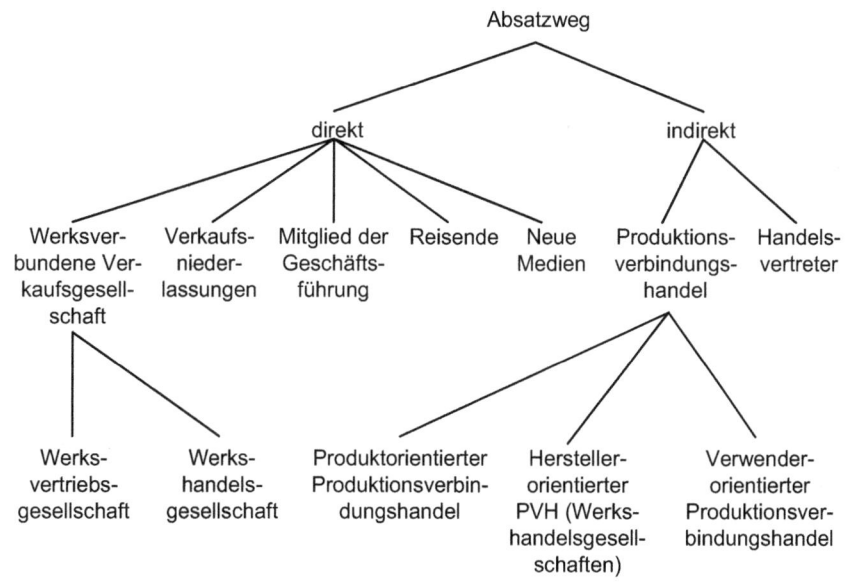

Von einem **direkten Absatzweg** spricht man, wenn es einen unmittelbaren Geschäftskontakt zwischen Anbieter und Nachfrager gibt. Ein **indirekter Absatzweg** hingegen liegt dann vor, wenn zwischen Anbieter und Nachfrager kein direkter Kontakt besteht, sondern das Produkt über rechtlich selbstständige Absatzmittler vertrieben wird (*Richter* 2001, S. 201).

Die Entscheidung, ob ein direkter oder indirekter Absatzweg zu wählen ist, muss auf Basis qualitativer und quantitativer Aspekte getroffen werden. Beispielsweise sind Produkteigenschaften, anfallende Kosten und erzielbare Gewinne ins Kalkül zu ziehen und der Entscheidung zugrunde zu legen. Im Business-to-Business-Bereich findet sich der direkte Vertrieb hauptsächlich bei Produkten mit hoher Spezifität und Erklärungsbedürftigkeit, eine Voraussetzung, die in der Regel im Produktgeschäft nicht gegeben ist. Daher sind in diesem Geschäftstyp eher indirekte Absatzwege anzutreffen.

### 2.4.1.2 Persönlicher Verkauf

Unabhängig von der Absatzkanalentscheidung ist es sowohl bei direktem als auch indirektem Vertrieb von besonderer Bedeutung, **Personal Selling** zu betreiben. In Business-to-Business-Märkten kann häufig gerade die persönliche Beziehung zwischen Käufer und Anbieter einen Wettbewerbsvorteil darstellen. Die zentralen **Aufgaben des persönlichen Verkaufs** sind folgende (*Meffert* 2000, S. 896ff.):

■ Gewinnung von Informationen über die Kunden (Auffinden potenzieller Kunden, Ermittlung der Kundenbedürfnisse),

■ Erlangung von Kundenaufträgen (Kontaktaufnahme, Offertabgabe, Auftragseinholung),

■ Verkaufsunterstützung (Beratung, Instruktion, Warenpräsentation) und

■ Einstellungs- und Imagebildung (Kontakt- und Verhandlungsstil, Informationsverhalten, Aufbau persönlicher Beziehungen).

Hinsichtlich der Organisation des persönlichen Verkaufs stehen einem Anbieter verschiedene Möglichkeiten offen (*Kotler* 2000, S. 690):

■ **Territorial organisierte Struktur:** Diese Form der Verkaufsorganisation ist in der Praxis sehr häufig anzutreffen. Jedem Verkäufer wird ein fix abgegrenztes Verkaufsgebiet zugeteilt. Durch diese klare räumliche Abgrenzung des Verantwortungsbereichs ergeben sich zwei Vorteile. Zum einen führt die direkte Zurechenbarkeit der Ergebnisse zu einer Steigerung der Motivation der Mitarbeiter und zum anderen können die Reisekosten relativ gering gehalten werden.

■ **Produktorientierte Struktur:** Diese Organisationsform wird vorwiegend bei Produkten eingesetzt, die beim Verkauf detaillierte Produktkenntnisse erfordern. Es erfolgt eine Gliederung der Verkaufsverantwortung nach einzelnen Produkten oder Produktlinien.

■ **Kundenorientierte Struktur:** Bei diesem Ansatz orientiert sich die Organisation des Verkaufspersonals an der Nachfragerstruktur. Die Verkäufer werden beispielsweise nach Branchen, Großkunden oder Neukunden aufgeteilt.

■ **Kombinierte Strukturen:** Es besteht auch die Möglichkeit, mehrere der genannten Prinzipien gleichzeitig zur Organisation des persönlichen Verkaufs einzusetzen.

Verkäufer können beispielsweise nach Verkaufsgebieten und Produkten, Verkaufs-gebieten und Kunden und Produkten und Kunden eingesetzt werden.

Insgesamt betrachtet umfasst der persönliche Verkauf eine Vielzahl an Entscheidungs-tatbeständen, die in *Abbildung 2-4* im Überblick dargestellt sind.

---

**Abbildung 2-4:** *Entscheidungstatbestände beim persönlichen Verkauf (Backhaus 2003, S. 390)*

---

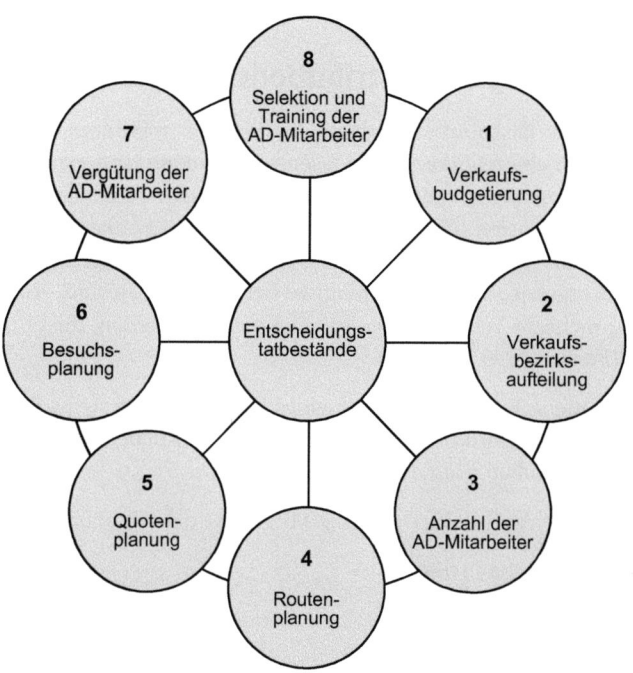

## 2.4.2 Physische Distribution

Neben der Auswahl geeigneter Absatzkanäle sind im Rahmen der Distributionspolitik auch Entscheidungen hinsichtlich der physischen Distribution bzw. der Marketinglo-gistik zu treffen. Dieser Teilaspekt der Distributionspolitik umfasst alle Funktionen, die darauf ausgerichtet sind, das Produkt dem Kunden zum richtigen Zeitpunkt, in der richtigen Menge und am richtigen Ort bereitzustellen. Im Vordergrund steht somit die Gestaltung des Lieferservices und des dazu benötigten Logistiksystems.

Der **Lieferservicegrad** bestimmt sich durch verschiedene Servicekomponenten wie die Lieferzeit (Zeit vom Eingang der Bestellung bis zur Auslieferung), die Liefertreue (Einhaltung der vereinbarten Lieferzeit) und die Liefergenauigkeit (Lieferung der Produkte in der gewünschten Art und Menge) (*Kotler* 2000, S. 588ff.).

Das **Logistiksystem** umfasst alle Prozesse der Raum- und Zeitüberbrückung, die zur Erfüllung des Lieferservices benötigt werden. Hierzu gehören Aktivitäten wie die Auftragsabwicklung, die Lagerung, das Verpacken und das Transportieren (*Backhaus* 2003, S. 401).

## 2.4.3 Gestaltung des Distributionssystems

Der Gestaltung des Distributionssystems kommt aus mehreren Gründen zentrale Bedeutung zu. Zum einen wirken Vertriebsentscheidungen tendenziell langfristig und sind daher kurzfristig nur schwer reversibel, was bei einer Fehlentscheidung zu ineffizienten Vertriebsstrukturen führen könnte. Zum anderen können sich im Verlauf des Produktlebenszyklus neue Anforderungen hinsichtlich der Vertriebswege und des Logistiksystems ergeben, die entsprechend zu berücksichtigen sind. Nicht zuletzt aber müssen häufig mehrere Vertriebswege parallel verfolgt werden, die effizient zu koordinieren sind (*Backhaus* 2003, S. 402f.).

Im Hinblick auf die optimale Gestaltung eines Distributionssystems ist es notwendig, die benötigten Vertriebsfunktionen den folgenden Merkmalen der einzelnen Absatzkanäle gegenüberzustellen (*Ahlert* 1996, S. 174):

- Grad der Funktionserfüllung durch die Mitglieder des Absatzkanals,

- absatzkanalspezifische Erträge,

- absatzkanalspezifische Kosten der Kapitalbindung,

- Absatzsicherung in der Zukunft,

- Marktpräsenz der Distributionsobjekte,

- Image des Absatzkanals,

- Flexibilität des Absatzkanals und

- Beeinflussbarkeit des Absatzkanals.

Ein adäquater Absatzkanal bzw. eine adäquate Absatzkanal-Kombination definiert sich hierbei darüber, dass die Ausprägungen der genannten Merkmale in möglichst hohem Ausmaß die Realisierung der gewünschten Vertriebsfunktionen ermöglichen. Werden parallel Überlegungen zur Marketinglogistik angestellt, so ermöglicht diese Vorgehensweise eine Optimierung des Distributionssystems.

## 2.5 Kommunikationspolitik

Neben der inhaltlichen Gestaltung des Leistungsangebots und der Festlegung des Distributionssystems ist es für die erfolgreiche Vermarktung von Produkten unabdingbar, die vorhandenen Leistungspotenziale an die Nachfrager zu kommunizieren. Das Ziel der Kommunikationspolitik besteht darin, die **Qualitätsdimension des Leistungsangebots** im Wahrnehmungsraum der Nachfrager zu verankern, da diese ihre Kaufentscheidung auf Grundlage der Preis-Qualitäts-Relation eines Produkts im Konkurrenzvergleich treffen (*Backhaus* 2003, S. 405).

Da im Produktgeschäft keine ex post-Unsicherheit gegeben ist und durch einen Kauf keinerlei Bindung hinsichtlich weiterer Transaktionen bewirkt wird, beschränkt sich die Aufgabe der Kommunikationspolitik auf die effiziente und effektive **Informationsbereitstellung vor der Kaufentscheidung** mit dem Ziel der **Unsicherheitsreduktion**. Das Fehlen einer Bindungswirkung mit Blick auf Folgegeschäfte und die damit gegebene Gefahr, dass Kunden bei Unzufriedenheit auf ein anderes Leistungsangebot umsteigen, führt für einen Anbieter zu einem erhöhten Druck, effiziente Preis-Leistungs-Verhältnisse zu gewährleisten und diese vor dem Hintergrund von Informationsintransparenz auch entsprechend zu kommunizieren. Für diese Kommunikationsaufgabe steht eine Vielzahl von Instrumenten zur Verfügung, die je nach zugrunde liegender Zielsetzung eingesetzt und inhaltlich ausgestaltet werden können.

### 2.5.1 Markenpolitik

Der Markenpolitik kommt im Produktgeschäft eine besondere Rolle zu. Zentrale Funktion einer Marke ist es, einen **Mehrwert** sowohl für den Anbieter als auch für den Nachfrager zu generieren. Für den Nachfrager übernimmt die Marke eine Orientierungsfunktion, reduziert die Qualitätsunsicherheit und schafft ein emotionales Erlebnis. Für den Anbieter ergibt sich der Markenmehrwert entweder als Preispremium oder in Form eines Mengenvorteils bei Preisgleichheit.

Die Entscheidung für oder gegen den Aufbau und die Entwicklung von Marken ist vor dem Hintergrund entsprechender Kosten von strategischer Bedeutung. Daher sollte von vornherein das Vorhandensein eines **Markenbildungspotenzials** geprüft werden. Die Analyse des vorhandenen Potenzials erfolgt einerseits auf Basis leistungsspezifischer Faktoren wie beispielsweise der Differenzierbarkeit der Leistung und andererseits spielen marktteilnehmerbezogene Faktoren wie z. B. die Größe der Zielgruppe und das Abnehmerpotenzial eine Rolle (*Backhaus* 2003, S. 406ff.).

## 2.5.2 Öffentlichkeitsarbeit

Öffentlichkeitsarbeit wird als Kommunikationsinstrument definiert, das die Planung, Organisation, Durchführung sowie Kontrolle aller Aktivitäten eines Unternehmens beinhaltet, um bei ausgewählten Zielgruppen um Verständnis und Vertrauen zu werben und damit gleichzeitig auch die Ziele der Unternehmenskommunikation zu erreichen (*Bruhn* 1997, S. 545). Die am häufigsten eingesetzten Instrumente der Öffentlichkeitsarbeit sind Presseaussendungen, Pressekonferenzen, Interviews, die Durchführung von Events und das Sponsoring (*Fill* 1999, S. 437f.).

## 2.5.3 Werbung

Unter dem Begriff (Media-)Werbung versteht man den Transport und die Verbreitung werblicher Informationen über die Belegung von Werbeträgern mit Werbemitteln im Umfeld öffentlicher Kommunikation gegen ein leistungsbezogenes Entgelt (*Bruhn* 1997, S. 181). Mittels Werbung werden primär folgende Ziele verfolgt (*Godefroid* 2003, S. 329f.):

- Bekanntmachung von Leistungsangeboten und Problemlösungen,

- Information über deren Funktion und Einsatzmöglichkeiten und

- Unterstützung der Absatzmöglichkeiten.

Die einzelnen Werbeziele müssen immer von den Marketing-Oberzielen abgeleitet werden und lassen sich in drei Kategorien gliedern. Unterschieden werden affektive (Gefühle betreffend), kognitive (Kenntnisse betreffend) und konative (Handlungen betreffende) Werbeziele (*Backhaus* 2003, S. 429f.). Aufgrund der Rationalität von Beschaffungsentscheidungen in Business-to-Business-Märkten kommt den affektiven Werbezielen eine eher untergeordnete Rolle zu, der Schwerpunkt liegt bei der **Informationsvermittlung**, also im Bereich kognitiver Werbeziele. Bei der operativen Realisierung der Werbeziele müssen Entscheidungen hinsichtlich der anzusprechenden Zielgruppen, der Werbebotschaft, der Mediaselektion und des Werbebudgets getroffen werden. Den jeweiligen Zielen sollten immer messbare Größen zugeordnet werden. Denn nur dann lässt sich eine Werbeerfolgsmessung durchführen und feststellen, welche der Werbeziele auch tatsächlich erreicht werden konnten.

Bei der **Bestimmung von Werbezielgruppen** sollte zweistufig vorgegangen werden. Im Rahmen einer **Makro-Segmentierung** werden zunächst relevante Zielgruppen auf Basis der Charakteristika der beschaffenden Organisationen definiert. Anschließend erfolgt eine **Mikro-Segmentierung** anhand verhaltensrelevanter Kriterien des Buying Centers (*Backhaus* 2003, S. 431).

Basierend auf den zielgruppenspezifischen Werbezielen ist die **Werbebotschaft** zu gestalten. Mit der Festlegung der Werbebotschaft eng verbunden sind Überlegungen zur **Auswahl geeigneter Medien**. Die Art und Weise, wie die Werbebotschaft an die Zielgruppe kommuniziert wird, variiert je nach Medientyp. So verfügen manche Medien über mehrere Kommunikationsdimensionen, wodurch die Werbebotschaft beispielsweise durch den Einsatz von Bild und Ton vermittelt werden kann. Nicht jedes Werbemedium ist für die Kommunikation in Business-to-Business-Märkten gleich gut geeignet. Massenmedien wie Fernsehen oder Hörfunk, die sich an eine breite Öffentlichkeit wenden, sind für die Ansprache der Zielgruppe „Unternehmen" ungeeignet. Spezialisierte Fachzeitschriften oder die Direktkommunikation mit der Zielgruppe versprechen hier mehr Erfolg.

## 2.5.4 Verkaufsförderung

Verkaufsförderung kann definiert werden als Analyse, Planung, Durchführung und Kontrolle zeitlich meist begrenzter Aktionen mit der Absicht, auf nachgelagerten Vertriebsstufen durch zusätzliche Anreize Kommunikationsziele zu erreichen (*Bruhn* 1997, S. 388). Häufig eingesetzte Instrumente der Verkaufsförderung in Business-to-Business-Märkten sind beispielsweise Werbegeschenke und die Bereitstellung von Verkaufshilfen wie elektronischen Produktkatalogen und Preiskonfiguratoren (*Godefroid* 2003, S. 335ff.; *Backhaus* 2003, S. 441f.).

## 2.5.5 Messen

Eine weitere Möglichkeit zur Kommunikation des Leistungsangebots liegt in der Präsenz auf Messen. Der große Vorteil ist darin zu sehen, dass bei den Besuchern einer Messe bereits spezifisches Interesse vorhanden ist und darüber hinaus dem erhöhten Bedarf an Informationsvermittlung in Business-to-Business-Märkten Rechnung getragen werden kann.

# 2.6 Preis- und Konditionenpolitik

Im Rahmen der Preis- und Konditionenpolitik erfolgt die Festlegung der Entgeltforderung für ein Leistungsangebot. Die Preis- und Konditionenpolitik eines Unternehmens kann nie isoliert betrachtet werden, sondern steht immer im Zusammenhang mit der Produktpolitik, da der Kunde seine Kaufentscheidung nicht allein auf Basis des Preises, sondern immer auf Basis des wahrgenommenen Preis-Leistungs-Verhältnisses fällt (*Backhaus* 2003, S. 455).

Gerade im Produktgeschäft erweist sich die Preis- und Konditionenpolitik als besonders herausfordernd. Das Leistungsangebot besteht aus relativ standardisierten Produkten, deren Leistungskomponenten in der Regel gut messbar sind, und die Kaufentscheidung ist meist durch vorwiegend rationale Argumente geprägt. Häufig beruht der Kauf eines Produkts auf einer intensiven Informationssuche und einer umfassenden Bewertung aller Alternativen. Darüber hinaus spielen auch die Merkmale des beschaffenden Unternehmens, wie die Risikobereitschaft der Entscheidungsträger oder die Charakteristika der Mitglieder des Buying Centers, eine maßgebliche Rolle bei der Kaufentscheidung (*Backhaus* 2003, S. 456). Vor diesem Hintergrund lassen sich folgende zentrale Aufgaben eines Anbieters im Rahmen der Preis- und Konditionenpolitik formulieren:

- Bestimmung des optimalen Preises und

- Gestaltung der Struktur des zu zahlenden Preises durch Festlegung preismodifizierender Konditionen.

Das Finden eines optimalen Preises stellt die schwierigste Aufgabe im Rahmen der Preispolitik dar. Wird ein zu hoher Preis verlangt, riskiert man, dass der Kunde ein günstigeres Konkurrenzprodukt erwirbt, wird der Preis zu niedrig angesetzt, verschenkt man Erträge.

## 2.6.1 Methoden der Preisfindung

Zur Preisfindung können folgende Verfahren eingesetzt werden:

- **Kostenorientierte Ansätze**: Diese Verfahren werden auch Kalkulationsverfahren genannt und bauen auf der traditionellen Kostenträgerrechnung auf. Die Basis der Preisbestimmung stellt die ermittelte Preisuntergrenze dar, die den Selbstkosten eines Unternehmens entspricht. Die eigentliche Festlegung des Preises beruht auf dem Prinzip eines prozentualen Gewinnzuschlags auf die Selbstkosten (*Diller* 2000, S. 217; *Simon* 1995, S. 14).

- **Nachfrageorientierte Ansätze**: Diese Preisfindungsmethoden orientieren sich an der am Markt vorherrschenden Nachfrage. Besondere Bedeutung kommt hierbei der Kenntnis der Preis-Absatz-Funktion des Leistungsangebots zu. In der Praxis erweist sich deren Ermittlung häufig als schwierig, da die vielfältigen Zusammenhänge zwischen Preis und Absatzmenge nicht ohne weiteres in eine funktionale Beziehung zu setzen sind (*Becker* 2006, S. 518ff.; *Backhaus* 2003, S. 466).

- **Konkurrenzorientierte Ansätze**: Hier werden die Preise der Wettbewerber und deren Preis-Leistungs-Verhältnisse in das eigene Kalkül miteinbezogen. Die Orientierung an der Konkurrenz ist in der Regel durch eine wettbewerbsbezogene Leitpreisorientierung gekennzeichnet. Der Anbieter verzichtet auf eine autonome Preisfestsetzung und richtet sich nach dem Preisführer. Die Orientierung am Preisführer bedeutet jedoch nicht automatisch, dass der gleiche Preis gewählt wird, sondern dass auch angepasstes Preisverhalten, etwa durch Preisüber- oder -unterbietung, praktiziert werden kann (*Becker* 2006, S. 522f.).

■ **Nutzenorientierte Ansätze**: Ausgangspunkt dieser Methoden der Preisfindung ist das vom Kunden wahrgenommene Preis-Leistungs-Verhältnis. Preise werden vom Nachfrager nie isoliert betrachtet, sondern immer in Relation zum generierbaren Nutzen gesetzt. Bei jeder Kaufentscheidung stellt der Kunde den zu zahlenden Preis dem erwarteten Nutzen gegenüber und entscheidet sich dann für jenes Leistungsangebot, das den höchsten Nettonutzen (= Nutzen – Preis) aufweist (*Simon* 1992, S. 4). Die zentrale Frage bei diesem Preisfindungsansatz lautet somit, wie viel dem Kunden das Produkt wert ist. Zur Bestimmung des nutzenorientierten Preises werden mittels verschiedener Methoden die Nutzenerwartungen und Wertvorstellungen des Kunden ermittelt und darauf aufbauend der Preis festgesetzt.

## 2.6.2 Gestaltung der Struktur des zu zahlenden Preises

Nach der Preisfindung ist die Frage zu klären, welche Struktur des zu zahlenden Preises gegenüber den Nachfragern kommuniziert werden soll. Hierbei wird häufig ein Angebot nicht unmittelbar auf Basis des ermittelten Preises formuliert, sondern es werden unter Maßgabe der Realisierung dieses Preises ausgehend von einem Basispreis Konditionen formuliert, welche diesen Basispreis zugunsten des Kunden modifizieren. Im Rahmen der Konditionenpolitik können insbesondere folgende Instrumente eingesetzt werden:

■ **Gewährung von Rabatten**: Preisnachlässe in Form von Rabatten haben primär preisoptischen Charakter. So lassen sich zum Beispiel relativ hohe Listenpreise mit hohen Preisnachlässen koppeln. Aus der Vielzahl möglicher Rabattsysteme weisen **Mengenrabatte** im Produktgeschäft die höchste Bedeutung auf. Durch die Gewährung eines Preisnachlasses ab einer bestimmten Absatzmenge versucht ein Anbieter einen Nachfrager dazu zu veranlassen, seine nachgefragte Menge innerhalb einer Periode auf möglichst wenige große Bestellungen zu konzentrieren. Der Vorteil für den Anbieter liegt in der Realisierung von Kostendegressionseffekten hinsichtlich Auftragsbearbeitung, Transport und Lagerung (*Backhaus* 2003, S. 470ff.).

■ **Preisbündelung**: Unter der Bündelung von Preisen versteht man die Zusammenfassung mehrerer komplementärer Leistungsangebote zu einem Leistungsbündel, für das ein Gesamtpreis verlangt wird, der im Regelfall geringer ist als die Summe der Einzelpreise. Während bei der Variante der **reinen Bündelung** ausschließlich das Leistungsbündel verkauft wird, kommt es bei der **gemischten Bündelung** sowohl zum Angebot des Leistungsbündels als auch der Einzelleistungen (*Simon* 1992, S. 444).

◼ **Nachfragerbündelung**: Dieses Instrument bezieht sich auf die anbieterseitig initiierte Bündelung der Nachfrage mehrerer Unternehmen, die gegenüber dem Anbieter wie ein Nachfrager auftreten und im Vergleich zum Individualkauf dafür einen günstigeren Preis erhalten. Für den Anbieter ist mit der Nachfragerbündelung zwar auf den ersten Blick der Nachteil verbunden, dass ein geringerer Preis pro Mengeneinheit realisiert wird, jedoch ergeben sich auch erhebliche Vorteile. So können beispielsweise durch den mit der Nachfragerbündelung verbundenen Preisvorteil häufig Kunden gewonnen werden, die ansonsten bei der Konkurrenz kaufen würden (*Backhaus* 2003, S. 477).

# 3    Anlagengeschäft

## 3.1    Merkmale des Anlagengeschäfts

### 3.1.1    Fokus Einzelkunde

Im Gegensatz zum Produktgeschäft vollzieht sich im Anlagengeschäft anbieterseitig ein Perspektivenwechsel weg von der Betrachtung eines anonymen Markts hin zum Einzelkunden. Adressat der Marketingmaßnahmen des Anbieters sind wenige einzelne Kunden. Bei den Leistungen, die im Anlagengeschäft vermarktet werden, handelt es sich um kundenindividuelle Leistungspakete, die großteils in Einzel- und Kleinserienfertigung erstellt und beim Kunden montiert werden. Im Unterschied zum Produkt- und Systemgeschäft erfolgt der Vermarktungsprozess in zeitlichem Vorlauf zum Herstellungsprozess, da die Individualität und Spezifität der Leistung eine vor der Vermarktung liegende Fertigung unmöglich machen. Somit werden erst auf Basis der vom Kunden formulierten Wünsche die entsprechenden Prozesse in der Wertkette des Herstellers in Gang gesetzt (*Backhaus* 2003, S. 481). Die Individualität der Leistung bedingt, dass ein Verkauf an einen anderen Kunden extrem erschwert wird, wodurch eine anbieterseitige Quasirente entsteht (*Richter* 2001, S. 123).

### 3.1.2    Kein Kaufverbund

Bei den im Anlagengeschäft in Form von komplexen Projekten vermarkteten Leistungen handelt es sich häufig um großindustrielle Anlagen wie z. B. Raffinerien und Walzwerke sowie um Infrastruktureinrichtungen, beispielsweise in den Bereichen Energie, Verkehr, Telekommunikation und Wasserversorgung (*Backhaus* 2003, S. 481). Der Kunde fällt seine Kaufentscheidung projektbezogen und bestimmt damit die jeweilige Spezifikation der zu erstellenden Anlage. Die Realisierung eines Projekts erstreckt sich meist über einen längeren Zeitraum und in der Regel finden nach erfolg-reichem Abschluss keine Erweiterungs- und Ergänzungskäufe statt (*Pepels* 1999, S. 167). Es handelt sich demnach um Leistungen, die keinen zeitlichen Kaufverbund zu Folgeleistungen aufweisen. Durch eine einmal erfolgte Transaktion werden somit keine weiteren Kaufprozesse auf Seiten des Nachfragers determiniert (*Backhaus* 2003, S. 481).

# 3.2   Phasenspezifische Marketingentscheidungen

Aus den genannten Merkmalen des Anlagengeschäfts ergeben sich die folgenden marketingrelevanten Besonderheiten (*Backhaus* 2003, S. 483f.; *Pepels* 1999, S. 167f.):

- **Auftrags-(Einzel-)fertigung**: Da es sich im Anlagengeschäft um kundenindividuel-le Leistungen handelt, erfolgt die Festlegung der Art und des Umfangs der Leis-tung erst im Rahmen des Akquisitionsprozesses. Damit liegt die Vermarktung der Leistung vor ihrer Herstellung. Unterschiedliche Projekte sind daher auch kaum vergleichbar, weshalb sich der Vermarktungsprozess durch eine erhöhte Interakti-onsintensität zwischen Anbieter und Nachfrager auszeichnet.

- **Variabilität des Lieferumfangs und des Auftragsinhalts**: Der Auftragsinhalt so-wie der Lieferumfang können sich während der gesamten Akquisitionsphase und auch noch in der Projektabwicklungsphase im Zuge von Verhandlungen zwischen Anbieter und Nachfrager ändern. Dieses Planungsrisiko bringt besondere Ent-scheidungsprobleme mit sich.

- **Know-how-Gefälle**: Aufgrund des fehlenden zeitlichen Kaufverbunds ist es dem Nachfrager im Anlagengeschäft nicht möglich, produktspezifisches Know-how aufzubauen. Daraus resultiert ein Know-how-Gefälle, welches nachfragerseitig häufig durch das Einschalten von Consulting Engineers zu verringern versucht wird. Dadurch ändert sich wiederum das Buying Center und sein Nachfragerver-halten.

- **Kooperative Anbietergemeinschaften**: Da die im Anlagengeschäft vermarkteten Leistungen meist durch hohe technische Komplexität gekennzeichnet sind, ist in vielen Fällen ein einzelner Anbieter aus Kapazitätsgründen oder aufgrund man-gelnder Spezialisierung nicht im Stande, alle Leistungen alleine zu erbringen. Da-her schließen sich häufig mehrere Unternehmen zu einer Anbietergemeinschaft zusammen.

Insgesamt wird deutlich, dass sich im Anlagengeschäft der Vermarktungsprozess aufgrund seiner Komplexität über einen **längeren Zeitraum** erstreckt. Hierbei lassen sich klar unterscheidbare **Phasen** bestimmen, in denen **unterschiedliche Marketing-entscheidungen** zu treffen sind. Diese Phasen sind die Voranfragephase, die Ange-

*Thomas Werani / Claudia Prem*

botserstellungsphase, die Kundenverhandlungsphase und die Projektabwicklungs- und Gewährleistungsphase, welche nachfolgend näher betrachtet werden.

## 3.2.1 Voranfragephase

In der Voranfragephase zielen die Marketingbemühungen des Anbieters darauf ab, von einem Kunden einen konkreten Projektauftrag zu erhalten. Dabei kann entweder ein passives oder ein aktives Akquisitionsverhalten gewählt werden (*Backhaus* 2003, S. 490).

**Passives Akquisitionsverhalten** bedeutet, dass nicht aktiv auf potenzielle Kunden zugegangen wird; es werden lediglich eingehende Anfragen entgegengenommen und bearbeitet. Dieses Vorgehen ist allerdings nicht für das gesamte Anlagengeschäft zu empfehlen, sondern vorwiegend für das Großanlagengeschäft, da sich dieser Bereich durch eine vergleichsweise hohe Markttransparenz, d. h. wenige Anbieter und Nachfrager, auszeichnet (*Pepels* 1999, S. 168).

Darüber hinaus ist passives Akquisitionsverhalten nur dann sinnvoll, wenn davon ausgegangen werden kann, dass der Zeitpunkt, zu dem der Anbieter von dem geplanten Projekt erfährt, für den absatzpolitischen Erfolg unerheblich ist und anbieterseitige Maßnahmen zur Bedarfsweckung nicht wirksam sind (*Backhaus* 2003, S. 491).

Durch ein **aktives Akquisitionsverhalten** wir das Ziel verfolgt, beim potenziellen Kunden das Erkennen von Problemen zu erreichen, die der Anbieter zu lösen in der Lage ist. Grundsätzlich können hier alle Instrumente des Kommunikations-Mix zur Stimulierung des Bedarfs eingesetzt werden, wobei es aufgrund der Charakteristika des Anlagengeschäfts nahe liegend ist, dass vorwiegend zielgruppenadäquate Kommunikationsinstrumente wie die Teilnahme an Messen und Einschaltungen in Fachzeitschriften zum Einsatz kommen (*Pepels* 1999, S. 168; *Backhaus* 2003, S. 491f.).

## 3.2.2 Angebotserstellungsphase

Mit dem Eingang einer Anfrage beim Anbieter beginnt die Angebotserstellungsphase. Dieser Phase kommt im gesamten Vermarktungsprozess eine besondere Rolle zu, da die hier zu treffenden Marketingentscheidungen für den weiteren Projektverlauf von erheblicher Bedeutung sind. Im ersten Schritt muss die eingegangene **Anfrage analysiert und bewertet** werden, um frühzeitig erkennen zu können, ob ein Projekt weiterverfolgt werden soll oder nicht. Bei der Anfragenbewertung wird das erwartete Auftragsergebnis der Auftragswahrscheinlichkeit sowie den Angebotskosten gegenübergestellt. In der Regel erweist sich diese Bewertung als äußerst schwierig, da in dieser Phase erst relativ vage Vorstellungen über die erforderliche Leistungserstel-

lung bestehen und die Risiken, die mit dem Projekt verbunden sind, schwer abschätz-
bar sind (*Heger* 1998, S. 72f.).

Wenn sich ein Anbieter auf Basis der Ergebnisse der Anfragenbewertung dazu entschließt, ein Angebot zu erstellen, so muss er prüfen, ob er die Leistung alleine oder
nur in Zusammenarbeit mit Partnern erbringen kann. Für den Fall der zumeist notwendigen Kooperation mit anderen Unternehmen stehen verschiedene **Formen der
Anbietergemeinschaft** zur Verfügung.

### 3.2.2.1 Organisationsformen der Anbietergemeinschaft

■ **Generalunternehmerschaft**: Bei der Generalunternehmerschaft bietet ein Anbieter
dem Kunden die Gesamtleistung an und vergibt dann in eigenem Namen Unter-
aufträge an weitere Lieferanten. Da zwischen Unterlieferant und Kunde kein Ver-
tragsverhältnis entsteht, haftet der Generalunternehmer im Außenverhältnis für
die Gesamtleistung. Diese Tatsache birgt Konfliktpotenzial hinsichtlich Preis- und
Kursrisiken, Zahlungs- und Haftungsbedingungen und Gewährleistungsfristen
(*Günter* 1998, S. 295f.).

■ **Offenes Konsortium**: Unter einem offenen Konsortium wird der Zusammenschluss von rechtlich selbstständigen Unternehmen zur gemeinsamen Erfüllung
eines Auftrags verstanden. Der Vertrag wird zwischen dem Kunden und der Gesamtheit der Konsortiumsmitglieder geschlossen. Aus organisatorischen Gründen
ist es oftmals sinnvoll, wenn sich das Konsortium im Außenverhältnis durch einen
Federführer vertreten lässt. Aufgrund der gesamtschuldnerischen Haftung im Außenverhältnis ist es von besonderer Bedeutung, die Haftung im Innenverhältnis in
Form eines Konsortialvertrags zu regeln (*Günter* 1998, S. 296ff.).

■ **Stilles Konsortium**: Das stille Konsortium ist eine reine Innengesellschaft und tritt
im Außenverhältnis wie eine Generalunternehmerschaft auf. Der Vertrag über die
Gesamtleistung wird zwischen dem Kunden und dem Generalunternehmer geschlossen. Anders als bei der Generalunternehmerschaft werden die Aufträge über
zu erbringende Teilleistungen nicht an Unterlieferanten vergeben, vielmehr werden alle Teilleistungen im Rahmen eines Konsortiums erbracht. Für den Generalunternehmer ergibt sich der Vorteil, dass er im Innenverhältnis eine Haftungswei-
tergabe erreichen kann und somit jeder Konsorte für seinen eigenen Liefer- und
Leistungsanteil nach den Bedingungen des Kundenvertrags haftet (*Backhaus* 2003,
S. 517f.).

■ **Arbeitsgemeinschaft**: Die Arbeitsgemeinschaft stellt eine weitere Form des kooperativen Anbieterzusammenschlusses dar. Im Gegensatz zum eng verwandten Konsortium tritt die Arbeitsgemeinschaft als eigentlicher Leistungsträger auf und verfügt über ein eigenes, durch die Partner eingebrachtes Gesamthandvermögen. Bei

der Arbeitsgemeinschaft handelt es sich somit um ein Unternehmen auf Zeit, das als eigenständige Einheit agiert (*Günter* 1998, S. 302f.).

Neben der Wahl der Form der Anbieterorganisation hat der Anbieter im Fall einer kooperativen Leistungserbringung eine Entscheidung darüber zu treffen, mit welchen Partnern er zusammenarbeiten will und wie sich die Zusammenarbeit gestalten soll. Eine **ganzheitliche Planung des Leistungskonzepts** ist zwingende Voraussetzung für die Erarbeitung eines wettbewerbsfähigen Angebots (*Backhaus* 2003, S. 519). Darüber hinaus nehmen preispolitische Entscheidungen in der Angebotserstellungsphase einen wichtigen Stellenwert ein.

### 3.2.2.2 Preispolitik

Der Preispolitik kommt im Anlagengeschäft insofern eine besondere Rolle zu, als sich der Preisbildungsprozess nicht, wie allgemein üblich, im Dreieck zwischen Kosten, Konkurrenz und Nachfrage bewegt, sondern die **Mitanbieter als Zusatzkräfte** zu berücksichtigen sind. *Abbildung 3-1* illustriert das Kräfteverhältnis im Preisbildungsprozess für Anlagen. Während die Nachfrager und Konkurrenten in der Regel Druck ausüben, um das Preisniveau zu senken, streben die Anbieter aufgrund des Kostendrucks eine Erhöhung des Preisniveaus an. Der Druck durch Nachfrager und Konkurrenten muss jedoch nicht jeden Mitanbieter gleichermaßen betreffen. Vielmehr wird jeder Anbieter versuchen, den bestehenden Preisdruck auf die Mitanbieter abzuwälzen (*Backhaus* 2003, S. 523f.).

*Abbildung 3-1:*   *Kräfteverhältnis im Preisbildungsprozess für Anlagen (Backhaus 2003, S. 524)*

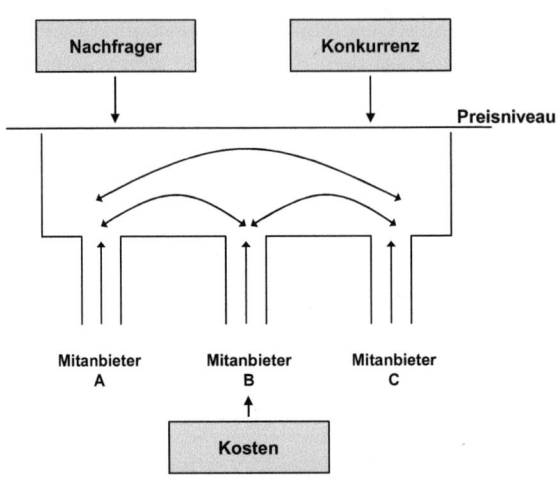

Vor dem Hintergrund des beschriebenen Kräfteverhältnisses und der spezifischen Vermarktungssituation im Anlagengeschäft ergeben sich die folgenden Problembereiche der Preispolitik:

■ **Preisfindung**: Wie im Produktgeschäft stehen grundsätzlich kosten-, nachfrage-, konkurrenz- und nutzenorientierte Verfahren der Preisfindung zur Verfügung. Da jedoch aufgrund der Individualität und Komplexität der Leistung in der Regel kein allgemeiner Marktpreis vorliegt bzw. sich ein nutzenorientierter Zugang als schwierig erweist, muss sich der Anbieter bei der Preiskalkulation vorwiegend auf **interne Informationen** stützen. Insofern erfolgt die Preiskalkulation häufig in Form eines „Cost Plus Pricing" auf Basis der prognostizierten Kosten. Anschließend müssen die individuellen Angebotskalkulationen aller Mitanbieter eines Auftrags verdichtet werden, um zu einem Gesamtpreis zu kommen (*Backhaus* 2003, S. 525ff.).

■ **Preissicherung**: Im Anlagengeschäft werden überwiegend Leistungen vermarktet, deren Fertigungsprozesse sich über längere Zeiträume erstrecken. Daraus resultieren erhebliche Preisrisiken für den Anbieter, die – sofern möglich – schon in der Angebotserstellungsphase antizipiert werden müssen. Beispielsweise kann die Fehleinschätzung von Lohn- oder Rohstoffpreissteigerungen zu einer Gewinnminderung oder sogar Verlusten führen. Daraus folgt, dass der Anbieter gemeinsam mit seinen Mitanbietern eine Lösung finden muss, wie die gegebenen Preisrisiken abgesichert werden können. Dazu stehen verschiedene Möglichkeiten wie z. B. die Vereinbarung einer offenen Abrechnung oder aber die Preissicherung durch Preisgleitklauseln zur Verfügung. Bei einer **offenen Abrechnung** liegt das Risiko einer Kostensteigerung allein beim Auftraggeber, da der endgültige Kaufpreis erst im Projektverlauf bestimmt wird. Bei den in der Praxis häufig vereinbarten **Preisgleitklauseln** wird die Fixierung des endgültigen Preises von der Entwicklung bestimmter Preisdeterminanten, wie beispielsweise Löhnen und Materialpreisen, abhängig gemacht. Die Wirkungsstärke der einzelnen Determinanten wird bereits bei Vertragsabschluss formelmäßig festgelegt (*Backhaus* 2003, S. 535ff.).

### 3.2.2.3 Finanzierung

Bereits bei der Formulierung des Angebotspreises in der Angebotserstellungsphase ist es für den Anlagenlieferanten unumgänglich, die Möglichkeit der Finanzierung des Projekts mit zu bedenken. Denn gerade bei Großprojekten kann die Beschaffung ausreichender Finanzmittel eine Schwierigkeit darstellen und die Kosten der Finanzierung sind unmittelbar preiswirksam (*Backhaus* 2003, S. 550).

Bei der **Auftragsfinanzierung** handelt es sich um die anbieterseitige Beschaffung von Finanzmitteln zur Deckung von Auszahlungsüberhängen, die aufgrund mangelnder zeitlicher und/oder betragsmäßiger Übereinstimmung von auftragsbezogenen Ein- und Auszahlungen entstehen. Gegenstand der Auftragsfinanzierung sind sämtliche

Maßnahmen, die im Rahmen der Finanzierung eines Auftrags erforderlich sind, wie beispielsweise die Auswahl und Einschaltung von Banken sowie die Beschaffung von Kreditversicherungen. Das **Financial Engineering** geht über die Auftragsfinanzierung hinaus. Bei diesem Ansatz steht die Planung und Ausarbeitung eines individuellen Finanzierungskonzepts durch die Erschließung und Kombination aller zweckadäquaten Finanzierungsalternativen im Mittelpunkt. In der Praxis des Anlagengeschäfts zeigt sich, dass oftmals jener Anbieter den Vorzug erhält, der ein solches Finanzierungskonzept vorlegen kann (*Backhaus* 2003, S. 551; *Pepels* 1999, S. 171).

Je nach Spezifität des Auftrags können unterschiedliche Finanzierungsinstrumente zum Einsatz kommen. Bei multinationalen Anbietergemeinschaften stehen dem Exporteur grundsätzlich die beiden klassischen Formen der Exportfinanzierung, das **Darlehen** und die **Forfaitierung**, zur Schließung einer auftragsspezifischen Finanzierungslücke zur Verfügung. Darüber hinaus wählen immer mehr Unternehmen im internationalen Anlagengeschäft innovative Finanzierungsformen wie z. B. die **Projektfinanzierung**, die **Kofinanzierung** durch mehrere Banken, das **Leasing** oder die Finanzierung durch **Kompensationsgeschäfte** (*Backhaus* 2003, S. 555ff.).

### 3.2.2.4 Festlegung des Lieferzeitpunkts

In der Angebotserstellungsphase des Anlagengeschäfts ist auch die Lieferzeitpolitik von erheblicher Bedeutung, da von der Fertigstellung der Anlage die Produktionsaufnahme des Abnehmers abhängt. Eine gründliche und realistische Lieferzeitplanung wird zudem deshalb zum kritischen Erfolgsfaktor, weil bei Nichteinhaltung des vereinbarten Liefertermins im Regelfall ein nicht unerhebliches Pönale anfällt (*Backhaus* 2003, S. 578). In der Praxis des Anlagengeschäfts werden daher häufig entsprechende Projektmanagement-Softwaretools eingesetzt.

## 3.2.3 Kundenverhandlungsphase

Nach der Angebotsabgabe durch den Anbieter erfolgt die Angebotsprüfung durch den Nachfrager. In der Regel nimmt dieser Verhandlungen mit ausgewählten Anbietern auf, um offene Fragen zu klären sowie Angebotsteile, über die kein Konsens besteht, zu diskutieren. **Zentrale Verhandlungspunkte** sind hierbei vor allem (*Backhaus* 2003, S. 584):

■ technische Probleme bzw. Leistungsmodifikationen,

■ Finanzierungsprobleme,

■ Preisnachlässe und Preisnachforderungen für Mehrleistungen und

■ Lieferzeitfragen.

Von besonderer Bedeutung in dieser Phase sind Verhandlungen über den **effektiven Abschlusspreis**. Der Nachfrager ist bestrebt, den Preis so weit wie möglich zu drücken, und von Seiten des Anbieters ist zu prüfen ist, inwieweit eine Preissenkung ohne Ergebniseinbußen überhaupt möglich ist. Der Anbieter befindet sich in dieser Phase in einer Art „Dilemma-Situation". Strebt er nach Gewinnmaximierung, so sinkt die Auftragswahrscheinlichkeit gegen Null, richtet sich sein Verhalten an der Auftragserlangung aus, so riskiert er, dass der Endpreis im ungünstigsten Fall unter seinen Kosten liegt. Letztlich kann die Wahl einer geeigneten Strategie nur situationsspezifisch vor dem Hintergrund individueller Zielsetzungen erfolgen (*Heger* 1984, S. 239).

Vorläufiges Ergebnis der Verhandlungen ist meist ein sogenannter **Letter of Intent**. Dabei handelt es sich um eine Absichtserklärung des Abnehmers, den Auftrag an einen bestimmten Anbieter zu vergeben, ohne dass daraus aber bereits formaljuristische Ansprüche des Anbieters entstehen (*Pepels* 1999, S. 171). Der Absichtserklärung folgt der formelle **Vertragsabschluss**, bei dem alle zentralen Punkte wie beispielsweise der Vertragsgegenstand, Termine, der Preis, Zahlungsbedingungen und die Gewährleistung vertraglich geregelt werden, um Rechtsprobleme zu vermeiden (*Widmann* 1977, S. 504ff.).

## 3.2.4 Projektabwicklungs- und Gewährleistungsphase

Mit dem Vertragsabschluss beginnt die Projektabwicklungs- und Gewährleistungsphase, die sich auf die konkrete Durchführung des Auftrags bezieht. Da jedes abgewickelte Projekt eine **Referenz** für Folgeaufträge darstellt, ist die **Sicherstellung von Kundenzufriedenheit** als oberste Prämisse zu sehen und eine **kulante Gewährleistungspolitik** zweckmäßig. In diesem Sinne sind Projektabwicklung und Gewährleistung als erste Akquisitionsbemühungen für neue Projekte zu sehen.

Die spezifische Funktion bereits abgewickelter Projekte als Referenz für die Vergabe zukünftiger Projekte ergibt sich im Anlagengeschäft daraus, dass in diesem Geschäftstyp das Nachfragerverhalten aufgrund der Projektindividualität und -komplexität durch ein besonders hohes **wahrgenommenes Risiko** geprägt ist. Referenzen jedoch, die sich auf ein gesamtes Großprojekt (**Anlagen-Referenz**), einzelne Anlagenteile (**Komponenten-Referenz**), Kenntnisse und Fertigkeiten (**Know-how-Referenz**) oder eine gegebene Anbietergemeinschaft (**Koalitions-Referenz**) beziehen können, reduzieren das vom Nachfrager wahrgenommene Risiko und stellen daher für einen Anbieter in der Regel eine unabdingbare **Präqualifikation** im Hinblick auf die Akquisition neuer Aufträge dar (*Backhaus* 2003, S. 596ff.; *Pepels* 1999, S. 173).

# 4    Systemgeschäft

## 4.1    Merkmale des Systemgeschäfts

### 4.1.1    Anonymer Markt

Im Systemgeschäft werden Leistungen vermarktet, die nicht für einen einzelnen Kunden, sondern für den anonymen Markt konzipiert werden. Demnach liegt der Fertigungs- vor dem Vermarktungsprozess. Systemkomponenten werden zwar kundenunspezifisch entwickelt, womit anbieterseitig keine Quasirente auftritt, sind jedoch in der Regel so kombinierbar, dass kundenindividuellen Anforderungen Rechnung getragen werden kann (*Richter* 2001, S. 123).

### 4.1.2    Zeitlicher Kaufverbund

Die vermarkteten Einzelleistungen des Anbieters wie Systembestandteile und Dienstleistungen stehen im Systemgeschäft in einem engen Zusammenhang, der durch die Systemarchitektur geprägt wird. Charakteristisch für das Systemgeschäft ist nun, dass der Nachfrager bereits bei seiner ersten Beschaffungsentscheidung **Folgeinvestitionen plant** und somit nachfragerseitig eine durch die Erstinvestition in eine spezifische Systemarchitektur bewirkte Quasirente auftritt, welche einen zeitlichen Kaufverbund impliziert. Tätigt der Nachfrager jedoch eine Erstinvestition, **ohne zukünftige Folgeinvestitionen** zu beabsichtigen, so handelt es sich aus Marketingsicht um eine **Vermarktung im Produktgeschäft** (*Backhaus* 2003, S. 603f.).

Interessant ist nun die Frage, warum Investitionen im Systemgeschäft nicht von vornherein zu einer ganzheitlichen Systeminvestition zusammengefasst werden. Folgende Motive können zu einem **sukzessiven Beschaffungsverhalten** führen (*Weiber* 1997, S. 295ff.):

■ **Erzwungener Systemkauf**: Beim erzwungenen Systemkauf hat der Nachfrager überhaupt nicht die Möglichkeit, das System zu einem Zeitpunkt zu erwerben, da dieses entweder noch nicht als Gesamtsystem verfügbar ist oder aber die finanziellen Mittel für einen ganzheitlichen Systemkauf nicht ausreichen.

■ **Ökonomisch begründeter Systemkauf**: Für einen Nachfrager kann es ökonomisch sinnvoll sein, ein System sukzessive zu erwerben, wenn mit dem Erwerb eines Gesamtsystems erhebliche Investitionen verbunden sind, die zu einer hohen Zinsbelastung führen, oder aber der Nutzen des Gesamtsystems noch in Frage zu stellen ist.

■ **Entscheidungskomplexitätsbegründeter Systemkauf**: Je nach technischer Beschaffenheit des nachgefragten Systems kann der Kauf eine hochkomplexe Entscheidungssituation darstellen. Daher ist es für den Nachfrager häufig vorteilhaft, das System in Teilkomponenten zu erwerben.

■ **Erwartungsbedingter Systemkauf**: Produkte, die im Systemgeschäft vermarktet werden, unterliegen teilweise starken Veränderungen innerhalb ihres Systemlebenszyklus. Häufig entwickelt der Hersteller das System laufend weiter und bringt auch Systemerweiterungen auf den Markt. Ein sukzessives Beschaffungsverhalten ermöglicht dem Nachfrager somit den Erwerb von State of the Art-Systemkomponenten.

■ **Organisationsbedingter Systemkauf**: Ein weiteres Argument für zeitlich versetzte Kaufentscheidungen können organisationsbedingte Gegebenheiten sein. Gerade bei komplexen Systemen kann eine Gesamtimplementierung enorme innerbetriebliche Anpassungsmaßnahmen sowie einen erheblichen Zeitaufwand erforderlich machen, wohingegen ein Sukzessivkauf eine schrittweise Umstellung ermöglicht.

■ **Netzeffektbeeinflusster Systemkauf**: Systeme sukzessiv zu kaufen kann auch durch den bisherigen oder zukünftig erwarteten Diffusionsverlauf eines Systems oder einer Systemart begründet sein. Denn häufig ermöglicht erst eine weitgehende Systemverbreitung die volle Ausschöpfung des Nutzenpotenzials des eigenen Systems.

Für den Nachfrager im Systemgeschäft können ein oder mehrere der genannten Motive bei seiner Kaufentscheidung wirksam werden. Bis auf den erzwungenen Systemkauf liegt die Gemeinsamkeit dieser Motive darin, dass ein sukzessiver Leistungserwerb Vorteile bringt. Die zeitlich gestaffelten Beschaffungsentscheidungen sind dabei nicht voneinander unabhängig, sondern stehen zueinander in einer durch das System bewirkten Verbindung. Diese innere Verbindung der einzelnen Transaktionen führt dazu, dass im Systemgeschäft zwischen zwei Gruppen von Kaufentscheidungen zu differenzieren ist: dem **Initialkauf** und dem **Folgekauf**. Während beim Initialkauf durch den Kauf der ersten Systemkomponente die Festlegung auf ein bestimmtes System erfolgt, werden beim Folgekauf Komponenten erworben, die in eine bestehende Systemlandschaft integriert werden. Demnach wirkt die Initialkaufentscheidung **systemgeschäftsbegründend**, während die Folgekaufentscheidung **systemerweiternden** Charakter hat (*Backhaus* 2003, S. 608f.; *Pepels* 1999, S. 162).

# 4.2    Systembindungseffekte

Durch den Initialkauf entscheidet sich der Nachfrager für ein bestimmtes System. Diese Festlegung bedingt, dass bei Folgekäufen nur noch eingeschränkte Beschaffungsalternativen zur Verfügung stehen. Die Spezifikation eines Systems determiniert somit die möglichen weiteren Investitionen. Daher müssen vom Nachfrager bereits in der Initialkaufphase die zukünftigen Erweiterungsabsichten geplant und berücksichtigt werden. Die anbieterseitig durch eine bestimmte Systemphilosophie erzeugte Abhängigkeit des Nachfragers wird als **Systembindung** bezeichnet und vom Nachfrager als hohes Risiko empfunden. *Backhaus et al.* (1994, S. 63) sprechen in diesem Zusammenhang vom so genannten **Lock-in-Effekt**. Dieser kann aus unterschiedlichen Quellen entstehen und in unterschiedlicher Intensität auftreten.

## 4.2.1 Intensität der Systembindung

Das Ausmaß der Systembindung kann dahin gehend unterschieden werden, ob die Wahl einer bestimmten Systemarchitektur weitere Folgekäufe **anstößt, limitiert** oder **determiniert.** Im ersten Fall werden Folgekäufe durch vorhandene Technologien lediglich angeregt, jedoch bestehen uneingeschränkte Wahlmöglichkeiten zwischen den Alternativen verschiedener Anbieter. Im Gegensatz dazu hat der Initialkauf dann eine limitierende Wirkung, wenn beispielsweise aufgrund der Spezifität der eingesetzten Systemtechnologie nur noch ein beschränktes Spektrum an Alternativen einsetzbar ist. Wenn schließlich nur noch die Angebote des Systemanbieters zum System passen, wird durch den Initialkauf die Folgebeschaffung determiniert. Eine Systembindung entsteht somit im Kontinuum von subjektiv wahrgenommenen bis hin zu eindeutig determinierten Folgetransaktionen (*Beinlich* 1998, S. 24ff.).

Zusammenfassend lässt sich festhalten, dass das Ausmaß der Spezifität eines Systems bzw. der Offenheit der Systemarchitektur die Intensität der Systembindung bestimmt. Während es **offene Systeme** erlauben, auch von anderen Anbietern Komponenten zuzukaufen, ist dies bei **geschlossenen Systemen** wenn überhaupt dann nur unter großem Anpassungsaufwand möglich. Offene Systeme sind somit durch Komponenten charakterisiert, die über verschiedene Hersteller hinweg kompatibel sind, während geschlossene Systeme schnittstelleninvariant sind (*Beinlich* 1998, S. 27f.).

## 4.2.2 Chance und Risiko der Systembindung aus Nachfragersicht

Ein Nachfrager im Systemgeschäft trifft seine Entscheidung im Spannungsfeld von Chance und Risiko. Zum einen ist er bestrebt, durch sukzessive Käufe einen Nutzenzuwachs aus dem Nutzenverbund der Einzeltransaktionen zu realisieren, und zum anderen birgt die eingegangene Systembindung die Gefahr der Ausnutzung durch den Anbieter. Das Spannungsfeld zwischen Chance und Risiko bei spezifischen Investitionen kommt dabei im Konzept der Quasirente zum Ausdruck (*Backhaus et al.* 1994, S. 38), die insofern bedroht ist, als sie der Anbieter – beispielsweise durch überhöhte

Entgeltforderungen oder schlechte Qualität bei Folgekäufen – für sich abzuschöpfen versuchen könnte (*Backhaus* 2003, S. 618f.).

Ob der durch eine spezifische Erstinvestition im Systemgeschäft mögliche Nutzenzuwachs realisiert werden kann, stellt sich erst im Verlauf einer Geschäftsbeziehung heraus. Aus Nachfragersicht lassen sich im Hinblick auf diese Nutzenentwicklung zwei Extremsituationen unterscheiden. Sofern sich im weiteren Verlauf der Geschäftsbeziehung zeigt, dass die vom Anbieter versprochenen und vom Nachfrager erhofften Entwicklungen auch tatsächlich eintreffen, wird die Geschäftsbeziehung bestehen bleiben und nachfragerseitig der maximal mögliche Nutzen realisiert. Falls sich allerdings die Versprechungen des Anbieters im Hinblick auf Weiterentwicklungen und/oder Ergänzungen des erworbenen spezifischen Systems als illusorisch herausstellen, kann der Nachfrager das Nutzenpotenzial nicht abschöpfen. Vielmehr nutzt der Anbieter die Systembindung des Nachfragers opportunistisch aus. Im Extremfall wird dem Nachfrager nichts anderes übrig bleiben, als das System zu wechseln. Selbst wenn er jedoch sein altes System verkaufen kann, wird dies nur unter Inkaufnahme finanzieller Verluste möglich sein (*Backhaus* 2003, S. 619f.).

# 4.3 Marketing im Systemgeschäft

Durch das beschriebene Spannungsfeld von Chance und Risiko kommt der Initialkaufentscheidung im Systemgeschäft erhebliche Bedeutung zu. Da für einen Nachfrager der Kauf eines Systems nur bei einem positiven Saldo von Chance und Risiko vorteilhaft ist, müssen vom Anbieter spezifische Marketingmaßnahmen gesetzt werden, die den Nutzen seiner Leistungen in den Vordergrund stellen und das wahrgenommene Risiko des Nachfragers reduzieren. Hinsichtlich des letzteren Aspekts ergeben sich mit dem **Aufbau einer Gegenposition zum Bindungseffekt** und dem **Abbau des Bindungseffekts** zwei grundlegende Ansatzpunkte.

## 4.3.1 Aufbau einer Gegenposition zum Bindungseffekt

Der Aufbau einer Gegenposition zum Bindungseffekt zielt darauf ab, den Nachfrager bei gegebener Bindung vor einer Ausbeutung durch den Anbieter zu schützen. Diese Absicherung des Nachfragers kann entweder **vertragsbasiert** über **Garantien** oder auf **nicht-vertraglicher Basis** über **glaubhafte Zusicherungen** erfolgen (*Backhaus* 2003, S. 632).

#### 4.3.1.1 Garantien als vertragliches Absicherungsinstrument

Mit Blick auf den Einsatz als Marketinginstrument lassen sich die folgenden Garantie-arten differenzieren (*Backhaus* 2003, S. 668ff.):

■ **Funktionsgarantien**: Bei diesem Typ von Garantien steht der Anbieter für einen definierten Zeitraum für die Funktionalität bestimmter Merkmale einer bereits ge-kauften Leistung gerade. Während gesetzlich normierte Funktionsgarantien für ei-nen Anbieter obligatorisch und daher nicht gesondert als Marketinginstrument zu betrachten sind, trifft dies sehr wohl auf die sogenannten „erweiterten Garantien" zu. Diese können sich entweder darauf beziehen, dass der rechtlich vorgeschriebe-ne Gewährleistungshorizont **zeitlich ausgedehnt** wird (Beispiel: Verlängerung der Garantie von 24 auf 36 Monate) oder dass das Garantieversprechen **inhaltlich aus-geweitet** wird (Beispiel: Geld-zurück-Garantie). Charakteristisch für Funktionsga-rantien ist, dass diese sich ausschließlich auf solche Verpflichtungen beziehen, die der Anbieter bereit ist, für **aktuell bereits gekaufte Produkte** einzugehen.

*Abbildung 4-1:*    *Garantiearten im Marketing (Backhaus 2003, S. 671)*

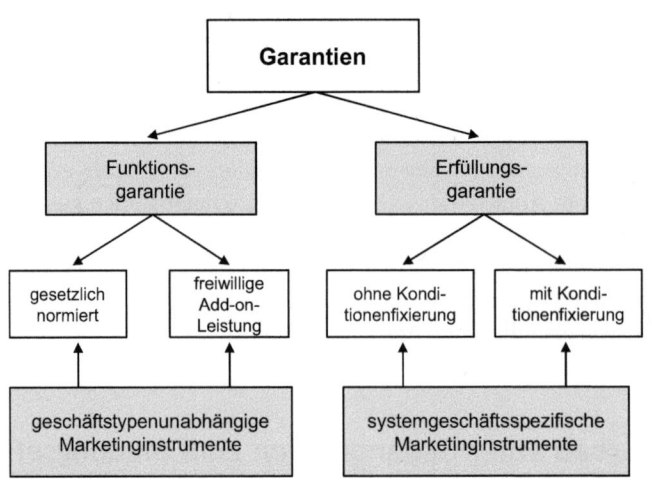

■ **Erfüllungsgarantien**: Im Gegensatz zu Funktionsgarantien handelt es sich bei Erfüllungsgarantien um Garantien, die sich auf **zukünftig noch zu tätigende Käu-fe** eines Nachfragers beziehen. Diese Garantien werden zwar ebenfalls beim Erst-kauf ausgesprochen, betreffen aber explizit zukünftige Käufe desselben Kunden. Die Garantie eines Anbieters erstreckt sich somit nicht auf die Funktionalität seiner Leistungen, sondern dieser bekennt sich dazu, mit dem Erstkauf ausgesprochene Leistungsverpflichtungen bei Folgekäufen auch zu erfüllen. Bei dieser Garantieform lassen sich zwei Ausgestaltungsformen unterscheiden. Mit der Erfüllungsgarantie **ohne Konditionenfixierung** sichert der Anbieter zwar zu, dass der Nachfrager zukünftige Folgekäufe im System realisieren kann, jedoch ohne bereits die Konditionen zu vereinbaren. Werden mit der Zusicherung, dass Folgekäufe im System zukünftig möglich sind, auch gleich die Konditionen vereinbart, dann liegt die Form der Erfüllungsgarantie **mit Konditionenfixierung** vor.

*Abbildung 4-1* zeigt im Überblick die skizzierten Garantiearten und macht deutlich, dass nur die Erfüllungsgarantie als systemgeschäftsspezifisches Marketinginstrument angesehen werden kann, während die Funktionsgarantie unabhängig vom jeweiligen Geschäftstyp anwendbar ist. Dies impliziert, dass Letztere im Systemgeschäft durchaus auch im Verbund mit Erfüllungsgarantien einsetzbar ist, allerdings reduziert sie nicht das dem Systemgeschäft immanente wahrgenommene Risiko.

### 4.3.1.2 Glaubhafte Zusicherungen als nicht-vertragliches Absicherungsinstrument

Neben vertraglichen Zusicherungen in Form von Garantien können im Systemgeschäft auch glaubhafte Zusicherungen des Anbieters nachfragerseitig zu einer Risikoreduktion beitragen. Dies gilt vor allem für dynamische Märke mit schnellen Produktlebenszyklen, in denen zukünftige Leistungsanforderungen nur schwer antizipierbar sind (*Backhaus/Gruner* 1997, S. 158). Zusicherungen des Anbieters können jedoch nur dann das wahrgenommene Risiko des Nachfragers reduzieren, wenn dieser dem Anbieter vertraut. Demnach muss der Anbieter Gründe liefern, warum ihm der Nachfrager vertrauen sollte. Zusicherungen alleine reichen somit nicht aus, sie müssen auch glaubhaft sein (*Beinlich* 1998, S. 195).

Folgende glaubhafte Zusicherungen lassen sich anbieterseitig im Systemgeschäft einsetzen (*Backhaus et al.* 1994, S. 127ff.):

- **Referenzen**: Dem Nachfrager werden bisherige Kunden bzw. abgeschlossene Projekte als Positivbeispiele genannt. In der Praxis gewähren die Anbieter jenen Kunden, die sich bereit erklären, als Referenzkunden zur Verfügung zu stehen, besondere Konditionen oder Preisnachlässe.

- **Testinstallationen**: Hier erklärt sich der Anbieter bereit, dem Nachfrager das System oder Systemkomponenten testweise zur Verfügung zu stellen. Für den potenziellen Kunden eröffnet sich dadurch die Möglichkeit, die Leistung eines Systems im Echtbetrieb zu überprüfen. Mit einer Testinstallation begibt sich der Anbieter in eine Abhängigkeitsposition gegenüber dem Nachfrager, da es sich um eine Vorleistung ohne vertragliche Gegenleistung handelt. In der Praxis begrenzen Anbieter diese Abhängigkeit dadurch, dass Testinstallationen auf einen gewissen Zeitraum beschränkt werden.

■ **Kompetenzzentren**: Bei diesem Ansatz demonstriert der Anbieter seine Leistungsfähigkeit in eigenen Kompetenzzentren oder Ausstellungsräumen. Im Gegensatz
zur Testinstallation erfolgt allerdings lediglich eine Simulation des Leistungsangebots. Aufgrund der Unsicherheit hinsichtlich der Leistungsfähigkeit im Echtbetrieb
könnte allerdings auf Seiten des Nachfragers weiterhin ein erhebliches wahrgenommenes Risiko bestehen bleiben.

■ **Servicenetz**: Durch den Aufbau von Servicenetzen soll das wahrgenommene Risiko des Nachfragers hinsichtlich Problemen mit dem System oder Systemkomponenten in der After-Sales-Phase reduziert werden. Dem Nachfrager wird unter
Einsatz einer Sachkapitalinvestition (glaubhaft) zugesichert, dass er im Falle des
Auftretens von Problemen vom Anbieter unterstützt wird. Allerdings bleibt bei
dieser Zusicherung offen, wie eine Serviceleistung konkret abgewickelt und ver-
rechnet wird, womit das wahrgenommene Risiko des Nachfragers nur teilweise
reduziert wird.

## 4.3.2  Abbau des Bindungseffekts

Mit der Verringerung der Systembindung bietet sich ein zweiter Ansatzpunkt zur
Reduktion des wahrgenommenen Risikos des Nachfragers. Auch bei dieser Strategie
hat der Anbieter die Möglichkeit, Instrumente einzusetzen, die mit dem Kunden **vertraglich** vereinbart werden, und solche, die **keiner vertraglichen Vereinbarung** bedürfen.

### 4.3.2.1  Leasing als vertragliches Instrument

Wenn ein Wirtschaftsgut nicht erworben, sondern nur gemietet oder gepachtet wird,
spricht man von Leasing. Anbieter (Leasinggeber) und Nachfrager (Leasingnehmer)
schließen dabei einen auf bestimmte Zeit befristeten Vertrag ab, der den Leasingnehmer zur Nutzung des Systems berechtigt. Für den Leasingnehmer ergeben sich im
Vergleich zum Kauf vor allem **finanzielle Vorteile**, wie beispielsweise Schonung seiner Liquidität oder Kalkulationssicherheit aufgrund der vereinbarten Leasingraten.
Leasing wird im Systemgeschäft häufig eingesetzt, da durch dieses Instrument das aus
einer **hohen Anfangsinvestition** resultierende Risiko des Nachfragers reduziert werden kann. Darüber hinaus kann das Nachfragerrisiko durch spezielle Leasingangebote
weiter verringert werden, etwa indem dem Nachfrager des Leasingobjekts das Recht
eingeräumt wird, nach Ablauf einer Mindestlaufzeit das System gegen ein neues zu
tauschen (*Backhaus* 2003, S. 633ff.).

### 4.3.2.2 Ausrichtung an Standards als nicht-vertragliches Instrument

Im Systemgeschäft manifestieren sich die Systembindung und das damit verbundene Risiko des Nachfragers unter anderem in schwer antizipierbaren, erst zukünftig anfallenden **Anpassungskosten**. Diese Kosten lassen sich durch das Anbieten einer standardisierten Systemarchitektur mit offenen Schnittstellen vermeiden, wodurch wiederum das wahrgenommene Risiko des Nachfragers sinkt. Unter Standards werden in diesem Zusammenhang technische Festlegungen verstanden, die von einer Vielzahl von Anbietern und Nachfragern akzeptiert werden. Bei Vorliegen von Standards kann der Nachfrager jederzeit das System wechseln, ohne dass die Funktionalität der bereits vorhandenen Systemelemente eingeschränkt ist, und somit Folgekäufe bei einem beliebigen Anbieter tätigen (*Backhaus et al.* 1994, S. 109).

In der Praxis ist erkennbar, dass sich in einigen Märkten eher Standards herausbilden als in anderen. Als Hauptgrund für dieses unterschiedliche Standardisierungspotenzial sind die **Intensität und Struktur von Netzeffekten** zu sehen. Netzeffektgüter sind hierbei solche Güter, deren Nutzen mit zunehmender Anzahl von Anwendern steigt. So stiftet beispielsweise ein Fax-Gerät nur dann einen Nutzen für das Unternehmen, wenn auch die Geschäftspartner solche Geräte besitzen. In der Regel kommt es vor allem in Märkten **mit Netzeffektgütern** zur Etablierung von Standards. Orientiert sich ein System-Anbieter an diesen Standards, so trägt dies zur nachfragerseitigen Risikoreduktion bei (*Backhaus* 2003, S. 648ff.).

# 5 Zuliefergeschäft

## 5.1 Merkmale des Zuliefergeschäfts

### 5.1.1 Fokus Einzelkunde

Zulieferer beliefern Herstellerunternehmen mit industriellen Vorprodukten und den dazugehörigen Dienstleistungen. Die Herstellerunternehmen werden dabei als OEMs („Original Equipment Manufacturer") bezeichnet und stellen organisationale Nachfrager dar, die Produkte oder Teile beschaffen, um sie in ihre eigenen (End-)Produkte zu integrieren (*Gross et al.* 1993, S. 12). Im Zentrum des Zuliefergeschäfts stehen einzelkundenspezifische Leistungen, was eine vor der Vermarktung liegende Fertigung unmöglich macht. Vermarktet werden lediglich vertragliche Ansprüche auf eine vorab definierte Leistungserstellung nach Vertragsabschluss (*Backhaus* 2003, S. 705f.).

Für das Zuliefergeschäft typisch ist die erhöhte **Interaktionskomplexität** zwischen Zulieferer und Nachfrager (OEM). Da das Leistungsangebot den individuellen Ansprüchen des OEM genügen muss, wird dieser in der Regel in die Produktentwicklung integriert. Die Leistungsindividualisierung bezieht sich dabei entweder auf spezifische Produktmerkmale oder auf produktbegleitende Dienstleistungen wie beispielsweise eine Just-in-Time-Belieferung. Von zentraler Bedeutung für das Zuliefergeschäft ist nun, dass sich nicht nur der Anbieter durch eine Leistungsindividualisierung auf den Nachfrager ausrichtet, sondern Letzterer auch auf den Anbieter. Denn durch die Bindung seiner Fertigung an spezifische Produkte eines bestimmten Zulieferers kann der OEM nicht ohne weiteres einen Lieferantenwechsel vornehmen. Da somit für jeden Beteiligten der Verlust des Marktpartners zu bedeutenden ökonomischen Konsequenzen führen kann, ist das Zuliefergeschäft durch eine wechselseitige Abhängigkeit von Anbieter und Nachfrager charakterisiert (*Backhaus* 2003, S. 707). Der hohe Spezifitätsgrad der Anbieterleistung bewirkt einerseits hohe Erträge beim Kunden, bringt aber für diesen andererseits eine Abhängigkeit vom Lieferanten mit sich, die als nachfragerseitige Quasirente zum Ausdruck kommt. Gleichzeitig tritt jedoch auch beim Anbieter eine Quasirente auf, da dieser eine kundenindividuelle Leistung nicht ohne weiteres an andere Nachfrager verkaufen kann (*Richter* 2001, S. 123).

### 5.1.2   Zeitlicher Kaufverbund

Als zweites konstitutives Merkmal des Zuliefergeschäfts ist der Kaufverbund zwischen den Einzeltransaktionen zu sehen. Im Idealfall besteht die Geschäftsbeziehung während der gesamten Projekt- oder Modelllaufzeit des Endprodukts, für das ein Anbieter Teilleistungen an den OEM zuliefert. Denn Letzterer wird aufgrund seiner Ausrichtung auf einen spezifischen Lieferanten und der damit verbundenen Quasirente kein Interesse an einer vorzeitigen Beendigung der Geschäftsbeziehung haben. Der zeitliche Kaufverbund im Zuliefergeschäft unterscheidet sich grundlegend von dem im Systemgeschäft. Während es sich bei Folgetransaktionen im Systemgeschäft um Erweiterungs- und Ergänzungskäufe auf Basis einer bestimmten Systemarchitektur handelt, weshalb die nachgekauften mit den zuvor gekauften Leistungen nicht identisch sein müssen, ist genau das für das Zuliefergeschäft typisch. Denn in diesem Geschäftstyp konzipiert der Anbieter für seine Nachfrager individualisierte Lösungen, die dann für die Dauer des Produktlebenszyklus des Endprodukts **kundenspezifisch normiert** sind (*Backhaus* 2003, S. 709f.).

## 5.2   Phasenspezifische Marketingentscheidungen

Die beschriebenen Merkmale des Zuliefergeschäfts machen deutlich, dass im Mittelpunkt des Marketing eines Zulieferers das **Management von Geschäftsbeziehungen** steht. Entscheidend ist, dass eine Kunden-Lieferanten-Beziehung sich **phasenspezi-**

fisch entwickelt und verändert, wobei sich die Marketingprobleme **vor der Geschäftsbeziehung** maßgeblich von denen **während der Geschäftsbeziehung** unterscheiden (*Leuthesser* 1997, S. 252; *Backhaus* 2003, S. 710f.):

- **Vorvertrags- bzw. Auswahlphase**: In dieser Phase konkurrieren alle potenziellen
  Zulieferer um die Möglichkeit des Aufbaus einer Geschäftsbeziehung zum OEM.
  Es geht darum, rechtzeitig ein **strategisches Einstiegsfenster** beim OEM zu erken-
  nen und diesen durch ein spezifisches Angebot zu überzeugen.

- **Geschäftsbeziehungsphase**: Sobald sich der OEM für einen Zulieferer entschieden
  hat, wechselt dessen Marketingfokus auf die effektive und effiziente Ausgestaltung
  der Geschäftsbeziehung. Hierbei stellen die **Absicherung**, der **Ausbau** und die **Beendigung** der Geschäftsbeziehung die drei wesentlichen Entscheidungsbereiche
  dar.

## 5.2.1 Einstieg in die Geschäftsbeziehung

Im Zuliefergeschäft erfolgt meist dann die Neudefinition einer Geschäftsbeziehung,
wenn es beim OEM zu einer gravierenden produktbezogenen Änderung, in der Regel
in Form eines Modellwechsels oder einer signifikanten Produktmodifikation, kommt.
In einer solchen Situation muss der OEM seine Überlegungen nicht zwangsläufig auf
den bestehenden Vertragspartner (**In-Supplier**) beschränken, sondern kann einen
Suchprozess initiieren, welcher der Identifikation neuer Zulieferer (**Out-Supplier**)
dient. Für einen Out-Supplier eröffnet sich somit ein strategisches Einstiegsfenster. Hat
er dieses erkannt, dann besteht die besondere Herausforderung darin, den OEM von
der eigenen Leistungsfähigkeit und dem Leistungsangebot zu überzeugen. Demzufolge ist es notwendig, dass der Out-Supplier spezifische Maßnahmen ergreift, um vom
OEM als geeigneter Problemlöser wahrgenommen zu werden (*Backhaus* 2003, S.
712ff.).

Im Rahmen des Auswahlprozesses eines Zulieferers lassen sich zwei Phasen unterscheiden, nämlich die **Vorauswahlphase** und die **Konzeptwettbewerbsphase**.

### 5.2.1.1 Vorauswahlphase

Für einen OEM ist es das zentrale Ziel der Vorauswahlphase, mögliche Zulieferer auf
Basis eines entsprechenden Kriterienkatalogs zu bewerten und zu selektieren. Für
einen potenziellen Zulieferer bedeutet dies, das der Lieferantenbewertung zugrunde
liegende **Anforderungsprofil zu antizipieren**, um durch ein entsprechendes Verhalten
in die engere Auswahl des OEM zu kommen. Die Bewertung von Zulieferern erfolgt in
der Regel anhand einer Vielzahl von Kriterien, die sich wie folgt systematisieren lassen
(*Backhaus* 2003, S. 720ff.):

■ **Produktbezogene Leistungsmerkmale**: OEMs ziehen zur Bewertung potenzieller Zulieferer in erster Linie produktbezogene Kriterien wie **Qualität, Preis, Termintreue** und den **Standort** des Zulieferers heran. Diese Kriterien decken die Basisanforderungen ab, die an einen Zulieferer gestellt werden.

■ **Strategische Leistungspotenziale**: Neben der Beurteilung produktbezogener Leistungsmerkmale werden potenzielle Zulieferer auch hinsichtlich ihrer strategischen Leistungspotenziale bewertet. Denn das primäre Ziel der Zusammenarbeit im Zuliefergeschäft liegt für den OEM in der Verbesserung seiner Wettbewerbsfähigkeit unter **Berücksichtigung der gesamten Wertkette**. Im Einzelnen bezieht sich die Bewertung von Zulieferern in diesem Kontext auf deren **Innovations-, Integrations-** und **Flexibilitätspotenzial**.

### 5.2.1.2 Konzeptwettbewerbsphase

In dieser Phase fällt die Entscheidung des OEM für einen bestimmten Zulieferer. Jene potenziellen Anbieter, die in der Vorauswahlphase selektiert wurden, bekommen die Aufgabe, dem OEM einen möglichst kreativen Vorschlag für die Entwicklung und Gestaltung des jeweiligen Zulieferteils zu unterbreiten. Allen in Frage kommenden Zulieferern wird dabei in der Regel ein **Bewertungskatalog** zugänglich gemacht, der sicherstellen soll, dass für den Konzeptwettbewerb eine gleiche Ausgangsbasis gegeben ist. Dieser Katalog beschreibt im Detail die für den OEM relevanten Auswahlkriterien sowie deren kontextspezifische Gewichtung.

Der Konzeptwettbewerb zielt darauf ab, dass der OEM Zusatzinformationen über die Leistungsfähigkeit und den Leistungswillen der potenziellen Zulieferer gewinnt, wodurch Vertrauen aufgebaut wird. Auch für den Zulieferer bringt der Konzeptwettbewerb Vorteile. Dieser erhält zusätzliche Informationen über die Bindungsbereitschaft des OEM (*Backhaus* 2003, S. 757f.).

## 5.2.2 Absicherung der Geschäftsbeziehung

Ist die Entscheidung für einen bestimmten Zulieferer gefallen, so ist aus dessen Sicht die eingegangene Geschäftsbeziehung abzusichern. Der Bedarf einer **externen Absicherung** hängt dabei vom Grad der **internen Stabilität** der Geschäftsbeziehung ab. Eine Geschäftsbeziehung wird dann als intern stabil bezeichnet, wenn die Geschäftspartner in gleichem Maße voneinander abhängig sind und eine Beendigung der Beziehung für beide Seiten in etwa einen gleichen Verlust bedeuten würde. Je stabiler eine Geschäftsbeziehung intern ist, als desto geringer erweist sich der externe Absicherungsbedarf (*Backhaus* 2003, S. 759f.). Eine intern vollkommen stabile Geschäftsbeziehung stellt jedoch im Zuliefergeschäft ein Phänomen dar, das in der Praxis kaum auftritt. Vielmehr ist das Verhältnis zwischen OEM und Zulieferer im Regelfall durch eine mehr oder weniger stark ausgeprägte **einseitige Abhängigkeit des Letzteren** charakterisiert (*Freiling* 1995, S. 69ff.). Somit sind auf Seiten des Zulieferers mit **Kompensationsstrategien** und **vertraglichen Regelungen** entsprechende Maßnahmen zur externen Absicherung der Geschäftsbeziehung zu ergreifen.

### 5.2.2.1 Kompensationsstrategien

Mit dem Einsatz von Kompensationsstrategien verfolgt der Zulieferer das Ziel, seine in der einseitigen Abhängigkeit vom OEM begründete Nachteilsposition durch den Aufbau von Gegenbindungspotenzialen auszugleichen und somit eine Situation der **Interdependenz** zu schaffen bzw. den Status eines nicht mehr austauschbaren Geschäftspartners zu erlangen. Dies ist einerseits dadurch erreichbar, dass der Zulieferer versucht, durch die Entwicklung neuer Produktideen seine Abhängigkeit zu reduzieren und einen **Innovationsprozess beim OEM** zu initiieren, der dort wiederum zu **spezifischen Investitionen** mit entsprechendem Bindungspotenzial führt. Andererseits aber kann ein Zulieferer auch durch ein **mehrstufiges Marketing** auf den Absatzmärkten des belieferten OEM Präferenzen für die eigenen Komponenten schaffen und sich durch den so erzeugten Nachfragesog für den OEM unverzichtbar machen (*Freiling* 1995, S. 181ff.; *Backhaus* 2003, S. 745ff.).

### 5.2.2.2 Vertragliche Regelungen

Bei einer vertraglichen Absicherung zielt der Zulieferer darauf ab, eine einseitig erfolgte Investition durch Regelung der Pflichten und Ansprüche beider Vertragsparteien zu kompensieren (*Backhaus* 2003, S. 764). Im Zuliefergeschäft werden zwischen Anbieter und Nachfrager in der Regel **langfristige Lieferverträge** in Form von **Rahmenlieferverträgen** vereinbart, die zum Abschlusszeitpunkt nicht alle Leistungen und Gegenleistungen spezifizieren. Detailregelungen erfolgen somit erst zu späteren Zeitpunkten (*Backhaus* 2003, S. 766).

Als typische Vertragsform eines langfristigen Liefervertrags gilt der **Sukzessivlieferungsvertrag**. Hierbei handelt es sich um einen Vertrag, durch den eine Vertragspartei zur Lieferung von Waren in Raten und die andere Partei zur regelmäßigen Ratenzahlung verpflichtet wird. Es wird also ein einheitlicher Kauf- oder Werklieferungsvertrag abgeschlossen, der die Erbringung von Leistungen in zeitlich aufeinander folgenden Raten festlegt. Sofern die Gesamtmenge der Ware, die in Teilleistungen zu liefern ist, von vornhinein festgelegt ist, liegt ein **Ratenlieferungsvertrag** vor. Richtet sich die zu liefernde Menge aber nach dem konkreten Bedarf des Abnehmers, der zum Zeitpunkt des Vertragsabschlusses noch nicht bekannt ist, so spricht man von einem **Bezugsvertrag,** der eine ständige Leistungsbereitschaft des Zulieferers begründet (*Pampel* 1993, S. 164ff.; *Backhaus* 2003, S. 766).

## 5.2.3 Ausbau der Geschäftsbeziehung

Zum Ausbau einer Geschäftsbeziehung im Zuliefergeschäft sind Aktivitäten erforderlich, durch welche die Zusammenarbeit der Geschäftspartner noch weiter intensiviert wird. Von besonderer Bedeutung sind in diesem Zusammenhang **Insourcingmaßnahmen** und **Maßnahmen zur informationstechnischen Vernetzung**, welche den Zulieferer dazu veranlassen, (weitere) spezifische Investitionen in Sachkapital zu tätigen.

### 5.2.3.1 Insourcingmaßnahmen

Von Insourcing wird gesprochen, wenn die Mitarbeiter des Zulieferers (direkt) am Fertigungsort des OEM ihre Bauteile montieren und zum Teil auch fertigen. Somit beruht dieses Konzept auf einer **vertikalen Kooperation** zwischen Anbieter und Nachfrager, die darauf abzielt, die Vorteile der Eigenfertigung mit den Vorteilen des Fremdbezugs zu kombinieren (*Backhaus* 2003, S. 777).

Beim Insourcing sind verschiedene Varianten denkbar, die sich einerseits hinsichtlich der **Kontrolle und Beeinflussbarkeit der Wertkette durch den OEM** und andererseits hinsichtlich der **Höhe der spezifischen Investitionen des Zulieferers** unterscheiden (*Wildemann* 1994, S. 28ff.):

■ **Montage in Abnehmer-Produktionsstätten**: Hier übernimmt der Zulieferer die Koordination von Unterlieferanten und assembliert die Teile der Unterlieferanten zu OEM-spezifischen Modulen. Er baut diese vor Ort beim OEM ein und hat daher auch eine produktionssynchrone Anlieferung sicherzustellen. Somit tätigt der Zulieferer abnehmerspezifische Investitionen in seine Produktion und Logistik, die in der Regel durch die Notwendigkeit des Aufbaus eines unternehmensübergreifenden Informationssystems noch weiter erhöht werden.

■ **Verlagerung von Fertigungs- und/oder Montageumfängen**: Bei dieser Insourcing-Variante verlagern Zulieferer Teile ihrer Produktion auf freie Flächen im Unternehmen des OEM, wodurch der Integrationsgrad weiter gesteigert wird. Die Montage von Modulen und der Einbau in das Endprodukt erfolgen hierbei gemeinsam mit Mitarbeitern des OEM.

■ **Industriepark**: Mehrere Kernlieferanten eines OEM siedeln sich gemeinsam in einem Industriepark in unmittelbarer räumlicher Nähe zur Fertigung des Abnehmers an und produzieren spezifisch für diesen.

■ **Joint Venture**: Bei dieser Form des Insourcing gründen der Zulieferer und der OEM gemeinsam ein Montage- und Teilefertigungsunternehmen. Die Kosten für Grundstück, Anlagen und Betriebsmittel werden anteilsmäßig übernommen und die Mitarbeiter sowohl vom Zulieferer als auch Abnehmer rekrutiert.

### 5.2.3.2 Maßnahmen zur informationstechnischen Vernetzung

Eine weitere Möglichkeit, die Geschäftsbeziehung zwischen OEM und Zulieferer zu intensivieren, besteht in deren informationstechnischer Vernetzung. Erst dadurch werden Formen der vertieften Zusammenarbeit wie **Simultaneous Engineerung** und **Just-in-Time-Belieferung** möglich. Zur informationstechnischen Vernetzung werden hierbei in der Regel internetbasierte Technologien eingesetzt (*Backhaus* 2003, S. 780ff.).

## 5.2.4 Beendigung der Geschäftsbeziehung

Im Zuliefergeschäft ist mit der Beendigung einer Geschäftsbeziehung häufig eine Entwertung der in den Strukturen der Geschäftsbeziehung getätigten spezifischen Investitionen verbunden. Daher ist sowohl aus Sicht des Zulieferers als auch des OEM der Zeitpunkt der Beendigung so zu wählen, dass möglichst wenige wirtschaftliche Nachteile auftreten (*Backhaus* 2003, S. 782).

Die Beendigung einer Geschäftsbeziehung im Zuliefergeschäft kann unterschiedliche Gründe haben. Zum einen kann die Zusammenarbeit aufgrund unternehmensbedrohender wirtschaftlicher Krisen oder einer Änderung der wirtschaftlichen Rahmenbedingungen jederzeit scheitern. Darüber hinaus können insbesondere das Ende des Produktlebenszyklus des OEM-Produkts, aber auch das Nichterreichen vereinbarter Kooperationsziele oder die zunehmende Attraktivität alternativer Geschäftschancen für die Beendigung einer Geschäftsbeziehung ausschlaggebend sein (*Pampel* 1993, S. 198f.). Für den Fall, dass das OEM-Produkt das Ende seines Produktlebenszyklus erreicht hat, kennzeichnet dieser Zeitpunkt sowohl das **strategische Ausstiegsfenster** für den OEM als auch zugleich das strategische Einstiegsfenster für potenzielle neue Zulieferer (*Backhaus* 2003, S. 783).

Aus Sicht des Zulieferers erfolgt der Abbruch einer Geschäftsbeziehung in der Regel nicht abrupt, sondern vollzieht sich langsam, begleitet von Warnungen des OEM bzw. einer sukzessiven Reduktion der Liefermenge. Folglich ist es für den Zulieferer von größter Bedeutung, die Signale des OEM, die auf eine Beendigung der Geschäftsbeziehung hinweisen, frühzeitig zu erkennen, um das Scheitern der Geschäftsbeziehung durch rechtzeitige und geeignete Maßnahmen verhindern zu können (*Butzer-Strothmann* 1998, S. 71).

# Literaturverzeichnis

AHLERT, D. (1996): Distributionspolitik: Das Management des Absatzkanals, 3. Aufl., Stuttgart.

ARBEITSKREIS „MARKETING IN DER INVESTITIONSGÜTER-INDUSTRIE" DER SCHMALENBACH-GESELLSCHAFT (1975): Systems Selling, in: Zeitschrift für betriebswirtschaftliche Forschung, 27. Jg., Nr. 12, S. 757-773.

ATTESLANDER, P. (2000): Methoden der empirischen Sozialforschung, 9. Aufl., Berlin/New York.

AUFDERHEIDE, D./BACKHAUS, K. (1995): Institutionenökonomische Fundierung des Marketing: Der Geschäftstypenansatz, in: KAAS. K. P. (Hrsg.): Kontrakte, Geschäftsbeziehungen, Netzwerke – Marketing und Neue Institutionenökonomik, Düsseldorf/Frankfurt, S. 43-60.

BACKHAUS, K. (1982): Investitionsgüter-Marketing, München.

BACKHAUS, K. (1990): Investitionsgütermarketing, 2. Aufl., München.

BACKHAUS, K. (2003): Industriegütermarketing, 7. Aufl., München.

BACKHAUS, K./AUFDERHEIDE, D./SPÄTH, G. M (1994): Marketing für Systemtechnologien, Stuttgart.

BACKHAUS, K./BAUMEISTER, C./MÜHLFELD, K. (2005): Kundenbindung im Industriegütermarketing, in: BRUHN, M./HOMBURG, C. (Hrsg.): Handbuch Kundenbindungsmanagement: Strategien und Instrumente für ein erfolgreiches CRM, 5. Aufl., Wiesbaden, S. 199-228.

BACKHAUS, K./ERICHSON, B./PLINKE, W./WEIBER, R. (2006): Multivariate Analysemethoden: Eine anwendungsorientierte Einführung, 11. Aufl., Berlin et al.

BACKHAUS, K./GRUNER, K. (1997): Die Beschleunigung von Produktlebenszyklen, in: Zeitschrift für Betriebswirtschaft, 67. Jg., Ergänzungsheft 1, S. 157-187.

BECKER, J. (2006): Marketingkonzeption: Grundlagen des strategischen und operativen Marketing-Managements, 8. Aufl., München.

BEINLICH, G. (1998): Geschäftsbeziehungen zur Vermarktung von Systemtechnologien, Aachen.

BEREKOVEN, L./ECKERT, W./ELLENRIEDER, P. (2004): Marktforschung: Methodische Grundlagen und praktische Anwendung, 10. Aufl., Wiesbaden.

BROCKHOFF, K. (1998): Der Kunde im Innovationsprozeß, Göttingen.

BRUHN, M. (1997): Kommunikationspolitik: Bedeutung – Strategien – Instrumente, München.

BÜSCHKEN, J./VON THADEN, C. (2002): Produktvariation, -differenzierung und -diversifikation, in: ALBERS, S./HERMANN, A. (Hrsg.): Handbuch Produktmanagement: Strategieentwicklung – Produktplanung – Organisation – Kontrolle, 2. Aufl., Wiesbaden, S. 593-613.

BUTZER-STROTHMANN, K. (1998): Den Abbruch von Geschäftsbeziehungen verhindern, in: Absatzwirtschaft, 41. Jg., Nr. 2, S. 70-74.

DILLER, H. (2000): Preispolitik, 3. Aufl., Stuttgart.

ENGELHARDT, W. H./KLEINALTENKAMP, M./RECKENFELDERBÄUMER, M. (1993): Leistungsbündel als Absatzobjekte: Ein Ansatz zur Überwindung der Dichotomie von Sach- und Dienstleistungen, in: Zeitschrift für betriebswirtschaftliche Forschung, 45. Jg., Nr. 5, S. 395-426.

FILL, C. (1999): Marketing-Kommunikation, München.

FREILING, J. (1995): Die Abhängigkeit der Zulieferer: Ein strategisches Problem, Wiesbaden.

GIERL, H./HELM, R. (2002): Generierung von Produktideen und -konzepten, in: ALBERS, S./HERMANN, A. (Hrsg.): Handbuch Produktmanagement: Strategieentwicklung – Produktplanung – Organisation – Kontrolle, 2. Aufl., Wiesbaden, S. 307-332.

GODEFROID,. P. (2003): Business-to-Business-Marketing, 3. Aufl., Ludwigshafen.

GREEN, P. E./TULL, D. S./ALBAUM. G. (1988): Research for Marketing Decisions, 5th ed., Englewood Cliffs.

GROSS, A. C./BANTING, P. M./MEREDITH, L. N./FORD, D. I. (1993): Business Marketing, Boston.

GÜNTER, B. (1998): Projektkooperation, in: KLEINALTENKAMP, M./PLINKE, W. (Hrsg.): Auftrags- und Projektmanagement, Berlin, S. 267-318.

HAEDRICH, G./TOMCZAK, T. (1996): Produktpolitik, Köln.

HEGER, G. (1984): Das Rollenverhalten des Akquisiteurs im industriellen Anlagengeschäft, in: Marketing – Zeitschrift für Forschung und Praxis, 6. Jg., Nr. 4, S. 235-244.

HEGER, G. (1998): Anfragenbewertung, in: KLEINALTENKAMP, M./PLINKE, W. (Hrsg.): Auftrags- und Projektmanagement, Berlin, S. 69-115.

HERMANN, A./HOMBURG C. (2000): Marktforschung: Ziele, Vorgehensweise und Methoden, in: HERMANN, A./HOMBURG C. (Hrsg.): Marktforschung: Methoden, Anwendungen, Praxisbeispiele, 2. Aufl., Wiesbaden, S. 13-32.

KANJI, G. K. (1995): 100 Statistical Tests, London et al.

KLEINALTENKAMP, M. (1994): Typologien von Business-to-Business-Transaktionen – Kritische Würdigung und Weiterentwicklung, in: Marketing – ZFP, 16. Jg., Nr. 2, S. 77-88.

KOTLER, P. (2000): Marketing Mangement: Analysis, Planning, Implementation and Control, 10th ed., Englewood Cliffs.

KOTLER, P./BLIEMEL, F. (2006): Marketing-Management: Analyse, Planung, Verwirklichung, 10. Aufl., München.

KUTSCHKER, M. (1972): Verhandlungen als Elemente eines verhaltenwissenschaftlichen Bezugsrahmens des Investitionsgütermarketing, Diss., Mannheim.

LEUTHESSER, L. (1997): Supplier Relational Behavior: An Empirical Assessment, in: Industrial Marketing Management, Vol. 26, S. 59-62.

MARSHALL, A. (1961): Principles of Economics, Vol. 1, Neudruck der 9. Aufl. von 1890, London.

MEFFERT, H. (2000): Marketing: Grundlagen marktorientierter Unternehmensführung. Konzepte – Instrumente – Praxisbeispiele, 9. Aufl., Wiesbaden.

PAMPEL, J. (1993): Kooperation mit Zulieferern: Theorie und Management, Wiesbaden.

PEPELS, W. (1999): Geschäftsarten im Business-to-Business-Marketing, in: PEPELS, W. (Hrsg.): Business-to-Business-Marketing: Handbuch für Vertrieb, Technik, Service, Neuwied/Kriftel, S. 159-175.

PLINKE, W. (1991): Investitionsgütermarketing, in: Marketing – ZFP, 13. Jg., Nr. 3, S. 172-177.

PLINKE, W. (1992): Ausprägungen der Marktorientierung im Investitionsgüter-Marketing, in: Zeitschrift für betriebswirtschaftliche Forschung, 44. Jg., Nr. 9, S. 830-846.

RICHTER, H. P. (2001): Investitionsgütermarketing: Business-to-Business-Marketing von Industrieunternehmen, München/Wien.

RIEBEL, P. (1965): Typen der Markt- und Kundenproduktion in produktions- und absatzwirtschaftlicher Sicht, in: Zeitschrift für betriebswirtschaftliche Forschung, 17. Jg., S. 663-685.

SCHMALEN, H./XANDER, H. (2002): Produkteinführung und Diffusion, in: ALBERS, S./HERMANN, A. (Hrsg.): Handbuch Produktmanagement: Strategieentwicklung – Produktplanung – Organisation – Kontrolle, 2. Aufl., Wiesbaden, S. 439-468.

SIMON, H. (1992): Preismanagement: Analyse, Strategie, Umsetzung, 2. Aufl., Wiesbaden.

SIMON, H. (1995): Preismanagement kompakt – Probleme und Methoden des modernen Pricing, Wiesbaden.

TROMMSDORFF, V. (2002) Produktpositionierung, in: ALBERS, S./HERMANN, A. (Hrsg.): Handbuch Produktmanagement: Strategieentwicklung – Produktplanung – Organisation – Kontrolle, 2. Aufl., Wiesbaden, S. 359-380.

WEIBER, R. (1997): Das Management von Geschäftsbeziehungen im Systemgeschäft, in: KLEINALTENKAMP, M./PLINKE, W. (Hrsg.): Geschäftsbeziehungsmanagement, Berlin, S. 277-349.

WEIBER, R./JACOB, F. (2000): Kundenbezogene Informationsgewinnung, in: KLEINALTENKAMP, M./PLINKE, W. (Hrsg.): Technischer Vertrieb: Grundlagen des Business-to-Business Marketing, 2. Aufl., Berlin/Heidelberg, S. 523-612.

WIDMANN, A. J. (1977): Handbuch des Investitionsgüter- und Industrieanlagen-Exports, München.

WILDEMANN, H. (1994): Prozesskosten senken ist gemeint und nicht Preisdrücken, in: Beschaffung aktuell, Nr. 4, S. 26-33.

WILLIAMSON, O. E. (1985): The Economic Institutions of Capitalism: Firms, Markets, Relational Contracting, New York.

Rainer Daubeck/Kurt Gaubinger

# Fallstudie TYROLIT Schleifmittelwerke Swarovski K.G.

## Marktexpansion in Osteuropa

# 1 Einleitung

Weltweit gehört die TYROLIT Schleifmittelwerke Swarovski K.G. mit Sitz in Schwaz (Tirol) zu den führenden Anbietern innovativer Lösungen beim Schleifen, Trennen, Bohren, Honen, Abrichten und Polieren. TYROLIT ist ein wichtiger Teil der weltweit aktiven Unternehmensgruppe Swarovski, die mit fast 17.000 Mitarbeitern 2,14 Mrd. Euro (davon TYROLIT 498 Mio. Euro) erwirtschaftet. TYROLIT besitzt jedoch die Unabhängigkeit, langfristige Unternehmensziele selbstständig verfolgen zu können.

Mit über 80.000 Produkten bietet TYROLIT nicht nur ein umfangreiches Produktspektrum, sondern auch individuellen Service vor Ort. TYROLIT ist nicht nur ein klassischer Produktanbieter in anonymen Märkten, der seine Produkte über 20 Vertriebsgesellschaften und ein weltweit gespanntes Netz von Distributoren in 60 Ländern seinen Kunden anbietet, sondern entwickelt darüber hinaus für viele Spezialgebiete kundenspezifische Lösungskonzepte.

Das Supply-Chain-Management von TYROLIT sorgt für kunden- und termingerechte Lieferungen. Gewährleistet wird dies durch ein Zentrallager in Österreich sowie mehrere Regionallager in Europa, Asien, Nord- und Südamerika. Im vollautomatisierten Zentrallager in Schwaz werden die Bestellungen kommissioniert und transportfertig verpackt. Die gesamte Transportorganisation vom Zoll bis zur Verfrachtung an den jeweiligen Kunden wird aus einer Hand im Logistikzentrum Schwaz abgewickelt.

## 1.1 Geschichte des Unternehmens

Die Geschichte des Unternehmens TYROLIT stellt sich wie folgt dar:

- 1919: Firmengründung als Teil eines Familienunternehmens.

- 1950: Beschäftigung von ca. 150 Mitarbeitern.

- 1951: TYROLIT bringt die erste glasfaserverstärkte Schleif- und Schneidscheibe auf den Markt und legt damit den Grundstein für das rasche Unternehmenswachstum.

- 1967: TYROLIT nimmt die Produktion von Diamant-Schleifscheiben für die Präzisionsbearbeitung auf.

- 1970: TYROLIT beginnt mit der Produktion von Diamant-Kreissägen für den Stahlbau.

- 1977: Eröffnung einer eigenen Fabrik für die Erzeugung von Diamant- und CBN (Cubisches Bornitrid)-Werkzeugen.

■ 1981: Inbetriebnahme eines Elektronenmikroskops mit der damals größten Prüfkammer.

■ 1984: Beginn der Massenproduktion von lasergeschweißten Diamant-Werkzeugen für die Bearbeitung von Natursteinen.

■ 1993: Bau eines neuen, automatisierten Logistikzentrums mit Hochregallager für 7.000 Palettenplätze.

■ 1996: Bau und Inbetriebnahme einer brasilianischen Produktionsstätte.

■ 2003: Inbetriebnahme der Betriebsstätte Thailand.

■ 2004: Akquisition eines amerikanischen Wettbewerbers.

■ 2005: Kauf eines tschechischen Konkurrenten.

## 1.2 Unternehmenszahlen von TYROLIT

Mit 4.030 Mitarbeitern konnte das Unternehmen im Jahr 2005 rund 498 Mio. Euro Umsatz erwirtschaften (*Abbildung 1-1*). Das Unternehmen verfügt über 22 Produktionsstandorte in 13 Ländern und Vertriebsgesellschaften in Belgien, China, Dänemark, Deutschland, Finnland, Frankreich, Großbritannien, Indien, Kanada, den Niederlanden, Norwegen, Österreich, Portugal, Schweden, Spanien, Thailand, Tschechien, Ungarn, den USA sowie den Vereinigten Arabischen Emiraten.

*Abbildung 1-1:*     *TYROLIT-Umsatz in Mio. Euro*

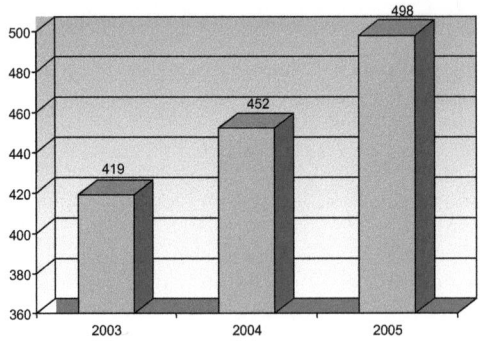

# 2     Leitbild und Ziele

Das Unternehmen strebt die Marktführerschaft in allen Aktivitätsbereichen an. Dieses Ziel und die angestrebte Positionierung als Qualitäts- und Technologieführer finden in dem in *Abbildung 2-1* dargestellten Unternehmensleitbild ihren Ausdruck.

---

**Abbildung 2-1:**    *Leitbild von TYROLIT*

---

Fortschritt und Innovation, herausragende Leistung und Motivation der Marktführer zu sein – das bedarf starker Ambitionen und Visionen. Wir bei TYROLIT sind stolz darauf, dass wir beides haben und leben. Ganz selbstverständlich. Aus Überzeugung. Mit Erfolg.

- Wir sind ein traditionsreiches und modernes Unternehmen. Daraus schöpfen wir unsere Kraft. Aus unseren hundertjährigen Wurzeln ziehen wir unseren unvergleichlichen Erfahrungsschatz und den Focus für das Wesentliche – unsere Kunden bestmöglich zu bedienen.

- Wir sind lokal verankert und zugleich international ausgerichtet. So sind wir für unsere Kunden verlässlicher Partner mit Weitblick. Unser Blick ist nach vorne gerichtet. Unsere Innovationen zeigen dies beeindruckend.

- Wir sind ein Unternehmen mit Passion. Wir wollen unsere Kunden für unsere Produkte und Leistungen begeistern – durch Technologie, Perfektion und Service.

- Wir sind ein Unternehmen, das aus eigener Kraft massiv expandiert. Für unsere Kunden wollen wir ein unkompliziertes und flexibles Unternehmen bleiben, das ihre Wünsche und Bedürfnisse besser als jeder Konkurrent versteht und löst.

- Wir sind ein Arbeitgeber, der die besten Leute anzieht und hält. TYROLIT-Mitarbeiter sind nicht alle gleich. Wir sind unterschiedliche Individuen, die ihre ganz persönlichen Erfahrungen, ihre hohe fachliche Expertise und ihre Persönlichkeit in das Unternehmen einbringen. Unsere Mitarbeiter wollen in einem freien und stark leistungsorientierten Umfeld Höchstleistungen für unsere Kunden erbringen.

---

# 3     Organisation und Vertriebsstruktur

TYROLIT ist divisional organisiert und bietet seine zahlreichen Produkte in sechs branchenorientierten Divisionen an (*Abbildung 3-1*).

---

**Abbildung 3-1:** *Branchenorientierte Divisionen bei TYROLIT*

---

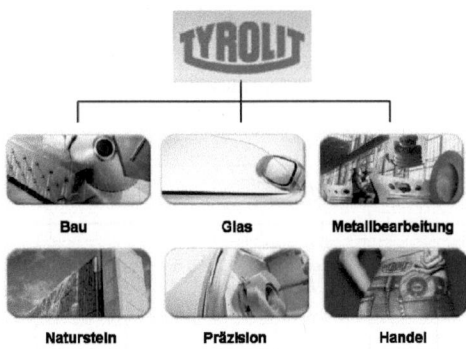

Die gesamte Geschäftstätigkeit ist in zwei strategische Geschäftseinheiten (Strategic Business Units – SBU) gegliedert. Die SBUs sind als Profitcenter organisiert und konzentrieren sich auf Fertigung und Vertrieb der verschiedenen Produktfamilien. Die ehemals weitgehend unabhängig agierenden Divisionen wurden in diese SBUs integriert. Ziel dieser Reorganisation war die Steigerung der Effizienz durch Nutzung der vorhandenen Synergien in Fertigung und Vertrieb. *Abbildung 3-2* illustriert die strategischen Geschäftseinheiten von TYROLIT.

---

**Abbildung 3-2:** *Strategische Geschäftseinheiten von TYROLIT*

---

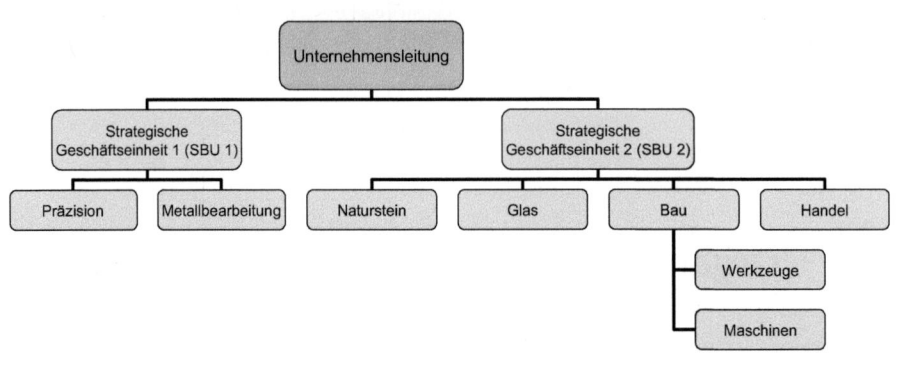

Innerhalb der strategischen Geschäftseinheiten werden die weltweiten Märkte durch ein dichtes Netz von Händlern, Distributoren, eigenen Vertriebsgesellschaften sowie durch Direktvertrieb betreut.

## 3.1   Division Naturstein

TYROLIT bietet mit seiner Marke „Vincent" weltweit ein umfangreiches und technologisch führendes Produktprogramm für die Natursteinindustrie an. Dazu gehören Diamant-Werkzeuge zur Bearbeitung von Marmor, Granit und Feinstein sowie keramische Werkzeuge für alle Anwendungen wie Polieren, Bohren, Kalibrieren, Profilieren und Trennen.

## 3.2   Division Glas

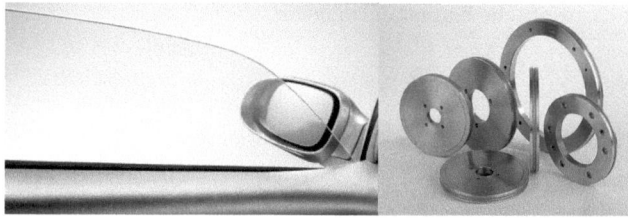

Die Glasindustrie stellt hinsichtlich Technologie und Qualität einen besonders anspruchsvollen Markt für TYROLIT dar. In diesem Markt bietet TYROLIT ebenfalls unter der Marke „Vincent" ein vollständiges Produktprogramm mit Diamant- und keramischen Werkzeugen an.

## 3.3    Division Bau

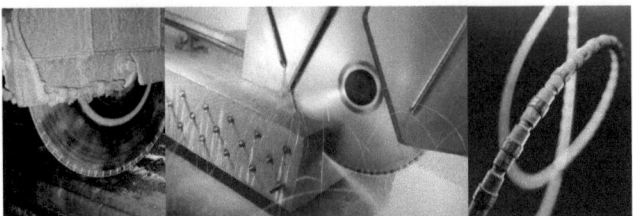

Für die Bearbeitung von Beton und betonähnlichen Baustoffen stellt TYROLIT ein breites Produktspektrum zum Sägen, Schleifen, Bohren, Pressen, Fräsen und Beißen zur Verfügung.

Das TYROLIT-Know-how erstreckt sich von der Grundlagenforschung über die Produktentwicklung bis hin zur Produktion von Maschinen und Werkzeugen für den anonymen Markt, umfasst aber beispielsweise auch State-of-the-Art-Diamant-Werkzeuge und Systemlösungen für spezielle Anwendungsfälle.

Das Leistungsangebot von TYROLIT im Baubereich bezieht sich auf folgende Anwendergruppen:

- ■ Schneid- und Bohrbetriebe,

- ■ Asphalt- und Frischbetonschneider im Tiefbaubereich sowie

- ■ Ziegel-, Feuerfest- und Spannbetonhersteller.

Darüber hinaus wird der fachspezifische Bauhandel beliefert.

## 3.4    Division Handel

Über Händlerstrukturen werden standardisierte Schleif- und Trennwerkzeuge vertrieben. Mit einer breiten Produktpalette kann TYROLIT auf spezifische Kundenbedürfnisse eingehen und ermöglicht dem Anwender durch die drei Qualitätsniveaus SECUR EXTRA, XPERT und CLASSIC eine gezielte Produktauswahl.

## 3.5    Division Metallbearbeitung

TYROLIT ist Komplettanbieter im Bereich Trenn- und Schleifanwendungen für Stahlwerke, die Gießereiindustrie und den Reaktorbau. Eine der wesentlichen Stärken von TYROLIT ist die Optimierung des gesamten Trenn- und Schleifprozesses.

## 3.6    Division Präzision

Eine weitere Kompetenz von TYROLIT liegt im Bereich der Präzisionsbearbeitung. Das Unternehmen bietet ein umfassendes Lösungspaket zum Schleifen von Bauteilen, die hinsichtlich Abmessungen, geometrischen Profilen oder Oberflächengüten definierten Vorgaben entsprechen müssen.

# 4    Absatzmärkte

Die Divisionen Naturstein, Glas, Bau und Handel[1] befinden sich in ihren Kernmärkten West- und Mitteleuropa sowie USA in einer starken Expansionsphase. Aufgrund der traditionell starken Vertriebsorganisation in Europa besitzt TYROLIT dort mit einem breiten Produktspektrum einen hohen Marktanteil. In den USA ist der Marktanteil deutlich geringer, dennoch werden wesentliche Teile des Umsatzes aufgrund der Grö-

---

[1]    Nur diese Divisionen sind für Problemstellungen der Fallstudie von Relevanz.

ße des Markts in diesem Land erwirtschaftet. In Osteuropa sowie in Asien ist die Marktpräsenz von TYROLIT deutlich schwächer.

# 5 Strategische Neuausrichtung: Marktexpansion in Osteuropa

Vor den politischen Umstürzen in den Ländern des ehemaligen Ostblocks war TYRO-LIT in diesen Märkten sehr gut vertreten, verlor seine starke Position jedoch nach der allgemeinen Marktöffnung. In der Vergangenheit wurde hier einiges versäumt, wo-durch wichtige Konkurrenten in den letzten 10 Jahren Marktanteile gewinnen und starke Marktpositionen aufbauen konnten.

Dies gilt insbesondere für jene osteuropäischen Länder, in denen der Handel über staatlich kontrollierte Handelsgesellschaften abgewickelt wurde und in welchen der Mitbewerb jetzt als Generalimporteur auftritt.

Die Bautätigkeit, die vor allem für die TYROLIT-Divisionen Naturstein, Glas, Bau und Handel wichtig ist, ist in Osteuropa stark durch private Bauinitiativen geprägt. Bisher verfügt TYROLIT mit Ausnahme von Ungarn über keine eigenen osteuropäischen Vertriebsgesellschaften. Vielmehr erfolgt die Vertretung über selbstständige Händler. *Abbildung 5-1* zeigt die gegenwärtige Vertriebsstruktur in Osteuropa.

*Abbildung 5-1:* *Vertriebsstruktur in Osteuropa*

| Polen | Zwei Vertretungen |
|---|---|
| Ungarn | Eigene Vertriebsgesellschaft |
| Tschechien | Zwei Vertretungen |
| Rumänien | Zwei Vertretungen |
| Bulgarien | Eine Vertretung |
| Slowakei | Eine Vertretung |
| Ukraine | Zwei Vertretungen |

Die Positionierung in den Zielsegmenten der osteuropäischen Märkte entspricht derzeit jener in den westeuropäischen Märkten, ebenso ist die Markenpolitik identisch. Daher entspricht auch das angebotene Produktspektrum jenem in Westeuropa.

In der Kommunikationspolitik werden in Osteuropa zur Zeit vorwiegend Below-the-Line-Maßnahmen, also beispielsweise Events, Sponsoring und Promotion-Aktivitäten, sowie Messen eingesetzt. Klassische Werbemaßnahmen werden derzeit nicht durchgeführt.

Ein wesentliches Ziel der strategischen Neuausrichtung und Marktstrategie von TY-ROLIT ist die Rückeroberung der ehemals starken Marktposition in Osteuropa. Zur Erreichung dieses Ziels haben die verantwortlichen Marketingleiter der „SBU 2" ein strategisches Projekt mit dem Titel „Marktexpansion in den osteuropäischen Ländern" gestartet. Dabei soll das Wachstum nicht durch Akquisitionen, sondern primär von innen heraus realisiert werden. Andere Ziele des Projekts sind Effizienzsteigerungen in der Organisation und in den Abläufen. Dazu bildet die Entwicklung schlankerer Strukturen und neuer Prozesse zur verbesserten Marktbearbeitung den Kern eines Business-Reengineering-Projekts. In das Expansionsvorhaben werden geographisch alle osteuropäischen Länder mit Ausnahme der GUS-Staaten einbezogen, für welche ein eigenes Projekt gestartet wurde. Hinsichtlich des Vertriebsbereichs in Osteuropa wurden konkrete Umsatzziele für Maschinen- und Werkzeuglieferungen einerseits und die Vertriebsstrukturen (Handel und Direktvertrieb) andererseits gesetzt. Für das Projekt wurde folgende Vorgehensweise gewählt:

■ Einsetzen eines Kernteams zur Planung und Umsetzung der Aufgaben. Der Projektleiter berichtet direkt an die Geschäftsführung von TYROLIT.

■ Analyse des Status Quo:

   o Untersuchung des Marktpotenzials,

   o Bestimmung der Zielkunden und der Haupt-Produktgruppen,

   o Wettbewerbsanalyse,

   o SWOT-Analyse,

   o Identifikation lokaler Hersteller,

   o Analyse der relevanten Importe und Exporte,

   o Überprüfung aller Vertriebskontakte auf deren Informationswert für die jeweiligen Märkte,

   o Untersuchung der Markteintrittsbarrieren für jeden Zielmarkt und

   o Analyse des Chancen-Risiken-Potenzials.

■ Einberufung eines Workshops mit allen Vertriebs- und Marketingmitarbeitern, die für die osteuropäischen Zielmärkte zuständig sind:

   o Strukturierung der vorhandenen Informationen,

   o Festlegung der Prioritäten für Märkte und Zielkunden und

*Rainer Daubeck/Kurt Gaubinger*

  o Klärung offener Fragen.

◾ Durchführung detaillierter Marktanalysen für die priorisierten Märkte.

# 6  Problemstellungen

◾ Diskutieren Sie die gegenwärtig von TYROLIT verfolgte Positionierungsstrategie in den osteuropäischen Märkten. Welchen Ansatz würden Sie wählen?

◾ Welche Daten werden für die Erstellung einer Positionierungsanalyse benötigt? Lässt sich eine solche Analyse auf Basis der Inhalte des Projekts „Marktexpansion in den osteuropäischen Ländern" durchführen? Wie würden Sie gegebenenfalls den Projektablauf und die Projektinhalte modifizieren?

◾ Sollte TYROLIT für die osteuropäischen Märkte Maßnahmen der Produktmodifikation überlegen? Welche Faktoren nehmen auf diese Entscheidung Einfluss?

◾ Welche Aspekte des Markenmanagements sollten im Rahmen der Expansionsstrategie berücksichtigt werden?

◾ Welche Strategien und Maßnahmen schlagen Sie in der Distributionspolitik aufgrund der von Ihnen gewählten Positionierungsstrategie vor?

◾ Welche Kommunikationsstrategie sollte TYROLIT in Osteuropa verfolgen und welche Kommunikationsmaßnahmen sollten gesetzt werden?

# Kurt Gaubinger

# Fallstudie Fill Maschinen- und Anlagenbau

## Marketingaktivitäten im internationalen Anlagenbau

# 1 Fill GmbH

## 1.1 Unternehmensgeschichte

Die Firma Fill wurde 1966 von Josef Fill als Einzelunternehmen im Bereich Sondermaschinenbau gegründet. Mit einem Auftrag des oberösterreichischen Skiherstellers
Fischer für eine Fräsmaschine begann 1969 die Erfolgsgeschichte „Fill und die Skiher-
stellung". Seit dieser Zeit entwickelte sich Fill vom regionalen Problemlöser zu einem
der weltweit führenden Maschinenbauunternehmen sowohl in der Ski- und Snowboardindustrie als auch der Holz-, Kunststoff- und Aluminium-Gießereitechnik-
Branche. 1999 übergab Josef Fill die Leitung des Unternehmens an seinen Sohn Andreas, der die Unternehmensphilosophie folgendermaßen umreißt: „Wir setzen auf Fortschritt und Beständigkeit und gleichzeitig ist unsere Fertigung stets State-of-the-Art.
Zusätzlich arbeiten wir mit den modernsten Management-Methoden". Den Spagat
zwischen Beständigkeit und Fortschritt schafft das Unternehmen bestens. Das belegen
eindrucksvoll die Unternehmensdaten: 20 Prozent der Fill-Mitarbeiter sind seit mehr
als 20 Jahren im Unternehmen tätig, 60 Prozent der Stammkunden halten dem Unternehmen seit über 10 Jahren die Treue und 80 Prozent aller Autos in Europa fahren mit
Fill-Technologie. Überdies vertrauen 100 Prozent der namhaften Skiproduzenten auf
die Maschinen und Anlagen aus Gurten (Oberösterreich).

## 1.2 Unternehmensdaten

Seit der Unternehmensgründung stiegen die Umsatzzahlen und der Mitarbeiterstand
kontinuierlich an. Im Jahr 2005 erwirtschaftete Fill mit rund 300 Mitarbeitern einen
Jahresumsatz von über 39 Mio. Euro.

---

*Abbildung 1-1:*    *Mitarbeiterstruktur der Fill GmbH*

---

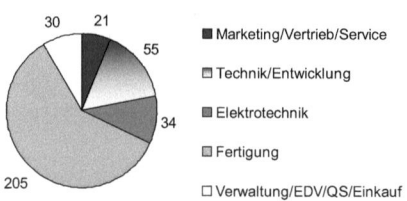

---

Von den gegenwärtig insgesamt 345 Mitarbeitern sind mehr als 50 Personen in den Bereichen Marketing/Vertrieb/Service und Verwaltung tätig. Rund 90 Personen sind im Bereich Technik beschäftigt und über 200 Mitarbeiter arbeiten in der Fertigung. Die genaue funktionsspezifische Aufteilung der Mitarbeiter ist aus *Abbildung 1-1* ersichtlich.

## 1.3 Geschäftsbereiche

Das Leistungsangebot von Fill gliedert sich in folgende sechs Geschäftsbereiche:

- Aluminium-Gießereitechnik,

- Kunststoffindustrie,

- holzverarbeitende Industrie,

- Ski- und Snowboardindustrie,

- Metall-Zerspanungsindustrie und

- Sondermaschinenbau.

Im Geschäftsbereich **Aluminium-Gießereitechnik** reicht das Produktspektrum von Gießmanipulatoren, Gießmaschinen, Kühl- und Entkernungssystemen bis hin zu Vorbearbeitungs- und Prüfanlagen[1]. Bei der Entwicklung des Produktspektrums setzt Fill Maßstäbe im individuellen Maschinenbau und beim Design. Die Weiterentwicklung des *Tiltcaster* (Kippgießmaschine) und des integrierten *Castmaster* (Gießhandling) sind die ersten erfolgreichen Ergebnisse der Zusammenarbeit mit professionellen Industriedesignern (*Abbildung 1-2*). Industriedesign versteht Fill dabei als das Ergebnis aus der optimalen Verbindung zukunftsweisender Technologien, verbesserter Ergonomie und ansprechender Optik, wodurch die Produktionszeiten und -kosten der Kunden reduziert werden können. Die Qualität des Designs belegt auch die Prämierung mit dem iF Design Award, bei welchem sich Fill gegen ein hochqualifiziertes internationales Wettbewerbsumfeld durchsetzen konnte. Schon mehrfach prämiert wurde auch der hohe Innovationsgrad der gefertigten Anlagen. So wurde die Entkernanlage *Swingmaster* sowohl mit der goldenen Plakette durch den Forschungs-Förderungsfond als auch mit dem Innovationspreis des Landes Oberösterreich ausgezeichnet. Zur Hauptproduktionssparte des Geschäftsbereichs entwickelte sich in den letzten Jahren vor allem die Automobilindustrie. Mit Spezialanlagen für den Aluminium-Schwerkraftguss konnte Fill bedeutende Kunden wie BMW, DaimlerChrysler, General Motors und Volkswagen gewinnen.

---

[1] Die Problemstellungen dieser Fallstudie betreffen den Geschäftsbereich Aluminium-Gießereitechnik. Daher wird dieser Bereich detaillierter dargestellt.

*Abbildung 1-2:*    *Auszug aus dem Leistungsspektrum – Aluminium-Gießereitechnik*

In den Geschäftsbereichen **Kunststoffindustrie** und **holzverarbeitende Industrie** umfasst das Angebotsspektrum Formenträgersysteme, Bearbeitungsgeräte, Transport-systeme sowie Prüf- und Verpackungssysteme (*Abbildung 1-3*). Dabei entwickelt und fertigt Fill im Bereich der Kunststoffindustrie exklusiv für das deutsche Unternehmen Krauss Maffei AG. In der Sparte holzverarbeitende Industrie ist Fill seit 30 Jahren tätig. Aufgrund der verstärkten Automatisation und Rationalisierung in der Holzindustrie wurde diese Branche zu einem immer wichtigeren Absatzsegment des Unternehmens.

*Abbildung 1-3:*    *Auszug aus dem Leistungsspektrum – Kunststoff- und holzverarbeitende Industrie*

Weltweiter Markt- und Technologieführer ist Fill bei **Ski- und Snowboardprodukti-onsmaschinen**. Über diesen Geschäftsbereich ist Geschäftsführer Andreas Fill beson-ders stolz: „Alle namhaften Ski- und Snowboardproduzenten in Europa und Übersee sind seit vielen Jahren unsere Kunden und egal, wer letztendlich das Rennen macht, die Siegerski wurden auf jeden Fall auf einer Maschine aus dem Hause Fill gefertigt." Das Anlagenspektrum umfasst dabei CNC-Bauteilfräsen, Schleifmaschinen, Reinigungs- und Trockenmaschinen, Beschichtungs- und Wachsanlagen sowie Prüfmaschinen (*Abbildung 1-4*).

**Abbildung 1-4:** *Auszug aus dem Leistungsspektrum – Ski- und Snowboardindustrie*

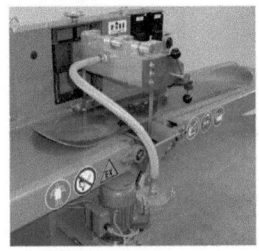

Anlagen des Geschäftsbereichs **Metall-Zerspanungsindustrie** setzen dort an, wo herkömmliche CNC-Bearbeitungszentren hinsichtlich Stückzahlen, Flexibilität und Schwierigkeit der Bearbeitung an ihre Grenzen stoßen. Insbesondere für die Automotive-Industrie entwickelt Fill zukunftsweisende Lösungen in den Bereichen Lineartransferanlagen, Portalbearbeitungsanlagen und Rundtaktbearbeitungszentren (*Abbildung 1-5*).

**Abbildung 1-5:** *Auszug aus dem Leistungsspektrum – Metall-Zerspanungsindustrie*

Im Geschäftsbereich **Sondermaschinenbau** konstruiert und fertigt Fill speziell nach Kundenwünschen definierte Maschinen und Anlagen. Sowohl Maschinen und Anlagen für spanabhebende Bearbeitung als auch produktspezifische Sondermaschinen werden in diesem Geschäftsbereich als Einzelmaschine, im System als Rundtaktzentrum oder auch als Transferanlage entwickelt, gefertigt und beim Kunden in Betrieb genommen.

## 1.4 Organisation

Da der Kundenkreis von Fill vorwiegend große Kunden umfasst, wird diesen im Rahmen eines Key-Account-Managements (KAM) besondere Aufmerksamkeit geschenkt. Das KAM ist dabei in eine Matrixorganisation eingebunden, welche in *Abbildung 1-6* dargestellt ist.

*Abbildung 1-6:*     *Organigramm der Fill GmbH*

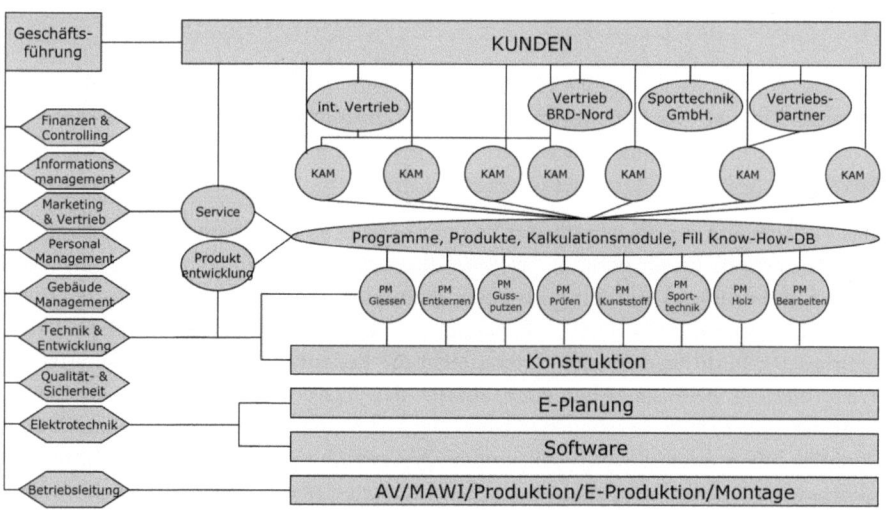

## 2 Unternehmensziele

Um dem Leitspruch des Unternehmens „Technik der Zukunft" gerecht zu werden, strebt Fill eine internationale Führungsposition im Bereich innovativer Produktionsprozesse an, welche man vor allem durch motivierte Mitarbeiter und den Einsatz modernster Technik und Managementmethoden erreichen will. Diese Zielsetzungen finden in der Unternehmensvision ihren Ausdruck (*Abbildung 2-1*).

---

***Abbildung 2-1:*** *Unternehmensvision der Fill GmbH*

---

- **Fill ist in seinen Tätigkeitsbereichen die international beste Ideenfabrik (technisch und menschlich) für Produktionsprozesse.**

- **Dies erreichen wir in Teamarbeit mit hoch motivierten MitarbeiterInnen und PartnerInnen.**

- **Modernste Technik und Methoden in Management, Kommunikation und Produktion unterstützen uns dabei.**

---

Die operative Umsetzung der Unternehmensvision wird darin deutlich, dass es ein erklärtes Ziel der Geschäftsführung ist, jährlich fünf Prozent des Umsatzes in die Forschung und Entwicklung und weitere drei Prozent in die Mitarbeiterentwicklung zu investieren.

Das Engagement für die Mitarbeiter beginnt bereits bei der Lehrlingsausbildung, welcher Fill breiten Raum widmet. Im Jahr 2006 erlernten 45 Jugendliche einen technischen Lehrberuf und wurden nach Beendigung der Ausbildung bei Fill als Facharbeiter übernommen. Die Errichtung eines modernst ausgestatteten Lehrlingsausbildungszentrums unterstreicht die Bedeutung, welche Fill der Aus- und Weiterbildung beimisst. Aber auch abseits der fachlichen Ausbildung können die Lehrlinge viel lernen. Persönlichkeitsbildung wird groß geschrieben und durch Seminare der Fill-Academy, welche ein breites Weiterbildungsangebot für alle Mitarbeiter offeriert, stets gefördert. „In einer klar strukturierten und transparenten Schulungsorganisation bereiten wir Fill-Mitarbeiter auf neue Aufgaben vor. Eine langfristig geplante und kontinuierliche Weiterbildung im Sach- und Sozialbereich auf breiter Basis trägt wesentlich zu unserem Erfolg bei", bringt Geschäftsführer Andreas Fill die Weiterbildungs-Philosophie seines Unternehmens auf den Punkt. 2004 konnte jeder Mitarbeiter durchschnittlich 3,5 Seminartage für sich in Anspruch nehmen. Damit liegt Fill im österreichischen Spitzenfeld.

Mit dem Sicherheits- und Gesundheitsprogramm „fill in form! und du?" bietet Fill seinen Mitarbeitern ein umfassendes Maßnahmenpaket, welches auf die Erhöhung der Arbeitssicherheit, der Mitarbeitergesundheit sowie der Mitarbeiterzufriedenheit abzielt. Das Programm wurde mit dem oberösterreichischen Gesundheitspreis ausgezeichnet und findet bei den Mitarbeitern großen Anklang. Fill zählt damit zu den Maschinenbaubetrieben Österreichs mit den gesündesten Mitarbeitern.

# 3    Absatzmärkte

Neben Österreich bildet Deutschland den wichtigsten Absatzmarkt von Fill. Knapp zwei Drittel aller erzeugten Anlagen werden in diesen beiden Märkten abgesetzt. Aufgrund der aufstrebenden Märkte in Südamerika und Asien steigen die Exportanteile in diesen Regionen aber stetig an.

Im Geschäftsbereich Aluminium-Gießereitechnik bilden, wie bereits erwähnt, vor allem Automobilzulieferer und Automobilhersteller den Kundenkreis von Fill. Als Referenzen können folgende Unternehmen angeführt werden: Alcoa, BMW, DaimlerChrysler, General Motors, Georg Fischer +GF+, Handtmann, Hayes Lemmerz, Honsel, HYDRO Aluminium-Konzern, Kolbenschmidt Pierburg, Mahle, Montupet, Rautenbach, Teksid und Volkswagen.

# 4    Der Geschäftsfall Aluminium-Engineering AG

## 4.1    Ausgangssituation

Das baden-württembergische Unternehmen Aluminium-Engineering AG[2] ist direkter Entwicklungspartner der Automobilindustrie. Die Kernkompetenz des Unternehmens liegt in der technologischen Entwicklung und gießtechnischen Umsetzung von Aluminium-Motorblöcken. Aufgrund der Anwendung modernster Gießverfahren konnte das Unternehmen die Marktführerschaft bei Zylinderkurbelgehäusen ausbauen. Das Unternehmen beschäftigt 798 Mitarbeiter, wobei 63 in der Forschungs- und Entwicklungsabteilung tätig sind. Zu den Kunden des Unternehmens zählen vor allem deutsche und französische Automobilhersteller.

Die Aluminium-Engineering AG hat von einem großen Automobilhersteller den Auftrag erhalten, einen Hochleistungs-Aluminium-Motorblock für die nächste Fahrzeug-

---

2    Der Unternehmensname sowie die Unternehmensdaten wurden für diese Fallstudie geändert.

generation zu produzieren. Für diesen Auftrag wird eine neue Produktionsanlage benötigt. Die Anforderungen an diese Anlage werden von leitenden Mitarbeitern der Fertigungs- sowie der Forschungs- und Entwicklungsabteilung in einem Lastenheft formuliert, welches die Grundlage für die Anfrage bildet. Die Anfrage-Unterlagen werden im Wege einer freihändigen Vergabe an Fill und vier weitere potenzielle Anbieter gesandt.

## 4.2 Der Weg bis zur Kaufentscheidung

Nach Eingang der Anfrage beginnt bei Fill ein klar definierter Angebotserstellungsprozess. Im Rahmen einer internen Machbarkeitsprüfung wird das erwartete Projektergebnis der Auftragswahrscheinlichkeit sowie den Angebotskosten gegenübergestellt. Da zwischen Fill und der Aluminium-Engineering AG bereits eine langjährige Geschäftsbeziehung besteht, wird die Auftragswahrscheinlichkeit als sehr hoch bewertet. Aufgrund des positiven Ergebnisses der internen Machbarkeitsprüfung wird somit entschieden, ein Angebot zu erstellen.

Auf Basis der Vorgaben des Lastenhefts wird in intensiver Zusammenarbeit der Abteilungen Technik, E-Technik und Vertrieb ein Anlagenkonzept spezifiziert. Bedingt durch den hohen Innovationsgrad der Anforderungen wird beim gegenständlichen Projekt auch die Forschungs- und Entwicklungsabteilung eingebunden. Das Resultat dieser Phase ist ein kundenspezifisches Anlagenkonzept, welches die Gießmaschine *Tiltcaster TCS*, ein Kühlfördersystem *Coolveyor CV*, eine Entkernmaschine *Swingmaster SM3* sowie eine daran angebundene Gussputzlinie beinhaltet. Dieses Konzept wird vom Key-Account-Manager und zwei Kollegen aus den Bereichen Konstruktion und E-Planung beim Kunden präsentiert, wobei hier offene Fragen geklärt und notwendige Optimierungen besprochen werden.

Aufbauend auf einem modifizierten technischen Konzept wird im nächsten Schritt ein Angebot erstellt, welches neben den technischen Details auch konkrete Angaben hinsichtlich Preis und Lieferkonditionen beinhaltet. Nach einer finalen internen technischen und kaufmännischen Prüfung, bei der insbesondere auch die Controlling-Abteilung eingebunden ist, wird das Angebot der Aluminium-Engineering AG übermittelt.

Das Angebot wird vom Buying Center der Aluminium-Engineering AG geprüft und mit anderen vorliegenden Angeboten verglichen. Aufgrund der Attraktivität des jeweiligen Angebots nimmt das Unternehmen konkrete Verhandlungen mit Fill und einem weiteren Anbieter auf. Im Rahmen dieser Verhandlungen werden Angebotsteile diskutiert, über die noch kein Konsens besteht bzw. bei denen aus Kundensicht noch Optimierungen notwendig sind. Das Angebot ist (gegebenenfalls mehrmals) zu überarbeiten, wird erneut von der Aluminium-Engineering AG geprüft und diese trifft eine Entscheidung für oder gegen Fill. *Abbildung 4-1* gibt zusammenfassend einen Über-

blick über die einzelnen Prozessschritte der Angebotserstellungs- und Kundenverhandlungsphase.

*Abbildung 4-1:*    *Prozessschritte der Angebotserstellungs- und Kundenverhandlungsphase*

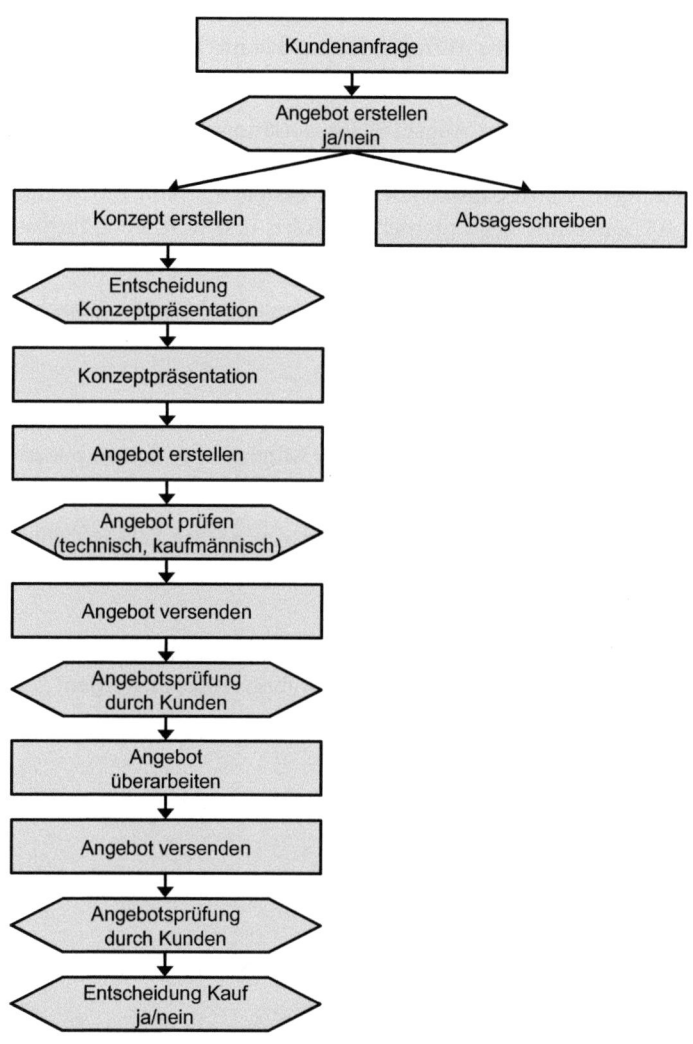

# 5 Problemstellungen

■ Welche Marketingziele sollte Fill in der Voranfragephase grundsätzlich verfolgen und durch welche Marketinginstrumente können diese Ziele erreicht werden?

■ Warum kommt der Anfrageanalyse im Anlagengeschäft eine große Bedeutung zu und welche Konzepte der Anfrageselektion könnte Fill einsetzen? Erläutern Sie, welche Kriterien dabei berücksichtigt werden sollten.

■ Bei der Formulierung der Angebote für ausländische Kunden müssen die Vertriebsingenieure von Fill in vielen Fällen die Risiken langfristiger Exportgeschäfte berücksichtigen. Welche Risiken würden bestehen, wenn die Aluminium-Engineering AG ein asiatisches Unternehmen wäre, und welche Möglichkeiten der Risikoabdeckung könnten in diesem Fall angewandt werden?

■ Welche Gründe könnten Fill dazu veranlassen, zur Abwicklung des beschriebenen Projekts eine kooperative Anbietergemeinschaft zu bilden, und welche Risiken sind damit verbunden?

■ Identifizieren Sie die Mitglieder des „Fill Selling Centers". Begründen Sie Ihre Antwort und gehen Sie auf die Funktionen der Mitglieder in den einzelnen Phasen des Vermarktungsprozesses genauer ein.

■ Mit welchen zentralen Verhandlungspunkten wird das Selling Center der Firma Fill im Regelfall nach der Öffnung der Angebote konfrontiert und was bewirkt eine Änderung der Angebotsbestandteile?

■ Welche Marketingaufgaben müssen von den Fill-Mitarbeitern nach Eingang des Auftrags der Aluminium-Engineering AG wahrgenommen werden?

Andreas Platzer/Harald Kindermann

# Fallstudie HALI Büromöbel GmbH

## Probleme eines Systemanbieters

# 1    Firmenportrait

Das Unternehmen HALI Büromöbel GmbH wurde 1942 als Familienbetrieb von Josef Haberleitner in Linz (Oberösterreich) gegründet. Von diesem ersten Standort leitet sich auch der Markenname ab: **HA**berleitner **LI**nz. Verkauft wurden in den ersten Jahren Rechenmaschinen, erst später wurde mit der Produktion von Büromöbeln in einer Werkstätte in Aschach an der Donau (Oberösterreich) begonnen. 1962 erfolgte unter der Leitung des Schwiegersohns des Gründers, Dr. Winfried Ransmayr, die Übersiedlung in die Produktionsstätte nach Eferding (Oberösterreich).

Die Söhne von Dr. Ransmayr, KR Ing. Michael und Mag. Winfried Ransmayr, übernahmen 1984 die Geschäftsführung und leiten HALI bis heute. 1998 wurde HALI in die Ransmayr-Privatstiftung eingebracht. Heute erwirtschaftet das Unternehmen mit rund 370 Mitarbeitern einen Jahresumsatz von über 50 Mio. Euro. Die Entwicklung wichtiger Unternehmenskennzahlen im Zeitraum von 2002 bis 2005 zeigt *Abbildung 1-1*.

---

**Abbildung 1-1:**    *Entwicklung wichtiger Unternehmenskennzahlen*

---

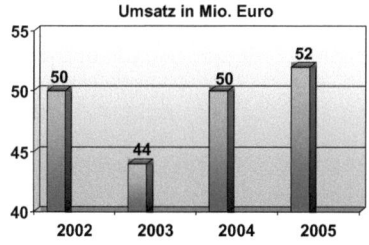

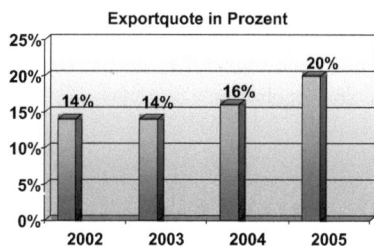

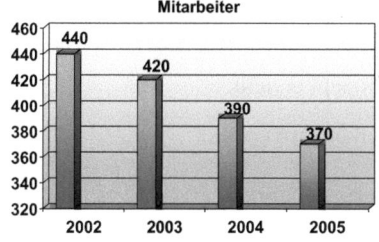

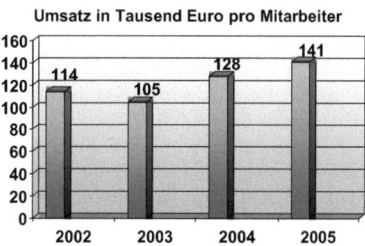

---

# 2 Das HALI-Sortiment

Die von HALI angebotenen Produkte gliedern sich in zwei Kategorien, und zwar HALI-Hardware und HALI-Software (*Abbildung 2-1*).

## 2.1 HALI-Hardware

HALI-Hardware umfasst die folgenden Komponenten:

- Büro-Möbelsysteme: HALIsystem 110 bis 800 (Tische und Pulte),
- HALI-Stühle (Julia, Romeo),
- sonstige Stühle (diverse Dreh- und Besprechungsstühle),
- HALI-Besprechungstische,
- HALI-Schränke,
- Raumbildung (Organisations- und Nurglastrennwände, Stauraum) und
- diverses Zubehör (Ladenteile, Beleuchtung, Sichtschutz, Pinnwände, etc.).

Die Produkte werden auf dem Firmenareal in Eferding produziert. Lediglich die Dreh- und Besprechungsstühle und diverse Zubehörteile werden zugekauft und als Handelsware angeboten.

## 2.2 HALI-Software

Die einzelnen HALI-Dienstleistungsmodule bauen aufeinander auf, können aber auch – die notwendigen Informationen vorausgesetzt – einzeln beauftragt werden. Konkret werden folgende Leistungen angeboten:

- Grundlagenermittlung: Es erfolgt eine detaillierte Arbeitsplatzanalyse.
- Planung: Es wird ein vollständiges Raumkonzept erstellt.
- CD-Planung: Es wird ein Farb- und Materialkonzept erstellt.
- Kostenermittlung: Es werden die für die Angebotslegung relevanten Kosten kalkuliert.
- Cash-Konzept: HALI erstellt ein vollständiges Finanzierungskonzept.

■ Altmöbel-Konzept: HALI kümmert sich um die fachgerechte Entsorgung vorhandenen, nicht mehr verwendbaren Mobiliars.

---

*Abbildung 2-1:*   *HALI-Software – das Dienstleistungskonzept*

---

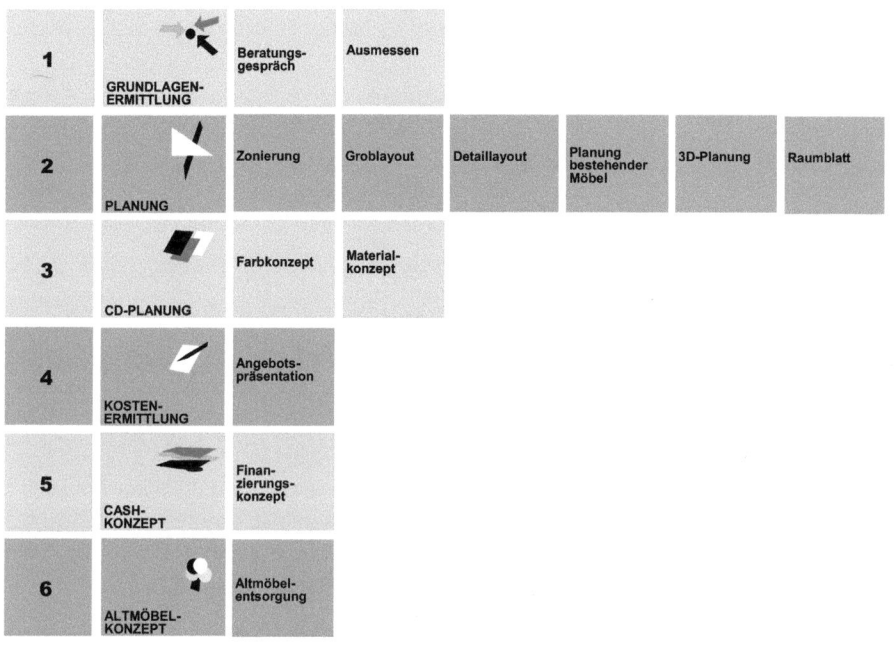

# 3 Die Marktsituation

HALI befindet sich in Österreich in einem oligopolistischen Marktumfeld, in welchem sich vier Anbieter (HALI, BENE, Neudörfler und Swoboda) über 60 Prozent des Marktvolumens teilen. Zu konstatieren ist, dass der Büromöbelmarkt durch eine eingeschränkte Zahl potenzieller Kunden gekennzeichnet ist, was bedeutet, dass ein wesentlicher Teil des Erfolgs von einer relativ kleinen Zahl bestehender bzw. potenzieller Kunden bestimmt wird.

Im nationalen Büromöbelmarkt beträgt der Marktanteil von HALI rund 18 Prozent, der Exportanteil liegt bei 15 Prozent. HALI ist damit die starke Nummer zwei im österreichischen Büromöbelmarkt. Marktführer ist BENE mit 23 Prozent, auf Platz 3 folgt Neudörfler mit 10 Prozent und Swoboda hält mit 9 Prozent Platz 4 (*Abbildung 3-1*).

*Abbildung 3-1:*   *Marktanteile im österreichischen Büromöbelmarkt*

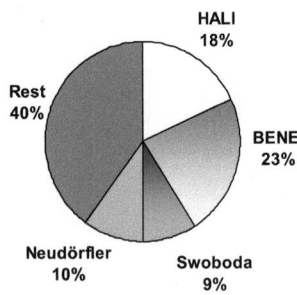

Der Bedarf an Büromöbeln in Österreich sinkt schon seit dem Jahr 2000 kontinuierlich. Wurden damals noch insgesamt 285 Mio. Euro umgesetzt, so konnten 2005 nur noch knapp 245 Mio. Euro an Umsatz erzielt werden. Mit der sinkenden Nachfrage fielen auch die Preise. Erst im Jahr 2005 war eine leichte Trendwende erkennbar und es konnten bei der Nachfrage erstmals wieder positive Zuwachsraten in Höhe von 2,1 Prozent verzeichnet werden.

Die Rabattschlacht bei Büromöbeln wurde aber dadurch nicht gestoppt. Selbst bei kleineren Projekten mit drei bis vier auszustattenden Arbeitsplätzen geht der Preiskampf derzeit unvermindert weiter.

Allerdings ist der Leidensdruck in der Branche bereits so hoch, dass es aller Voraussicht nach zukünftig im österreichischen Büromöbelmarkt bei einer leicht steigenden Nachfrage zu moderaten Preiserhöhungen kommen wird (*Abbildung 3-2*).

**Abbildung 3-2:**    *Entwicklung der Büromöbelpreise im Vergleich zur Nachfrage*

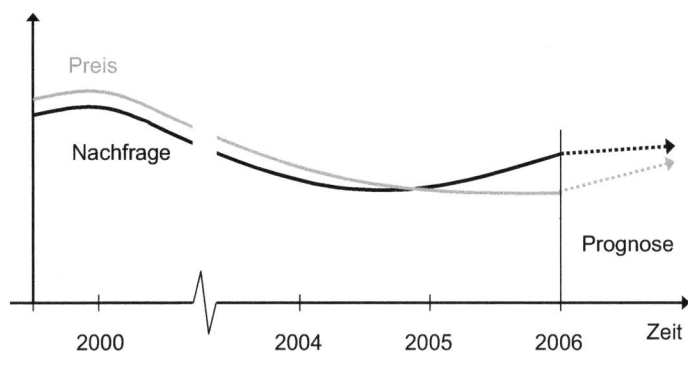

Die schwache Performance des Büromöbelmarkts der letzten Jahre betrifft fast alle Produktgruppen. Lediglich Besprechungstische verzeichneten mit +5,6 Prozent eine mengenmäßige Steigerungsrate. Grund für diese gute Entwicklung waren Änderungen in der Büroplanung. Konzepte wie Face-to-Face-Kommunikation, Team- und Projektarbeit rückten immer mehr in den Mittelpunkt der Unternehmensphilosophie und stärkten den Bedarf in diesem Segment der Kommunikationsinfrastruktur. Mittlerweile schlägt sich der skizzierte Trend bei den Besprechungstischen auch in leicht steigenden Preisen nieder. Darüber hinaus gewinnen Großraumbüros zunehmend an Bedeutung und es wird daher in den nächsten Jahren vermutlich zu einem Wachstum bei den Gliederungselementen kommen.

Trotz dieser positiven Entwicklung in einzelnen Produktbereichen sind die Büro-Möbelsysteme und Schränke für 84 Prozent des Umsatzes im Büromöbelmarkt verantwortlich und beeinflussen mit ihrer Performance den gesamten Markt.

HALI konnte die Umsatzrückgänge im Inland durch eine Erhöhung der Exportquote bisher weitgehend kompensieren. Mit einer Steigerungsrate von 9 Prozent wurde im Export sogar ein hohes Wachstum erzielt. Vor allem die Nachfrage aus Russland und dem arabischen Raum nahm dabei beträchtlich zu.

*Andreas Platzer / Harald Kindermann*

# 4 Die Vertriebs- und Kundenstruktur von HALI

Der Vertrieb von HALI-Produkten erfolgt über eigene Verkaufsniederlassungen mit Außendienstmitarbeitern in Österreich und Deutschland sowie über 20 rechtlich selbstständige Vertragspartner, sogenannte Trading Partner, in ganz Europa. Mit diesem Netzwerk werden derzeit rund 15.000 Kunden betreut.

Die Kunden werden von HALI in drei Gruppen unterteilt:

■ Kleine und mittlere Unternehmen (bis ca. 200 auszustattende Arbeitsplätze),

■ Großindustrie (mehr als 200 auszustattende Arbeitsplätze) und

■ öffentliche Einrichtungen.

Für eine detaillierte Segmentierung der Kunden werden Betriebsgröße, Branche und geographische Lage als zusätzliche Kriterien herangezogen. Jedem Stammkunden wird ein konkreter Außendienstmitarbeiter zugewiesen.

---

**Abbildung 4-1:** *Die Vertriebsstruktur von HALI*

---

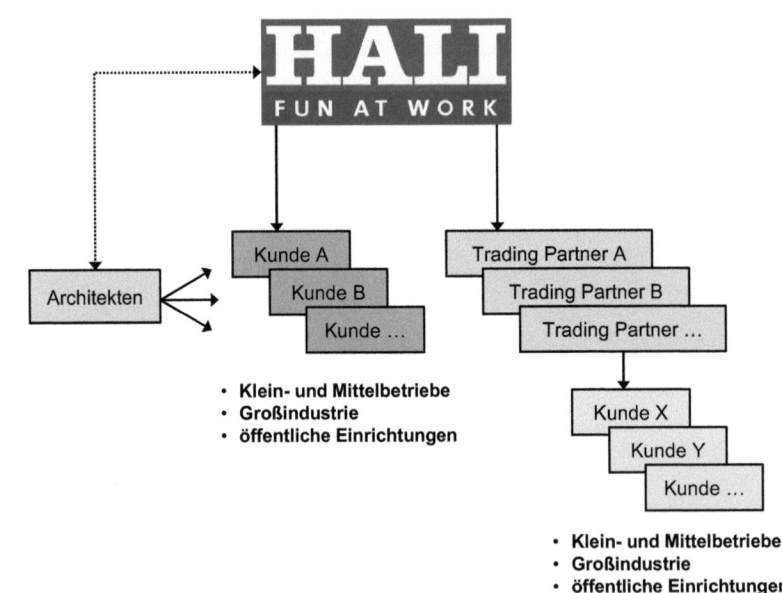

Eine besondere Rolle als Auftraggeber nehmen öffentliche Einrichtungen ein. Diese müssen aufgrund der gesetzlichen Vorgaben gegenüber potenziellen Auftraggebern unparteiisch agieren und bei Überschreiten einer gewissen Auftragsgröße hat eine nationale bzw. internationale Ausschreibung zu erfolgen. Somit rücken der Preis bzw. das Preis-Leistungs-Verhältnis als wichtigste Entscheidungskriterien in den Mittelpunkt der Überlegungen.

Von großer Bedeutung ist im Büromöbelmarkt der Architekt. Er ist in seiner Funktion nicht direkt Kunde oder Investor, sondern Planer, Beeinflusser und Multiplikator. Somit steht er als Vermittler zwischen HALI und dem Kunden. Der Architekt ist vor allem an einer termingerechten und problemlosen Auftragsabwicklung interessiert. Des Weiteren ist die Flexibilität hinsichtlich spezifischer, individueller Kundenlösungen ein wesentlicher Entscheidungsfaktor dafür, mit wem der Architekt zusammenarbeiten will oder mit wem er eine Zusammenarbeit empfiehlt. Daher wird der Architekt bei der Beratung, Planung und Ausschreibung von HALI bestmöglich unterstützt.

*Abbildung 4-1* illustriert zusammenfassend die Vertriebsstruktur von HALI.

# 5 Informationsquellen und Kaufkriterien

Im Rahmen telefonischer Interviews wurden Anfang 2006 annähernd 500 Firmen von HALI zum Thema Informationsquellen und Kaufkriterien für Büromöbel befragt. Das Ergebnis stellt sich wie folgt dar:

- Als **Hauptinformationsquellen** werden, mit einem annähernd gleichen Prozentsatz von knapp über 20 Prozent, Prospekte und Kataloge genutzt. Das Internet, das mit 18 Prozent an dritter Stelle steht, wird ebenso als zentrale Informationsquelle herangezogen. Schauräume und ein Besuch beim Möbelproduzenten wurden als weitere Informationsquellen angegeben. Darüber hinaus werden von Freunden, Architekten und Außendienstmitarbeitern Meinungen und Informationen über die Produkte eingeholt. Somit spielt die Mund-zu-Mund-Kommunikation eine bedeutende Rolle.

- Hinsichtlich der **Kaufkriterien** für Büromöbel zeigt das Ergebnis der Befragung, dass für 75 Prozent ein effizientes Arbeiten durch die Büromöbel „sehr wichtig" und für 22 Prozent „wichtig" ist. 66 Prozent empfinden das Kundenservice als „sehr wichtig" und für 61 Prozent ist die Qualität der Büromöbel „sehr wichtig". 57 Prozent geben an, dass für sie eine individuelle Planung der Einrichtung „sehr wichtig" ist. Ebenso schätzen 47 Prozent der Befragten die Unterstützung bei der Planung durch den Büromöbelproduzenten als „sehr wichtig" ein. Ein funktionales Design der Büromöbel spielt für 55 Prozent eine sehr große Rolle. Ebenso wird ein durchdachtes Farbkonzept gewünscht. Die beiden Komponenten Preis und Lieferzeit empfinden noch 30 Prozent als „sehr wichtig". Dass ein Lieferant über ein Umweltzertifikat verfügt, erachten 42 Prozent für „sehr wichtig", und dass die Büromöbel mit einem Qualitätszertifikat ausgezeichnet sind, stellt für 44 Prozent der Befragten ein sehr wichtiges Kaufkriterium dar (*Abbildung 5-1*).

**Abbildung 5-1:**    *Als „sehr wichtig" empfundene Kaufkriterien für Büromöbel*

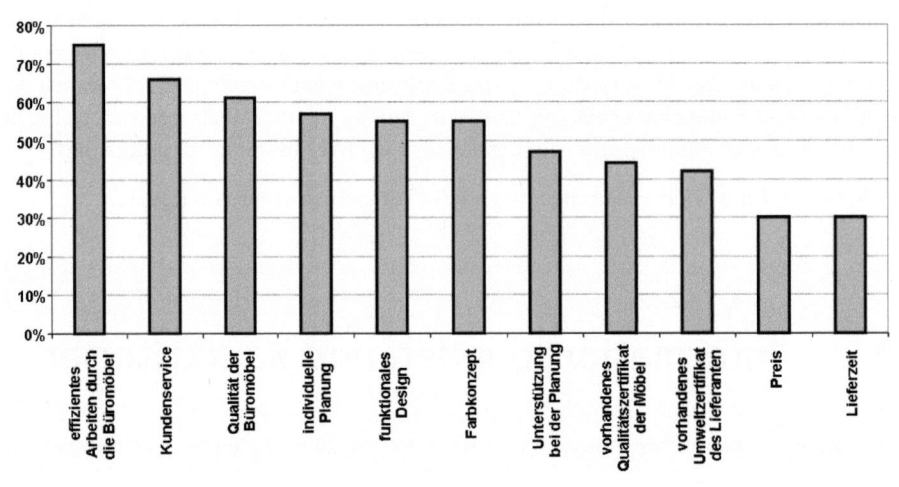

# 6    Das Systemgeschäft bei HALI

Büromöbel sind in der Regel langlebige Gebrauchsgüter und müssen je nach Verarbeitungsqualität etwa alle 10 bis 15 Jahre erneuert werden.

Wie *Abbildung 6-1* illustriert, sind die Unterschiede zwischen den Büromöbeln führender Hersteller hinsichtlich Verarbeitungsqualität, Farbe und Design in der Regel nur marginal.

Eine Differenzierung der Hardware erfolgt meist über begleitende, kostenlose Betreuungsleistungen, welche vom Kunden als maßgebliche Kaufentscheidungskriterien bei der **Erstanschaffung** gesehen werden.

*Abbildung 6-1:*   *Zwei Büro-Möbelsysteme unterschiedlicher Hersteller*

Hersteller A                     Hersteller B

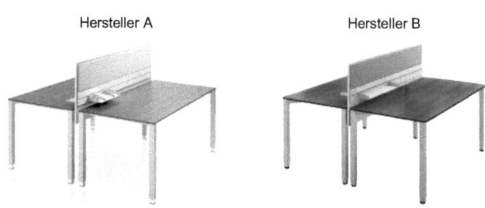

Aufgrund der erwähnten Langlebigkeit von Büromöbeln entsteht mit einem Kunden automatisch eine längerfristige Geschäftsbeziehung, bei der sich im Idealfall wechselseitiges Vertrauen ausbildet. In diesem Zusammenhang kommt dem Außendienstmitarbeiter eine wichtige Funktion zu. Dieser kennt die ihm zugeteilten Kunden sehr genau, kann aufgrund der Kundennähe die jeweiligen Bedürfnisse gut abschätzen und somit die notwendigen Schritte zur Bedürfnisbefriedigung einleiten.

Ein wichtiges Geschäft stellt der **Nachkauf** einzelner Büromöbelkomponenten dar. Um dieses Folgegeschäft trotz der angesprochenen Ähnlichkeit der Büromöbel absichern zu können, hat sich bei den meisten Büromöbelanbietern folgende dreidimensionale Vorgehensweise etabliert:

■ Die Abmessungen sämtlicher Systemteile entsprechen einem „internen Standard". Aus diesem Grund sind die einzelnen Systemteile zwischen den unterschiedlichen Herstellern nicht kompatibel.

■ Das jeweilige Design eines bestimmten Herstellers ist geschützt.

■ Die jeweilige Holz- oder Stofffarbe ist ebenso exklusiv für einen bestimmten Hersteller geschützt.

Will der Kunde ein wirklich eigenständiges Design und eine einheitliche Farbe seiner Büroausstattung, so ist eine nachträgliche Ergänzung oder Erweiterung nur durch den ursprünglichen Systemanbieter möglich. HALI gewährt hierbei die Sicherheit, dass der Nachkauf von Teilen mindestens 10 Jahre lang mit demselben Design, denselben Maßen, derselben Farbe und derselben Qualität möglich ist.

Vor dem Hintergrund vergleichbarer Produkte gewinnt die Markenpolitik immer mehr an Bedeutung. HALI hat sich daher zum Ziel gesetzt, ein neues, eigenständiges, nicht kopierbares und marktadäquates Profil für die einzelnen Büromöbel-Produktlinien zu erarbeiten. Dieses soll sich vom Mitbewerb eindeutig abheben und von Kunden präferiert werden. Damit soll eine deutliche Steigerung der Bekanntheit von HALI als Gesamtausstatter bzw. Dienstleister für die Bereiche Büromöbel, Medientechnik und Officemanagement erreicht werden. Letztlich soll das Markenprofil bewirken, dass HALI unabhängig vom tatsächlichen Marktanteil den ersten Platz in den Köpfen der relevanten Zielgruppen (wie z. B. Architekten und Einkäufer) besetzt.

# 7 Problemstellungen

Versetzen Sie sich in die Lage, dass Sie von HALI als Marketingexperte zu Rate gezogen werden. In dieser Funktion sollen Sie folgende Aufgaben lösen:

■ Analysieren Sie die angeführten Systembindungsmaßnahmen der Büromöbelbranche kritisch. Was ist Ihrer Ansicht nach positiv und was ist negativ zu bewerten?

■ Mit dem dreidimensionalen Vorgehen zur Absicherung von Folgegeschäften erzeugen die Büromöbelhersteller eine Systembindung, die für den Kunden insofern ein Gefährdungspotenzial aufweist, als sich ein Hersteller opportunistisch verhalten könnte. Entwickeln Sie für HALI Maßnahmen, damit das vom Kunden diesbezüglich wahrgenommene Risiko reduziert wird. Welche Maßnahmen könnte HALI darüber hinaus setzen, damit dem Nachfrager durch das System tatsächliche Nutzenvorteile entstehen?

Nachfolgend werden zwei typische Situationen im Büromöbelmarkt skizziert.

**Interessent A** – eine Bank mit zentraler Planungs- und Bauabteilung sowie mehreren Niederlassungen: Die zentrale Planungs- und Bauabteilung ist zuständig für sämtliche Um- bzw. Neubauten, sowohl in der Zentrale als auch in allen Niederlassungen. Die Entscheidung, welcher Lieferant den jeweiligen Auftrag bekommt, obliegt ausschließlich dieser zentralen Abteilung. Die Niederlassungen haben zwar die Möglichkeit, ihre Meinungen bzw. Wünsche einzubringen, jedoch keine Entscheidungskompetenz. Ansprechpartner für den HALI-Außendienstmitarbeiter ist der jeweilige Projekt- bzw. der Einkaufsleiter.

**Fragen:**

■ Welche Maßnahmen würden Sie im Vorfeld der Auftragsvergabe setzen, um die Auftragschancen für HALI zu erhöhen?

■ Welche Vorteile könnten der Bank kommuniziert werden, damit ein Rahmenauftrag für die generelle Möblierung aller Niederlassungen an HALI erteilt wird?

**Kunde A** – ein oberösterreichischer Energiekonzern mit mehreren hundert Büroangestellten und vielen Einzelniederlassungen: Dieser Konzern plant ein neues Hauptgebäude, um die einzelnen Abteilungen mit ihren Aufgaben an einem Ort zu zentralisieren. Kunde A wurde bereits über Jahrzehnte von HALI laufend mit neuem Mobiliar ausgestattet. Mit den Produkten und dem Service war man ausgesprochen zufrieden.

Weiters ist HALI selbst, wie auch viele der HALI-Mitarbeiter, Kunde des Energieversorgers. Aufgrund des großen Investitionsvolumens bei der Möblierung des neuen Gebäudes hat sich Kunde A dazu entschlossen, den Auftrag auszuschreiben. Bei der Gestaltung der Ausschreibung erfolgte eine kostenlose Unterstützung seitens HALI. Die einzelnen Ausschreibungspositionen wurden in Bürotische und -schränke, Bürotrenn- und Schrankwände sowie Arbeits- und Besucherstühle gegliedert. Die Angebotslegung erfolgte separat auf die einzelnen Positionen. Nach Angebotsöffnung – HALI war nicht Billigstbieter – war HALI eines der Unternehmen, die zu einer weiteren Verhandlungsrunde eingeladen wurden. Dabei erfolgte eine Nachbesserung der Angebotssumme und es wurde versucht, auch andere Kriterien, wie z. B. langjährige Partnerschaft, Nachliefergarantie, schnelle Reaktionszeit bei Problemen und oberösterreichisches Unternehmen, in die Diskussion einzubringen. Ausschlaggebend für die Vergabe war allerdings einzig und allein der Preis. Kriterien wie Qualität, Beratungsleistungen oder Folgekosten wurden nicht berücksichtigt. HALI erhielt als in preislicher Hinsicht zweitgereihter Lieferant letztlich keinen Auftrag.

**Fragen:**

■ Mit welchen Argumenten im Rahmen der erwähnten Beratungstätigkeit im Vorfeld der Ausschreibung hätten sich Ihrer Ansicht nach die Chancen von HALI verbessern lassen bzw. für welche weiteren Entscheidungskriterien (neben dem Preis) hätte der Kunde von HALI sensibilisiert werden können?

■ Wie soll sich HALI in Zukunft gegenüber diesem Kunden verhalten?

## Rainer Daubeck/Kurt Gaubinger

# Fallstudie FREQUENTIS GmbH
## FREQUENTIS Emergency Network für die Philippinen

# 1    Das Unternehmen FREQUENTIS

FREQUENTIS wurde am 1. Juli 1947 gegründet und entwickelt Kommunikations- und Informationssysteme für sicherheitskritische Anwendungen. Mit einem Marktanteil von 30 Prozent auf dem Gebiet der Sprachkommunikation für Air Traffic Management ist das österreichische Unternehmen mit Headquarter in Wien Weltmarktführer in diesem Sektor.

Alle FREQUENTIS-Systeme weisen einige spezifische Eigenschaften auf: höchste Ausfallsicherheit, raschester Verbindungsaufbau sowie Flexibilität und Netzwerkfähigkeit für verschiedenste Anwendungen. Die kontinuierliche Weiterentwicklung der Produkte und Dienstleistungen mit dem Fokus auf Innovation und Mehrwert für die Anwender schafft Kundenzufriedenheit und dauerhafte Kundenbindung. Die internationale Dimension des Geschäfts von FREQUENTIS manifestiert sich in einer Exportquote von mehr als 90 Prozent des Umsatzes. Das Unternehmen beschäftigte im Jahr 2005 weltweit 621 Mitarbeiter und erwirtschaftete einen Umsatz von ca. 108 Mio. Euro.

## 1.1    Geschäftsfelder

FREQUENTIS bietet in folgenden sechs Geschäftsfeldern Produkte und Dienstleistungen an:

### Air Traffic Management (ATM)

Das Geschäftsfeld ATM umfasst die Bereiche ATM Civil, Information Solutions und Defence. Ein Großteil des operativen FREQUENTIS-Geschäfts fällt in dieses Geschäftsfeld. Angeboten werden unter anderem Kommunikations- und Informationssysteme zur Flugsicherung sowie für Fluglinien und Flughäfen.

### Public Transport & Rail

Seit 1996 konzentriert sich FREQUENTIS auf innovative Kommunikations- und Informationssystemlösungen für den städtischen öffentlichen Verkehr und den Bahnverkehr. FREQUENTIS kann sich dabei auf die langjährige Erfahrung in anderen Bereichen stützen.

**Public Safety (Rettungswesen, Polizei, Feuerwehr)**

FREQUENTIS ist der führende Anbieter von Kommando- und Kontrollzentren für Polizei, Rettungswesen und Feuerwehr. Diese Zentren zeichnen sich durch höchste Zuverlässigkeit und Bedienerfreundlichkeit aus.

**Maritime Business**

FREQUENTIS bietet insbesondere für Länder mit langer Schifffahrtstradition und somit besonders hohen Qualitätsansprüchen Kommunikationssysteme für Küstenfunk, Schifffahrt, Küstenwache und Häfen nebst der dazugehörigen Infrastruktur sowie entsprechende Verkehrsleit- und Flussinformationssysteme an.

**Terrestrial Trunked Radio (TETRA)**

Hinter TETRA verbirgt sich ein offener Standard für eine neue Generation digitalen landgebundenen Funkverkehrs. Die Vorteile der TETRA-Technologie unterstützen die Anforderungen des öffentlichen Verkehrs, von Flughäfen, von Energieversorgern und von Verwaltungsbehörden.

**Service & Consulting**

In diesen Geschäftsbereich fällt ein breites Spektrum technologieorientierter Beratungsleistungen, wie Wartungsarbeiten, Training, Integrated Logistic Support bzw. Service Provision für umfassende Lösungen.

## 1.2 Unternehmenseckdaten

Die FREQUENTIS-Unternehmensgruppe ist international ausgerichtet und gliedert sich in die Bereiche Sales & Operations, Software und Services. Die weltweite Marktpräsenz wird über Tochtergesellschaften und zahlreiche Beteiligungen sichergestellt.

Im Geschäftsjahr 2005 konnte FREQUENTIS seine Betriebsleistung signifikant steigern. Gründe dafür waren der Gewinn des größten Einzelprojekts der Firmengeschichte (integriertes Kommunikationssystem für die London Metropolitan Police, besser bekannt als „Scotland Yard"), die Verbreiterung der TETRA-Kompetenz sowie die flächendeckende Verankerung der Vision 2010 „FREQUENTIS as Number One in Control Centre Solutions".

*Abbildung 1-1* illustriert die Umsatzentwicklung sowie die Entwicklung der Mitarbeiterzahl seit 1987. *Abbildung 1-2* zeigt die wichtigsten Unternehmenskennzahlen der Jahre 2004 und 2005.

*Abbildung 1-1:*  *Umsatzentwicklung in Mio. Euro und Entwicklung der Mitarbeiterzahl von 1987 bis 2005*

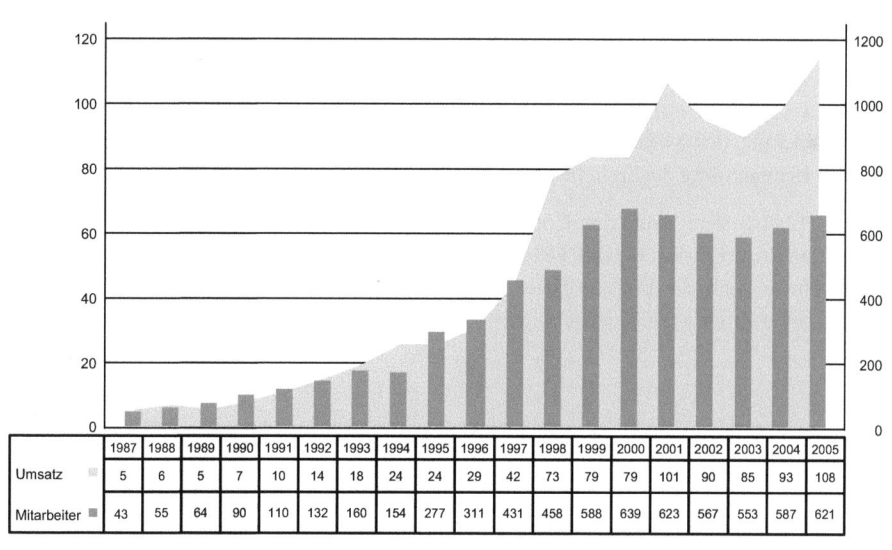

| | 1987 | 1988 | 1989 | 1990 | 1991 | 1992 | 1993 | 1994 | 1995 | 1996 | 1997 | 1998 | 1999 | 2000 | 2001 | 2002 | 2003 | 2004 | 2005 |
|---|---|---|---|---|---|---|---|---|---|---|---|---|---|---|---|---|---|---|---|
| Umsatz | 5 | 6 | 5 | 7 | 10 | 14 | 18 | 24 | 24 | 29 | 42 | 73 | 79 | 79 | 101 | 90 | 85 | 93 | 108 |
| Mitarbeiter | 43 | 55 | 64 | 90 | 110 | 132 | 160 | 154 | 277 | 311 | 431 | 458 | 588 | 639 | 623 | 567 | 553 | 587 | 621 |

---

*Abbildung 1-2:* Unternehmenskennzahlen der Jahre 2004 und 2005

| | 2005 (Tausend Euro) | 2004 (Tausend Euro) | Veränderung (Tausend Euro) | (Prozent) |
|---|---|---|---|---|
| Gesamtleistung | 108.456 | 92.920 | +15.536 | +16,72 |
| EGT | 3.927 | 3.259 | +668 | +20,50 |
| Jahresergebnis | 3.435 | 3.618 | -183 | -5,06 |
| Auftragseingang | 127 | 87 | +40 | +45,97 |
| Eigenkapital | 31.448 | 28.574 | +2.874 | +10,06 |

Der Unternehmensumbau zur Marktverbreiterung – ausgehend von der Flugsicherung auf zusätzliche Geschäftsfelder – beginnt zu greifen. Mit 127 Mio. Euro konnte 2005 der bisher höchste Auftragseingang verbucht werden. Positive Impulse aus dem Weltmarkt stützen diese Entwicklung. Das internationale Verkehrsaufkommen sowohl in der Luft als auch mit der Bahn und auf den Wasserstraßen wächst weiter, parallel dazu steigen die Ansprüche an Sicherheit, Effizienz und Wirtschaftlichkeit der im Einsatz befindlichen Kommunikations- und Informationssysteme.

Rund 70 Prozent der bei FREQUENTIS beschäftigten Mitarbeiter sind hoch qualifizierte Ingenieure und Spezialisten. Die Hälfte der Belegschaft ist jünger als 35 Jahre.

Der Ressourcenaufbau wird sehr restriktiv gehandhabt, trotzdem stieg der Mitarbeiterstand von 2004 auf 2005 um 34 Personen. Investitionen in die gezielte Aus- und Weiterbildung der Mitarbeiter und ein punktueller, Know-how-orientierter Personalaufbau bringen eine zusätzliche Stärkung für die Zukunft.

FREQUENTIS fühlt sich der Corporate Social Responsibility (CSR) verpflichtet: Im Zuge der Rezertifizierung des FREQUENTIS-Qualitätsmanagement-Systems nach ISO 9001 wurde auch die Erstzertifizierung eines Umweltmanagement-Systems nach ISO 14001 sowie eines Arbeitssicherheitsmanagement-Systems nach OH SAS18001 erlangt.

# 2 Der Verkaufs- und der Angebotsprozess bei FREQUENTIS

FREQUENTIS ist ein Systemanbieter. Ein System besteht bei FREQUENTIS in der Regel aus mehreren einzelnen Produkten (Hardware, wie z. B. Rechnerstrukturen, Netzwerke, Endgeräte) und Dienstleistungen (Planung, Montage, Inbetriebnahme,

Schulung, Service, Finanzierung einschließlich Zahlungs- und Vertragsbedingungen). Nur in den seltensten Fällen wird ein geliefertes System zu einem Zeitpunkt installiert und dann nicht mehr verändert. Laufende Modifikationen, Adaptionen und Erweiterungen nach der Erstinstallation sind die Regel. Die Komplexität der Geschäfte und die mit dem Systemgeschäft verbundenen Risiken verlangen nach klaren Richtlinien für alle Beteiligten in den verschiedenen Phasen des Vermarktungsprozesses. FREQUENTIS hat daher ein umfangreiches Regelwerk geschaffen, das die Aktivitäten und Verantwortlichkeiten im Verkaufs- und im Angebotsprozess genau definiert. Zum besseren Verständnis sollen nachfolgend die wesentlichen Elemente dieser zwei Prozesse erläutert werden.

## 2.1    Der Verkaufsprozess

Wie aus *Abbildung 2-1* ersichtlich, hat FREQUENTIS den Verkaufsprozess in folgende drei Kernabläufe gegliedert:

- **Relationship Management**: Hauptaktivitäten sind die Marktanalyse, der Kundenkontakt und die konkrete Produktbedarfsermittlung.

- **Opportunity Management**: Den Schwerpunkt bildet hier der eigentliche Verkaufsprozess, der aus Pre-Sales-, Sales- und After-Sales-Aktivitäten besteht.

- **Management Process**: Dieser umfasst begleitende Aktivitäten zu den vorgenannten Abläufen.

## 2.2    Der Angebotsprozess

Innerhalb des Verkaufsprozesses spielt der Angebotsprozess eine wichtige Rolle und besteht aus den in *Abbildung 2-2* dargestellten neun Stufen.

Der Angebotsprozess beginnt im Normalfall mit der Anfrage für ein Angebot oder einer Ausschreibung. Im Zuge der „**Ressource Coordination**" wird die Anfrage bzw. Ausschreibung dahin gehend analysiert, ob für ein Angebot in der verfügbaren Zeit genügend Ressourcen vorhanden sind und welche Priorität das Angebot hat. Im Fall einer „Go"-Entscheidung wird im nächsten Schritt, der „**Offer Initialisation**", ein Angebotsteam zusammengestellt, das die Anfrage bzw. Ausschreibung genau prüft (liegt ein Fit mit der FREQUENTIS-Strategie vor?) und eine Machbarkeitsstudie durchführt. Bei einem „Go" wird im folgenden Schritt, der „**Feasibility Evaluation**", auf Basis der bisherigen Erkenntnisse eine Analyse der Voraussetzungen für die Projektdurchführung erstellt (Angebot mit Standardprodukten möglich?) sowie eine Risikoanalyse und eine Schätzung des erwarteten Aufwands durchgeführt. Wird entschieden, das Projekt fortzuführen, wird im nächsten Schritt die „**Tender Response Strate-gy**" erarbeitet. Diese bezieht sich auf die Definition der Angebotsstruktur und der grundlegenden Vorgehensweise beim Angebot (Alternativen, Lieferantenauswahl, etc.). In einem „**Proposal-Kick-Off-Meeting**" werden die wichtigsten Entscheidungs-parameter diskutiert und eine „Go/No Go"-Entscheidung gefällt.

---

*Abbildung 2-1:*    *Verkaufsprozess*

---

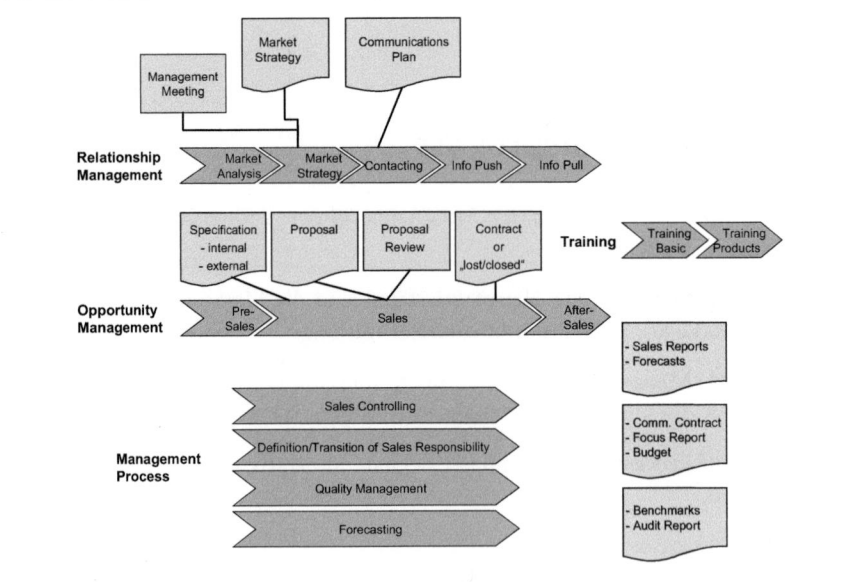

---

*Abbildung 2-2:*    *Angebotsprozess*

---

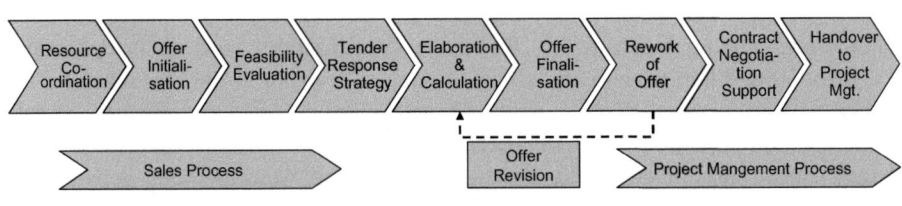

---

Im Fall einer „Go"-Entscheidung werden Arbeitspakete und Zeitpläne für das Ange-botsteam verabschiedet. Im Rahmen der „**Elaboration & Calculation**"-Phase wird geklärt, ob das Angebot als Standardangebot (mit Standarddokumenten) oder abweichend vom Standard ausgeführt wird, welche Materialien und Komponenten eingesetzt werden, welche Lieferanten in Betracht kommen und welche Kosten entstehen. In einem **„Proposal-Review-Meeting"** wird auf der Basis des nun vorliegenden Angebots entschieden, ob dieses so weitergegeben werden kann oder Nachbesserungen erforderlich sind. Im Schritt der **„Offer Finalisation"** wird das Angebot komplettiert (Anschreiben, Beschriftung, Geheimhaltungserklärung, Versiegelung, etc.) sowie die gesamte Dokumentation archiviert. Ein **„Rework of Offer"**, also die Umarbeitung oder Ergänzung des Angebots, kann dann notwendig werden, wenn der Kunde Änderungen bzw. Optimierungen verlangt. Der Schritt **„Contract Negotiation Support"** umfasst die Vorbereitung für die Angebotsverhandlung, die Verhandlungsstrategie sowie die Risikoabschätzung. Von allen Verhandlungen werden dabei Protokolle angefertigt und archiviert. Sobald ein unterzeichneter Vertrag vorliegt, erfolgt das **„Handover to Project Management"**, d. h. dem Projektmanager werden alle Vertragsunterlagen zur Realisierung übergeben. In einem anschließenden **„Close Down-Meeting"** wird das Projekt nochmals besprochen, eine Stärken- und Schwächen-Analyse durchgeführt und Vorschläge für weitere Verbesserungen diskutiert.

# 3 Geschäftsfall „Notfall-Kommunikationsnetzwerk Philippinen"

Beim vorliegenden Geschäftsfall handelt es sich um die Planung, Lieferung und Installation eines landesweiten Emergency Network für die Philippinen, das in den kommenden Jahren erweitert und ergänzt werden soll. Die Gründe für dieses schrittweise Vorgehen sind vielfältig: Kennenlernen der Vertragspartner, Risikobeschränkung, Verfügbarkeit von Investitionsmitteln, etc.

## 3.1 Hintergrund

Der Kampf gegen große Naturkatastrophen ist ein Hauptanliegen der Regierung der Philippinen. Aufgrund seiner geographischen Lage wird das Land häufig von verschiedenen Naturkatastrophen, die typisch für die Region sind, heimgesucht. Die bekanntesten sind Überflutungen, Feuer, Erdrutsche, wolkenbruchartige Regenfälle und Wirbelstürme. Die Philippinen haben ca. 76,8 Mio. Einwohner, das Bruttonationalprodukt ist gering und beträgt nur 801 Euro pro Kopf. Der Grund hierfür liegt im hohen Anteil landwirtschaftlicher Produktion, deren Entwicklung wiederum stark von den Witterungsbedingungen abhängig ist.

*Rainer Daubeck / Kurt Gaubinger*

Die vergangenen Katastrophen haben gezeigt, dass die Koordination von Rettungs-mannschaften auf den Philippinen nicht hoch entwickelt ist, insbesondere weil geeig-nete Kommunikations- und Koordinationseinrichtungen fehlen. Daher intensiviert die Regierung der Philippinen ihr Engagement für die Entwicklung eines adäquaten lan-desweiten Notfall- und Kommunikationsnetzwerks. Sie wünscht sich die Einführung eines effizienteren, qualitativ besseren, gleichzeitig aber bezahlbaren Systems.

## 3.2 Status quo

Die Republik der Philippinen besteht aus 16 Regionen, jede davon hat durchschnittlich 5 Provinzen. Die lokalen Behörden dieser Regionen sind weitgehend unabhängig von der Regierung in der Hauptstadt Manila, auch sind die jeweiligen Kommunikations-netzwerke voneinander unabhängig. Daher sind diese Netzwerke auch nicht kompati-bel und können nicht als nationales Netzwerk eingesetzt werden. Wichtige Informati-onen wie Alarme, Informationen über Rettungseinsätze und Warnungen (z. B. vor Wirbelstürmen, Springfluten und Erdrutschen) erreichen somit die gefährdeten Regi-onen oftmals nicht oder viel zu spät. Und dies, obwohl das Gebiet der Philippinen jedes Jahr beispielsweise von 10 bis 12 schweren Wirbelstürmen getroffen wird.

*Abbildung 3-1:* „Street Watch"-Programm

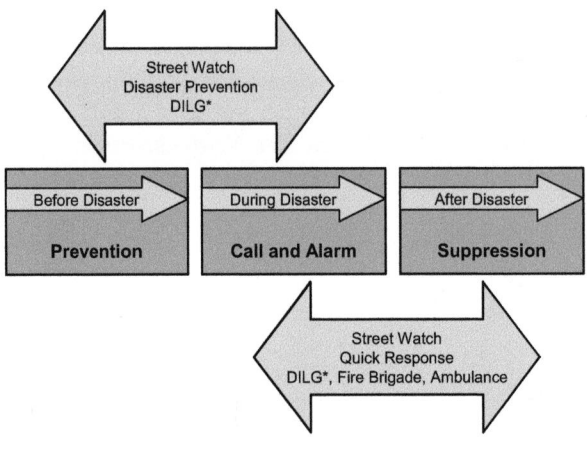

*DILG = Department of Interior and Local Government

Deshalb wurde im Jahr 1996 von der Regierung für die Hauptstadt Manila in einem ersten Schritt ein Programm mit dem Namen „Street Watch" initiiert, das die Situation bei Notfällen verbessern sollte. Aufgrund des großen Erfolgs des Programms wurde dieses in einem zweiten Schritt auf das ganze Land ausgedehnt. 1998 wurde „Street Watch" offiziell den Behörden übergeben. Unter der neuen, landesweiten Telefonnummer „117" kann seither jeder Bürger jeden Notfall melden und z. B. bei Überflutungen, lokalen Wirbelstürmen oder Erdrutschen rasch Hilfe anfordern. Die Funktionalitäten von „Street Watch" veranschaulicht *Abbildung 3-1*.

Allerdings weist das System insofern Schwächen auf, als die bestehenden Kommunikationseinrichtungen nicht ausreichen, dieses sicher zu betreiben. Daher beschloss die Regierung der Philippinen, „Street Watch" zu verbessern und unter neuen Voraussetzungen weiterzuführen.

# 3.3 Projektvorbereitung

FREQUENTIS erfuhr im Jahr 2000 über Kontaktpersonen in Manila von der schlechten Kommunikationsinfrastruktur im Bereich der öffentlichen Sicherheit. Nach einem Erstkontakt mit dem philippinischen Innenministerium wurde Interesse an einer Verbesserung der Situation signalisiert und FREQUENTIS um Projektvorschläge ersucht. Das Unternehmen arbeitete daraufhin einige Vorschläge aus und legte diese dem Innenministerium vor. Die leitenden Mitarbeiter des Ministeriums zeigten sich hoch interessiert, besonders wegen des volkswirtschaftlichen Nutzens, den sie sich durch die Realisierung des Projekts versprachen. Die Argumentation im Hinblick auf eine positive Projektentscheidung musste allerdings sowohl innerhalb der politischen Entscheidungsstrukturen als auch z. B. gegenüber der Bevölkerung, den Medien und den zukünftigen Betreibern erfolgen. Deshalb wurde von FREQUENTIS eine Feasibility-Studie durchgeführt, welche die Vorteile des Systems dokumentieren und die Entscheidungsträger und Betroffenen überzeugen sollte.

Es zeigte sich, dass die Verbesserung der Sicherheit im Land – die Philippinen hatten diesbezüglich keinen allzu guten Ruf – eine starke Signalwirkung nach außen haben würde: so könnten z. B. ausländische Investoren leichter überzeugt werden, die Tourismusbranche als starker Devisenbringer würde positiv reagieren und letztlich wären entsprechende Frühwarn- und Kommunikationssysteme geeignet, im Fall drohender Katastrophen die Personen- und Sachschäden deutlich zu reduzieren. Diese Vorteile mussten in geeigneter Form kommuniziert werden: Fernsehen, Radio, Zeitungen wurden informiert und eine eigene Homepage eingerichtet.

FREQUENTIS musste sicherstellen, vor Ort eine schlagkräftige Repräsentanz, bestehend aus österreichischen und philippinischen Spezialisten, aufzubauen, um Kontakte zu Entscheidungsträgern und Lobbyisten zu knüpfen und rasch auf veränderte Situationen reagieren zu können. Diese Infrastruktur musste von FREQUENTIS über ca. zwei Jahre vorfinanziert werden.

FREQUENTIS konnte während der Vorbereitungs- und Entscheidungsphase nicht nur auf ähnliche Projekte verweisen, sondern brachte gegenüber dem Mitbewerb eine Reihe von Vorteilen ins Spiel:

- lokale Präsenz;

- Bereitschaft, Vorlaufkosten für die Akquisitionsphase in nicht unerheblichem Ausmaß zu finanzieren;

- Projektstrukturierung derart, dass bereits nach kurzer Zeit, d. h. nach Installation des ersten Teilsystems, ein Kundennutzen sichtbar wird;

- Installation eines landesweiten Kommunikationsnetzwerks, das nicht nur die Vorgaben des Projektlastenhefts erfüllt, sondern später auch für andere Zwecke genutzt werden kann;

- flexible Anpassung an landesspezifische Normen und Vorschriften;

- Finanzierung des Projektumfangs in Höhe von 24 Mio. Euro als Softloan, zu 100 Prozent abgesichert durch die österreichische Kontrollbank.

In der Vorbereitungsphase identifizierte FREQUENTIS eine Reihe von Chancen und Risiken, die aus dem Projekt resultierten: Die größten Risiken in diesem – insbesondere politisch motivierten – Projekt waren nicht Technik und Projektabwicklung, sondern die wechselnde politische Lage, beispielsweise aufgrund des Abgangs von Entscheidungsträgern und geänderter politischer Prioritäten. Auf der anderen Seite ergaben sich für FREQUENTIS nicht unerhebliche Chancen, da es sich bei dem Projekt um eine Referenz handelte, die für die Akquisition weiterer Kunden im asiatischen Raum eine wichtige Voraussetzung darstellte.

Nach Abschluss der Vorarbeiten, die rund zwei Jahre dauerten, konnte FREQUENTIS Anfang 2002 den Auftrag für die Realisierung des Projekts „ENP" (Emergency Network Philippines) an Land ziehen. Das ENP-System musste dabei folgende Anforderungen erfüllen:

- Call Center in jeder Region, ausgerüstet mit dem erforderlichen Kommunikations-Managementsystem, um alle „117"-Notrufe zu koordinieren.

- Netzwerk-Zugriff zwischen den regionalen Notfallkontrollzentren, d. h. im Falle schwerer Katastrophen werden die Rettungsmaßnahmen überregional koordiniert.

- Wettervorhersage (Wirbelsturmwarn- und -vorhersagesystem) sowie entsprechende Weitergabe relevanter Daten.

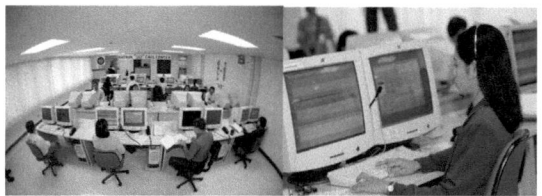

Die für das Projekt zuständige Behörde, die DILG (Department of Interior and Local Government), war Vertragspartner von FREQUENTIS, somit in der Planungs-, Entwicklungs- und Implementierungsphase Ansprechpartner von FREQUENTIS und später für den operativen Betrieb des ENP-Systems verantwortlich.

Die Entwicklung des Systems dauerte bis Mai 2002 und die darauf folgende Installationsphase für alle 16 Provinzen betrug 2 Jahre, sodass das komplette ENP-System ab 2004 operativ eingesetzt werden konnte.

## 3.4    Kosten und Nutzen des ENP-Systems

Die operativen Kosten des ENP-Systems wurden für 20 Jahre ermittelt. Sie betrugen im Startjahr 2003 109,8 Mio. PHP (Philippinische Pesos) und werden speziell durch die Personalzunahme und die Netzwerkerweiterungen bis zum Jahr 2022 auf 477 Mio. PHP p. a. steigen.

Den Kosten des ENP-Systems stehen Nutzen gegenüber, die vorwiegend aus der Umwegrentabilität durch kürzere Reaktionszeiten, verbesserte Koordination der Notfalleinsätze und bessere Vorhersagemöglichkeiten von Katastrophen resultieren.

# 4    Problemstellungen

■ Wie könnte FREQUENTIS die Ausschreibung für ein System wie ENP zu seinen Gunsten beeinflussen?

■ Diskutieren Sie, inwieweit das von FREQUENTIS zur Definition von Aktivitäten und Verantwortlichkeiten im Verkaufs- und im Angebotsprozess geschaffene Regelwerk für die Akquisition des ENP-Projekts ein kritischer Erfolgsfaktor gewesen sein könnte.

■ Um den Zuschlag für die Realisierung des ENP-Systems zu erhalten, wurden von FREQUENTIS auch Maßnahmen zur Reduzierung des von den philippinischen

Behörden wahrgenommenen Risikos gesetzt. Welche konkreten Maßnahmen hätten Sie FREQUENTIS empfohlen?

■ Wie kann FREQUENTIS seine Geschäftsbeziehungen zu der DILG vertiefen?

**Wolfgang Litzlbauer/Thomas Werani/Claudia Prem**

# Fallstudie Miba AG

## Das Projekt „China"

# 1     Die Miba AG

Die Miba AG mit Hauptsitz in Laakirchen (Oberösterreich) ist strategischer Partner und Zulieferer der internationalen Motoren- und Fahrzeugindustrie. Der Konzern ist in die drei strategischen Geschäftsbereiche Miba Sinter Group, Miba Bearing Group und Miba Friction Group gegliedert. An neun Standorten weltweit werden Sinterformteile, Gleitlager und Reibbeläge für Kraftfahrzeuge, Eisenbahnen, Schiffe, Flugzeuge und Kraftwerke hergestellt. Die Produkte der Miba machen Fahrzeuge leistungsstärker, sicherer und umweltfreundlicher. Die Miba beschäftigt gut 2.800 Mitarbeiter, rund die Hälfte davon an ihren oberösterreichischen Standorten in Laakirchen, Vorchdorf und Roitham. Der Umsatz des börsennotierten Unternehmens lag im Geschäftsjahr 2005/06 bei 347 Mio. Euro mit einem Betriebsergebnis von 21,7 Mio. Euro.

# 2     Unternehmensgeschichte

Im Jahr 1927 übernahm der damals 21-jährige Franz Mitterbauer, Vater des heutigen Vorstandsvorsitzenden Dipl.-Ing. Peter Mitterbauer, die Schlossereiwerkstätte seines Lehrherrn in Laakirchen. Der Einmannbetrieb spezialisierte sich rasch auf die Reparatur von Motoren und Zylindern sowie die Kurbelwellenschleiferei. Im Jahr 1949 startete die Produktion von Gleitlagern, die bereits 1955 exportiert wurden. Im selben Jahr entstand auch der Markenname „Miba". Anfang der 60er Jahre erfolgte der Einstieg in das Sintergeschäft. Seit Mitte der 70er Jahre erzeugt die Miba auch Reibbeläge.

Mit dem Gang an die Wiener Börse im Jahr 1986 wurde das notwendige Kapital für die internationale Expansion bereitgestellt. Diese startete die Miba Ende der 80er Jahre und ist heute mit 15 Produktions- und Vertriebsniederlassungen in den wichtigsten Wirtschaftszentren der Welt präsent.

# 3 Die drei Geschäftsbereiche

## 3.1 Miba Sinter Group: „Werkstoffe in Präzision"

Miba-Sinterformteile sind hochpräzise und hochfeste Komponenten, die mittels einer speziellen Verfahrenstechnik hergestellt werden. Sie kommen in Motoren, Getrieben und Stoßdämpfern von Autos zum Einsatz und werden auch in Kompressoren verwendet. Die Sintertechnologie ermöglicht im Vergleich zu anderen Fertigungsverfahren die maximale Ausnutzung des Werkstoffs bei geringstem Energieaufwand. Durch permanenten technologischen Fortschritt erzeugt die Miba komplizierte und anspruchsvolle Bauteile für Fahrzeugkonzepte von morgen.

## 3.2 Miba Bearing Group: „Höchstleistung auf Dauer"

Gleitlager sind funktions- und lebensdauerbestimmende Komponenten in Verbrennungsmotoren. Sie dienen der Lagerung von Kurbel- und Nockenwellen, minimieren die während des Betriebs entstehende Reibung und schützen den Motor vor Beschädigung und Ausfall. Durch die Entwicklung immer neuer Lagerbauarten stellt die Miba sicher, dass moderne Motoren unter extremen Bedingungen Höchstleistungen effizient und ökologisch verträglich erbringen.

Die Miba Bearing Group produziert Halbschalen, Büchsen und Anlaufringe in den verschiedensten Designs und Materialien für folgende Anwendungsbereiche: Lastkraftwagen, Baumaschinen, Lokomotiven, Energieerzeugung, Schiffe und Flugzeuge. Darüber hinaus werden in Kooperation mit einem deutschen Gleitlagerhersteller Halbschalen für Hochleistungsdieselmotoren mit Direkteinspritzsystem beschichtet.

## 3.3 Miba Friction Group: „Kraft im Griff"

Reibbeläge sind das entscheidende Leistungselement in Kupplungen und Bremsen von Fahrzeugen und Maschinen. Sie dienen der Optimierung von Geschwindigkeit und Kraft. Durch konsequente Entwicklungsarbeit bietet die Miba ihren Kunden hochwertige und für die jeweilige Anwendung maßgeschneiderte Produkte.

Die Reibbeläge der Friction Group werden in folgenden Bereichen eingesetzt: Personenkraftwagen, Lastkraftwagen, Busse, Baumaschinen, Landmaschinen, Flugzeuge, Schiffe, Bahn und Industrie.

# 4 Die Miba AG als Zulieferer der Motoren- und Fahrzeugindustrie

Die Miba beliefert rund 1.600 Kunden weltweit. Als Zulieferer der internationalen Motoren- und Fahrzeugindustrie macht sie rund die Hälfte ihres Geschäfts mit der Automobilindustrie. Die Marktposition in allen drei Kernbereichen – Sinterformteile, Gleitlager und Reibbeläge – wird durch konsequenten technologischen Fortschritt gefestigt. In anspruchsvollen Nischen wie der Produktion von Zahnrädern für Motoren, hochbelastbaren Gleitlagern oder Kupplungsbelägen will die Miba ihre Marktführerschaft weiter ausbauen.

Aufgrund der hohen technologischen Kompetenz ist die Miba in manchen Bereichen Alleinlieferant. Beispielsweise verwenden die größten amerikanischen Hersteller von Lokomotivmotoren ausschließlich Miba-Gleitlager. Der Status des Alleinlieferanten ist mit einer Nachhaltigkeit der Geschäftsbeziehung verbunden.

Neben den Bereichen, in denen die Miba den Status eines Alleinlieferanten hat, gibt es auch Bereiche, in denen die Produkte der Miba rasch austauschbar werden könnten. Gerade die Motoren- und Fahrzeugindustrie ist besonders schnelllebig und durch ständigen technologischen Fortschritt gekennzeichnet. Dies bedeutet, dass es die Position des Technologie- und Marktführers ständig zu verteidigen gilt. „Die Miba bietet ihren Kunden eine einzigartige Technologie. Aber die Konkurrenz schläft nicht – wir müssen mit unserem Entwicklungs- und Freigabeprozess immer einen Schritt voraus sein!", erläutert Dr. Wolfgang Litzlbauer, CEO der Miba Bearing Group. Aus diesem

Grund setzt die Miba auf langfristige Geschäftsbeziehungen zu ihren Kunden mit dem Ziel, die gemeinsame Produktentwicklung voranzutreiben.

Die in der Vergangenheit erfolgte Expansion der Miba ist typisch für einen Zulieferer der Motoren- und Fahrzeugindustrie. „Sobald ein sehr wichtiger Kunde ein neues Werk errichtet, ist es nur eine Frage der Zeit, bis man als strategischer Zulieferer mitgehen und eine Produktion vor Ort anbieten sollte. Obwohl uns unsere starke Technologiekompetenz davor schützt, dass Kunden kurzfristig auf einen anderen Anbieter umsteigen, sind wir stets darauf bedacht, unsere Kunden optimal zu bedienen, um diese nicht langfristig an Konkurrenten zu verlieren", so Dr. Litzlbauer.

Als ein diesbezügliches Beispiel kann die Expansion nach Brasilien gelten. Brasilien war bis 1990 ein geschlossener Markt und für ausländische Unternehmen kaum zugänglich. Im Jahr 1994 erfolgte im Zuge des „Plano Real" die Öffnung des Finanzmarkts für ausländisches Kapital, was in relativ kurzer Zeit zu Währungsstabilität und enormem Wirtschaftswachstum führte. Bis zum Jahr 1997 hatten sich alle namhaften Automobilhersteller mit eigenen Produktionsstätten in Brasilien niedergelassen. Zwei dieser Automobilkonzerne wurden in Europa zu diesem Zeitpunkt von der Miba beliefert. Beide Konzerne forderten damals von der Miba, auch eine Produktion in Brasilien zu errichten, da man die Produkte nicht langfristig aus Europa importieren wollte. Im Jahr 1998 folgte die Miba Sinter Group diesem Wunsch und startete in Brasilien die Produktion von Sinterformteilen.

Die Expansion der Miba nach Brasilien zeigt deutlich die Spielregeln des Zuliefergeschäfts in der Motoren- und Fahrzeugindustrie. Wenn sich ein Motoren- oder Automobilkonzern dazu entschließt, eine Produktion in einem neuen Land zu starten, so erwartet er, dass sich alle seine direkten Zulieferer und auch deren Zulieferer ebenfalls dort niederlassen. Nur durch das Beziehen der Produkte aus einer lokalen Produktion ist es ihm möglich, dem steigenden Kostendruck standzuhalten – der Import von Zulieferteilen wäre langfristig zu teuer.

Über Brasilien hinaus gab es in der Vergangenheit noch weitere Expansionen der Miba, die von Kunden getrieben waren. Der Grund hierfür liegt in der Miba-Strategie, zu Kunden möglichst langfristige, partnerschaftliche Geschäftsbeziehungen aufzubauen und diese auch nicht zu gefährden. Somit ist man bestrebt, Kunden immer dann, wenn dies nach einer sorgfältigen Abwägung von Chancen und Risiken sinnvoll erscheint, in ein neues Land zu folgen.

Neben Ländern, in denen die Miba über Produktionsstandorte verfügt, gibt es auch Länder, in denen nur Vertriebsniederlassungen existieren. Bis zum Sommer 2004 war China ein solches Land, in das Produkte europäischen Ursprungs exportiert wurden.

# 5    Das Projekt „China"

Bereits im Jahr 2000 begann die Miba Bearing Group mit dem Export von Gleitlagern nach China. Den Grundstein für den Markteintritt legte ein chinesischer LKW-Motorenhersteller, der begann, neue, moderne Motoren zu entwickeln und hierbei auf die leistungsstarken, hochtechnologischen Gleitlager der Miba zurückgriff. Im Laufe der für beide Seiten erfolgreichen Geschäftsbeziehung drängte der chinesische Kunde die Miba immer stärker, eine lokale Produktion zu errichten, da die Kosten des Imports der Gleitlager über kurz oder lang für ihn nicht mehr tragbar seien.

Treiber der neuen Motorengeneration war die 2007 in Kraft tretende Regelung, wonach in China kein LKW mehr zugelassen werden darf, der nicht die Emissionsgrenzwerte der Euro-3-Abgasnorm erfüllt. Derzeit ist die Miba der einzige Hersteller, dessen Gleitlager bei diesen neuen Motoren eingesetzt werden.

Daneben kam es auf dem chinesischen Markt zu zwei weiteren Ereignissen. Zum einen gewann die Miba einen zweiten chinesischen Kunden, wiederum einen LKW-Motorenhersteller, der ebenfalls mit der Entwicklung einer neuen Motorengeneration begann und Miba-Gleitlager einsetzen wollte. Dieser Kunde signalisierte von Anfang an, dass die Miba-Gleitlager aufgrund ihrer technischen Beschaffenheit – unter der Voraussetzung einer erfolgreichen Entwicklungs- und Testphase – in der Serienfertigung seiner neuen Motoren eingesetzt werden sollten. Zum anderen entschloss sich ein europäischer Kunde im Sinter-Bereich dazu, den chinesischen Markt stärker zu bearbeiten und eine Produktion vor Ort zu beginnen. Bei diesem Kunden handelt es sich um einen europäischen Stoßdämpferhersteller, der die Miba-Sinterformteile in Stoßdämpfern für einen großen europäischen Automobilkonzern einsetzt. Seitens der Miba bestanden zu diesem Kunden in anderen Ländern bereits jahrzehntelange, stabile Geschäftsbeziehungen.

Diese Entwicklungen am chinesischen Markt führten dazu, dass der Vorstandsvorsitzende und Firmeneigentümer Dipl.-Ing. Peter Mitterbauer im Jahr 2003 den Auftrag erteilte, den chinesischen Markt zu analysieren und die Möglichkeit des Aufbaus einer Produktion vor Ort zu prüfen. Im Detail sollte unter anderem das allgemeine Marktpotenzial prognostiziert, aber auch das Risiko geprüft werden, die jetzigen Kunden in China an Konkurrenten zu verlieren.

## 5.1    Sommer 2003: Beginn der Marktanalyse „China"

Im Sommer 2003 fiel der Startschuss für die erste Phase des Projekts „China". Man begann mit einer umfassenden Marktstudie mit folgenden Schwerpunkten:

- China als Volkswirtschaft,

- geschäftliches Umfeld,

- Marktchancen für die Miba Group (Marktvolumen, Marktpotenzial, Wettbewerbsanalyse) und

- Analyse des Kundenverlustrisikos.

Ziel der knapp einjährigen Analysephase war es, alle relevanten Aspekte zu untersuchen und die daraus resultierenden Chancen und Risiken für die Miba zu identifizieren.

Es zeigte sich, dass die allgemeinen Wirtschaftsprognosen für den chinesischen Markt in den kommenden Jahren von einem starken Wachstum ausgingen. Insbesondere der Motoren- und Fahrzeugindustrie wurde eine sehr positive Entwicklung vorhergesagt. Die Wirtschaftsexperten erwarteten vor allem bei der Entwicklung neuer Motorengenerationen einen Boom. Während im Jahr 2002 die KFZ-Jahresproduktion lediglich bei 3,25 Millionen lag, schätzte man die Anzahl der im Jahr 2006 produzierten Kraftfahrzeuge bereits auf 6,4 Millionen. Darüber hinaus wurden China wettbewerbsfähige Standortstrukturen bescheinigt.

Die Studie befasste sich auch eingehend mit dem kulturellen Hintergrund einer Geschäftstätigkeit in China mit dem Ergebnis, dass dort ein anderes Verständnis von Business-Ethik vorherrscht als in Europa.

Hinsichtlich der Technologiekompetenz der damaligen chinesischen Konkurrenten im Gleitlager-Bereich brachte die Studie ein eindeutiges Ergebnis: Die durch die Einführung der neuen Abgasnorm Euro-3 ausgelöste Entwicklung neuer Motorengenerationen bedingte technologisch anspruchsvolle und qualitativ hochwertige Teile, welche die lokalen chinesischen Anbieter nicht liefern konnten.

Im Zuge der ersten Phase des China-Projekts wurden vor allem auch die bisherigen Geschäftsbeziehungen nach China genauer betrachtet, um einschätzen zu können, wie sehr sich die Kunden eine lokale Produktion wünschten. Alle Kunden wurden vor Ort besucht, um die zukünftige Zusammenarbeit zu besprechen. Die Kundenanalyse im Jahr 2003 brachte folgendes Ergebnis:

**Bearing Group:**

- **Chinesischer Kunde „A":** Dieser Kunde wird schon seit drei Jahren aus europäischer Produktion beliefert. Er verwendet Miba-Gleitlager bei der Produktion neuer, besonders leistungsstarker LKW-Motoren, die der Euro-3-Abgasnorm entsprechen. Die Fertigung dieser Hochleistungsmotoren ist erst kürzlich voll angelaufen und man erwartet sich für die nächsten Jahre eine stark steigende Nachfrage. Die Geschäftsbeziehung zu diesem Kunden war in der Vergangenheit problemlos und der

Kunde hat eindeutig signalisiert, auch in Zukunft in seinen neuen Motoren ausschließlich Miba-Gleitlager einsetzen zu wollen, allerdings nur unter der Bedin-
gung, dass die Gleitlager vor Ort produziert werden. Der Kunde ist aus Kosten-
gründen nicht bereit, Gleitlager langfristig zu importieren, vielmehr würde er
einen lokalen Hersteller bei der Produktentwicklung unterstützen.

■ **Chinesischer Kunde „B":** Die Geschäftsbeziehung ist noch relativ neu und erst im
Aufbau. Die Miba-Gleitlager werden von diesem Kunden bei der Entwicklung
neuer Motoren eingesetzt, die ebenfalls der Abgasnorm Euro-3 entsprechen. Die
Serienproduktion der Motoren ist ab dem Jahr 2004 geplant und man stellt der Miba den Status des Alleinlieferanten in Aussicht, wenn eine Produktion vor Ort installiert wird. Der zunehmende Kostendruck und die mit einem Import verbundenen Wechselkursrisiken machen aus Kundensicht eine langfristige
Zusammenarbeit ohne Produktionsniederlassung in China uninteressant. Sollte die
Miba nicht lokal produzieren wollen, so hat auch dieser Kunde angedeutet, sich
für die Serienfertigung nach einem anderen Gleitlager-Lieferanten umzusehen.
Man könnte sich sogar vorstellen, chinesische Gleitlager-Hersteller aktiv zu unterstützen.

Zusammenfassend zeigt die Analyse der chinesischen Kunden im Gleitlager-Bereich,
dass sich beide LKW-Motorenhersteller neben der Produktion herkömmlicher LKW-
Motoren in Zukunft verstärkt auf die Entwicklung und Produktion leistungsstarker
und schadstoffarmer Motoren konzentrieren und dazu Miba-Gleitlager einsetzen
wollen. Beide Kunden drängen allerdings massiv darauf, dass die Miba eine lokale
Produktion installiert. Die aus Kundensicht wichtigsten Gründe hierfür sind:

■ Die Logistik kann weniger anfällig für Ausfälle, kostengünstiger und zeitsparender
gestaltet werden,

■ durch die geringeren Produktionskosten in China ergeben sich Kostenvorteile,

■ Wechselkursrisiken können ausgeschaltet werden und

■ die Nähe des Lieferanten zum Kunden wirkt sich vorteilhaft auf die (Neu-)Pro-
duktentwicklung aus.

**Sinter Group:**

Der **europäische Kunde** setzt die Miba-Sinterformteile bei der Stoßdämpfererzeugung
für einen europäischen Automobilhersteller ein, der ebenfalls bereits in China produziert. Die langjährige Geschäftsbeziehung zwischen der Miba und diesem Kunden ist
durch ein partnerschaftliches Verhältnis gekennzeichnet. Die technologische Abhängigkeit des Kunden ist gering, da die eingesetzten Sinterformteile aus seiner Sicht
relativ leicht austauschbar sind. Der Kunde erwartet sich allerdings aufgrund der
langjährigen, weltweiten Zusammenarbeit, dass die Miba in China produziert, und ist

auch bereit, in einer schriftlichen Absichtserklärung festzuhalten, dass man in diesem Fall bei der Produktion der Stoßdämpfer für den europäischen Automobilkonzern weiterhin nur Miba-Sinterformteile einsetzen will.

Die Ergebnisse der Marktanalyse wurden dem Vorstand der Miba AG im Sommer 2004 in Form einer Gegenüberstellung der Argumente für und gegen den Aufbau einer lokalen Produktion präsentiert.

**Argumente für den Aufbau einer lokalen Produktion:**

■ Sollte sich die Miba gegen eine lokale Produktion entscheiden, dann hätten die zwei chinesischen Gleitlager-Kunden zwar kurzfristig keine Möglichkeit, auf andere Produkte umzusteigen, allerdings besteht die große Gefahr, dass diese in die Gleitlagerentwicklung chinesischer Konkurrenten der Miba investieren.

■ China als aufstrebender, stark wachsender Markt hat für die Miba Potenzial, vor allem da der Boom vorwiegend in der Fahrzeug- und Motorenindustrie erwartet wird.

■ Mit Inkrafttreten der Abgasnorm Euro-3 in China wird ab 2007 kein LKW mehr zugelassen, der nicht diesen Emissionswerten entspricht. Die von den beiden chinesischen Kunden entwickelten neuen Motoren entsprechen der Euro-3-Norm. Ab dem Jahr 2007 erwartet man sich einen enormen Absatzzuwachs, da die Miba gegenwärtig der einzige Hersteller ist, dessen Gleitlager bei diesen neuen Motoren eingesetzt werden können.

■ Tritt die prognostizierte positive Entwicklung in der Motoren- und Fahrzeugindustrie ein, so ist davon auszugehen, dass auch die chinesischen Konkurrenten im Gleitlager- und Sinter-Bereich rasch wachsen werden und technologisch aufholen. Somit besteht die Gefahr, dass man die Technologieführerschaft nicht langfristig verteidigen kann und das Geschäft an lokale Anbieter verliert.

■ Der Druck, dem Kunden im Sinter-Bereich nach China zu folgen, ist relativ groß, da die Produkte leicht austauschbar sind. Wenn man dem Kunden nicht folgt, könnte dies auch negative Konsequenzen auf die Zusammenarbeit in anderen Ländern haben.

■ Sowohl die beiden Gleitlager-Kunden als auch der Kunde im Sinter-Bereich sind im Falle einer lokalen Miba-Produktion insofern zu Commitments hinsichtlich der zukünftigen Zusammenarbeit bereit, als man der Miba den Status des Alleinlieferanten für Gleitlager bzw. Sinterformteile zuerkennen würde.

**Argumente gegen den Aufbau einer lokalen Produktion:**

■ Die größten Risiken des Aufbaus einer lokalen Produktion stammen aus den Unsicherheiten hinsichtlich der (Markt-)Entwicklung im Motorenbereich. Wenn der erwartete Boom ausbleibt und sich die neuen Hochleistungsmotoren nicht verkaufen, werden installierte Kapazitäten nicht ausgelastet.

■ Der Aufbau einer lokalen Produktion ist ein sehr zeit- und kostenintensives Projekt. Die damit verbundenen Kosten ermöglichen das Erreichen des Break-Even-Point erst nach einigen Jahren.

■ Europäische Unternehmen sind in China mit einer für sie unbekannten Kultur und „Business-Ethik" – vor allem in Form des Diebstahls von Know-how – konfrontiert, woraus entsprechende Unwägbarkeiten resultieren.

# 5.2 Sommer 2004: Die Entscheidung

Auf Basis der Ergebnisse der fast einjährigen Marktforschungsphase traf der Vorstand der Miba AG im Sommer 2004 die Entscheidung, dass es notwendig sei, in China eine lokale Produktion für Gleitlager und Sinterformteile aufzubauen. Stärkster Treiber für diese Entscheidung war der Wille, bisherige Kunden auf keinen Fall zu verlieren und am Markt- und Kundenwachstum zu partizipieren. Das Risiko, die technologische Bindung der Kunden im Gleitlager-Bereich nicht über einen längeren Zeitraum aufrechterhalten zu können und somit das Geschäft mittelfristig an chinesische Konkurrenten zu verlieren, wurde als zu hoch eingeschätzt. Auch erachtete man es als einen möglichen strategischen Fehler, dem Wunsch des Sinter-Kunden, lokal zu produzieren, nicht nachzukommen, da dies negative Konsequenzen für die weltweite Zusammenarbeit haben könnte. Darüber hinaus war man sich darüber im Klaren, dass sich für die Miba in China ein sehr großes zusätzliches Marktpotenzial eröffnen könnte, allerdings aufgrund des Kostendrucks nur bei lokaler Produktion.

Obwohl der Miba-Vorstand aufgrund der Ergebnisse der Marktanalyse keine andere Wahl sah, als das „Go" für den Bau eines Werks in China zu erteilen, und auch eine Gegenüberstellung von Mindestkosten und zu erwartendem Gewinn aus den bisherigen und neuen Geschäftsbeziehungen den Werksaufbau rechtfertigte, war man sich der mit diesem Schritt verbundenen Risiken bewusst. Daher wurde beschlossen, zu Beginn lediglich die notwendigen Minimalstrukturen zu schaffen und dann Schritt für Schritt weiter zu investieren. Das Risiko sollte in jeder Phase kalkulierbar bleiben. Dr. Litzlbauer, CEO der Miba Bearing Group, beschreibt zusammenfassend die damalige Situation folgendermaßen: „Es war uns klar, dass wir wegen unserer Kunden nach China müssen, wissend, dass es sich am Anfang vielleicht noch nicht rechnen wird. Wir glaubten an den Erfolg der neuen Motoren und wollten unsere Kunden auf ihrem

Weg begleiten. Auch für die Sinterformteile sahen wir aufgrund des prognostizierten Booms der Fahrzeugindustrie steigende Absatzchancen."

## 5.3 Herbst 2004 bis Frühling 2006: Standortauswahl und Baubeginn

Nachdem die Entscheidung getroffen war, ein eigenes Werk in China zu bauen, begann die Suche nach einem geeigneten Standort. Fünf Wirtschaftszentren kamen dafür in Frage. Jede Region wurde nach ihrer räumlichen Nähe zu den Kunden und ihrer allgemeinen Wettbewerbsfähigkeit bewertet. Im Detail verglich man die Regionen nach der vorhandenen Infrastruktur, den anfallenden Standortkosten, der Sicherheit der Stromversorgung und dem Vorhandensein geeigneter Abwasseraufbereitungsanlagen.

Im März 2005 fiel die Entscheidung, das Werk in der Region Yangtze Delta in einem Industriepark in Suzhou, 80 km entfernt von Shanghai, zu errichten. Hauptargument für diesen Standort war, dass sich alle großen Automobilhersteller bereits in dieser Region niedergelassen hatten. Daraus resultierten Vorteile wie bessere F&E-Bedingungen, gute Infrastruktur (Strom, Abwasser), Trend zu technologieintensiver Produktion und Vorhandensein hoch qualifizierter Arbeitskräfte.

Bereits im Juni 2005 erwarb die Miba für 50 Jahre die Landnutzungsrechte an einem 40.000 m$^2$-Grundstück im Industriepark in Suzhou und begann gemeinsam mit einem Architektenteam mit der konkreten Planung des Werks. Im ersten Schritt sollte das Werk 6.300 m$^2$ umfassen und in einer zweiten Phase um nochmals 5.400 m$^2$ erweitert werden.

Das gesamte Werk wurde auf die Produktion der Hochleistungsgleitlager für die beiden chinesischen Kunden und der Sinterformteile für den Stoßdämpferhersteller ausgerichtet. Man erstellte eine detaillierte Raumplanung, welche Maschinen wo installiert werden müssen und welche Infrastruktur wo gebraucht wird.

Im Dezember 2005 erteilte die Miba einem deutschen Bauunternehmen den Auftrag, mit dem Werksbau zu beginnen und im Februar 2006 erfolgte der Spatenstich. Im September 2006 sollte das Werk fertig sein, im Oktober die Maschinenaufstellung erfolgen und im November 2006 die Produktion beginnen.

# 6 Die heutige Situation

In der ersten Jahreshälfte 2006, mitten in der Bauphase des chinesischen Werks, kommt es zu einer überraschenden negativen Wende am chinesischen Markt. Die seit dem Jahr 2003 bzw. 2004 von den zwei chinesischen Kunden in Serienfertigung produzierten neuen Hochleistungsmotoren erleben einen dramatischen Absatzrückgang. Die Motoren sind zwar technisch einwandfrei, jedoch nicht optimal auf den Einsatz in den entsprechenden LKWs abgestimmt.

Beide chinesischen Kunden reduzieren die Produktion der Hochleistungsmotoren so weit, bis diese fast komplett eingestellt wird. Im April 2006 ereilt die Miba Bearing Group die Nachricht, dass beide Kunden zumindest bis auf weiteres fast keinen Bedarf an Miba-Gleitlagern haben.

Etwa zur selben Zeit ändert sich auch die Situation im Sinter-Bereich. Der europäische Automobilkonzern, der die Stoßdämpfer bezieht, für welche die Miba Sinterformteile zuliefert, gibt bekannt, sich bei seinen Absatzprognosen geirrt zu haben und in Zukunft in China wesentlich geringere Stückzahlen als angenommen zu produzieren. Dies bedeutet, dass weniger Stoßdämpfer und somit weniger Sinterformteile benötigt werden.

Im Zuge einer Vorstandssitzung der Miba AG im Sommer 2006 diskutiert man die jüngsten Entwicklungen in China. Das Werk steht kurz vor der Fertigstellung und der Aufbau der Produktionsstraßen für die Gleitlager und Sinterformteile soll in Kürze beginnen. Darüber hinaus wurden schon 16 chinesische Mitarbeiter eingestellt und bereits in Österreich geschult. Dem geplanten Produktionsstart im November 2006 stünde demnach nichts im Wege. Doch für wen soll man produzieren? Wenn sich der Markt in den nächsten Monaten nicht wieder erholt, ist unklar, ob mit den bestehenden Aufträgen überhaupt eine Produktionsschicht gewährleistet werden kann.

Der Vorstandsvorsitzende der Miba AG, Dipl.-Ing. Peter Mitterbauer, lässt in Gedanken das gesamte China-Projekt nochmals Revue passieren. War es doch die falsche Entscheidung, nach China zu gehen, oder vielleicht nur der falsche Zeitpunkt? Hätte man eine andere Markteintrittsstrategie wählen sollen? Warum haben die Chinesen den Erfolg der neuen Motoren so überschätzt und warum lag der europäische Automobilkonzern mit seinen Absatzprognosen so daneben? Wie soll man nun weiter vorgehen?

Dipl.-Ing. Mitterbauer regt an, das China-Projekt im Rückblick nochmals zu analysieren und mögliche Fehlentscheidungen oder vernachlässigte Alternativen aufzudecken, um daraus für die Zukunft zu lernen. Darüber hinaus sollen Szenarios für das weitere Vorgehen erarbeitet werden.

Wolfgang Litzlbauer / Thomas Werani / Claudia Prem

# 7 Problemstellungen

Sie sind Teil eines Projektteams und müssen sich kritisch mit dem Projekt „China" auseinander setzen. Im Detail sollen folgende Aufgaben von Ihnen gelöst werden:

- Diskutieren Sie, ob die Entscheidung, nach China zu gehen, richtig oder falsch war.

- Analysieren Sie das Projekt „China" im Hinblick auf kulturelle Aspekte und skizzieren Sie das in China herrschende Verständnis von Business-Ethik. Wo liegen die Unterschiede zu Europa? Was hätten Sie aus Sicht der Miba anders gemacht?

- Hätte es Alternativen des Markteintritts gegeben, d. h. war die Errichtung eines eigenen Werks unbedingt notwendig? Diskutieren Sie Vor- und Nachteile aller denkbaren Markteintrittstrategien. Welche Strategie hätten Sie aus Sicht der Miba gewählt?

- Wie beurteilen Sie den Zeitpunkt des Markteintritts? Wurde diesbezüglich die richtige Entscheidung getroffen?

- Welchen generellen Risiken stehen Zulieferer gegenüber, die mit dem Kunden in ein Land mitgehen? Wie können sie sich gegen diese Risiken absichern? Welche Möglichkeiten hätte die Miba gehabt?

- Stellen Sie alle Möglichkeiten dar, wie die Miba hinsichtlich des chinesischen Werks weiter vorgehen kann. Diskutieren Sie die jeweiligen Chancen und Risiken und geben Sie eine Empfehlung ab.

# Teil VI

# Marketing-Controlling

Kurt Gaubinger

# Grundlagen des Marketing-Controllings

# 1 Einleitung

Controlling bezeichnet eine grundsätzliche Sichtweise der Unternehmensführung (*Köhler* 1998, S. 18f.) und ist als ein Subsystem der Führung zu verstehen, welches Planung, Steuerung und Kontrolle mit der Informationsversorgung zielorientiert koordiniert. Die Elemente des Controllingsystems sind das Informations-, Planungs- und Kontrollsystem. Diese Teilsysteme sind gleichzeitig sowohl Output (systembildende Koordination) als auch Teil (systemkoppelnde Koordination) des Controllingsystems (*Horvath* 1993, S. 325f.).

Entsprechend diesem Controllingverständnis ist es Aufgabe des Marketing-Controllings, den Funktionsbereich Marketing bei der Planung, Steuerung und Kontrolle aller strategischen und operativen Tätigkeiten zu unterstützen. Durch diese Führungsunterstützungsfunktion soll die Effektivität und Effizienz der Marketingaktivitäten sichergestellt bzw. erhöht sowie die Entwicklungs- und Anpassungsfähigkeit des Marketing-Managements gesteigert werden.

# 2 Marketing-Informationssystem

Das Marketing-Controlling als Koordinationsdrehscheibe von Informationsbeschaffung und Informationsverwendung ist aufgerufen, ein System zu entwickeln, in dem bewusst, systematisch und rechtzeitig diejenigen Informationen beschafft, aufbereitet und interpretiert werden, die für marktorientierte Planungs- und Kontrollprozesse von Bedeutung sind (*Auerbach* 1994, S. 112f.). In der Fachliteratur hat sich diesbezüglich der Begriff des Marketing-Informationssystems (MAIS) durchgesetzt. Nach *Kotler/Bliemel* (2001, S. 191) besteht ein derartiges System „aus Personen, technischen Einrichtungen und Verfahren zur Gewinnung, Zuordnung, Analyse, Bewertung und Weitergabe zeitnaher und zutreffender Informationen, die dem Entscheidungsträger bei Marketingentscheidungen helfen".

Das MAIS muss so ausgelegt sein, dass es den Informationsbedarf der Manager ermittelt, die benötigten Informationen sammelt und diese den Managern rechtzeitig zur Verfügung stellt. Dabei erfolgt die Zusammenstellung der benötigten Informationen durch drei wesentliche Subsysteme des MAIS, nämlich durch das Marketing-Berichtssystem, das Marketing-Nachrichtensystem und das Marketing-Forschungssystem.

Im einfachsten Fall besteht das Marketing-Informationssystem aus dem **innerbetrieblichen Berichtssystem**. Aus Informationen, die teilweise aus der Kostenrechnung und Finanzbuchhaltung stammen, können in einfacher Weise Marktchancen und Problemstellungen erkannt werden. Im Hinblick auf ein effizientes Beziehungsmanagement muss überdies dem Aufbau und der Pflege von Kundendatenbanken besondere Aufmerksamkeit geschenkt werden (Database-Marketing). Diese Datenbanken sind Voraussetzung, um die auf Geschäftsbeziehungen gerichtete Planung und Kontrolle durchführen zu können (*Gaubinger* 2000, S. 127ff.).

Im **Marketing-Nachrichtensystem** werden Informationen über entscheidungsrelevante Entwicklungen im Marketingumfeld gesammelt, welche im Rahmen von Umfeldanalysen erhoben wurden. Kann der Informationsbedarf des Marketing-Managements aus den bereits angeführten Informationsquellen nicht befriedigt werden, so besteht die Notwendigkeit, im Rahmen der Marktforschung formale Studien und Untersuchungen durchzuführen, die sich mit bestimmten Marketingproblemen und Marktchancen befassen und den Input für das **Marketing-Forschungssystem** bilden. Das Marketing-Controlling hat bezüglich der zwei letztgenannten Subsysteme folgende Aufgaben:

- Festlegung des Informationsbedarfs gemeinsam mit dem Marketing,

- Hilfestellung bei der Methodenauswahl,

- Verdichtung und Kommentierung der ermittelten Daten,

- Datenimplementierung im Informationssystem und

- Datenaufbereitung und -weiterleitung.

Wesentliche Aspekte der Umfeldanalyse und der Marktforschung, welche die Basis für das Marketing-Nachrichten- bzw. -Forschungssystem bilden, wurden in diesem Buch bereits behandelt[1]. Daher fokussieren sich die folgenden Ausführungen auf zentrale Elemente des innerbetrieblichen Berichtssystems, welche den Kern eines Marketing-Controllingsystems ausmachen.

## 2.1   Kennzahlen

Betriebswirtschaftliche Kennzahlen sind Verhältniszahlen oder absolute Zahlen, die in konzentrierter Form über einen betriebswirtschaftlichen Tatbestand informieren und somit einen schnellen Einblick ermöglichen sollen (*Witt* 1997, S. 203). Im Einzelnen dienen solche Kennzahlen unter anderem als

- Analyseinstrument für die Aufdeckung bestimmter Zusammenhänge,

- Planvorgaben für zukünftige Perioden,

---

1    Vgl. dazu S. 59ff. und S. 71ff.

▪ Kontrollinstrument zur Beurteilung vergangener Ergebnisse (Soll-Ist-Vergleich) und

▪ Instrument für die Frühwarnung und -erkennung.

Die **Finanzbuchhaltung** ist eine der ältesten Informationsquellen des Marketing und somit meist auch Ausgangspunkt vieler Unternehmen, wenn ein Marketing-Controlling eingeführt wird. Der Vorteil der Finanzbuchhaltung liegt in der Vollständigkeit und Exaktheit der Informationen, der Nachteil in der Vergangenheitsbezogenheit der Daten. Sie ist daher selbst keine Planungsrechnung, stellt aber wichtige Daten für die Planung zur Verfügung. Auch liefert die Finanzbuchhaltung die Ist-Werte, welche für Kontrollrechnungen und Abweichungsanalysen notwendig sind (Soll-Ist-Vergleiche).

Wichtige Informationen mit Marketingrelevanz, welche direkt aus der Finanzbuchhaltung entnommen werden können, sind (*Ehrmann* 2004, S. 58):

▪ Umsatz,

▪ Absatz,

▪ Erträge,

▪ Außenstände,

▪ Verbindlichkeiten,

▪ Finanzbestände,

▪ Kapitalquellen,

▪ Aufwendungen und

▪ Lagerbestände.

Neben diesen Kennzahlen, die Einzelinformationen darstellen, kann man Kennzahlen auch zueinander in Verbindung setzen und erhält dadurch kombinierte Größen, die beispielsweise über die Rentabilität eines Unternehmens Auskunft geben (*Abbildung 2-1*).

**Abbildung 2-1:** *Rentabilitätskennzahlen*

$$\text{Return on Investment (ROI)} = \frac{\text{Gewinn} * 100}{\text{investiertes Kapital}}$$

$$\text{Gesamtkapitalrentabilität} = \frac{(\text{Gewinn} + \text{Fremdkapitalzinsen}) * 100}{\text{Gesamtkapital}}$$

$$\text{Eigenkapitalrentabilität} = \frac{\text{Gewinn} * 100}{\text{Eigenkapital}}$$

$$\text{Umsatzrentabilität} = \frac{\text{Gewinn} * 100}{\text{Umsatz}}$$

Die **Kostenrechnung** gibt den innerbetrieblichen Kombinationsprozess zahlenmäßig wieder und ist das Spiegelbild des Ablaufs der Leistungserstellung. Daher ist sie besonders für Planungs-, Kontroll- und Steuerungszwecke geeignet.

Für folgende Arbeitsbereiche des Marketing stellt die Kostenrechnung, und hierbei insbesondere die Deckungsbeitragsrechnung, wichtige Informationen zur Verfügung (*Ehrmann* 2004, S. 65):

■ Marketingkosten insgesamt,

■ Zahlen für die Errechnung des gewinnoptimalen Sortiments,

■ Kosten spezifischer marketingpolitischer Instrumente,

■ Zahlen für Preisbildung und

■ Zahlen für Berechnungen im Rahmen der Marketinglogistik.

Für das Marketing-Management ist es überdies von entscheidender Bedeutung, Kennzahlen zur Verfügung zu haben, die über den Erfolg derzeitiger Marketingprogramme Auskunft geben. Dabei ist es von zentraler Bedeutung, eine Erfolgsaufspaltung nach gedanklich unterscheidbaren Teilbereichen der Absatztätigkeit (Absatzsegmente) vorzunehmen, um daraus genauere Hinweise auf Gewinn- bzw. Verlustquellen sowie Anhaltspunkte für Steuerungseingriffe zu gewinnen (*Köhler* 1982, S. 205f.). Die wichtigsten Absatzsegmente und deren logische Verknüpfung im Sinne einer Bezugsgrößenhierarchie sind in *Abbildung 2-2* dargestellt.

**Abbildung 2-2:** *Bezugsgrößenhierarchie in der Absatzsegmentrechnung (Köhler 1982, S. 205f.)*

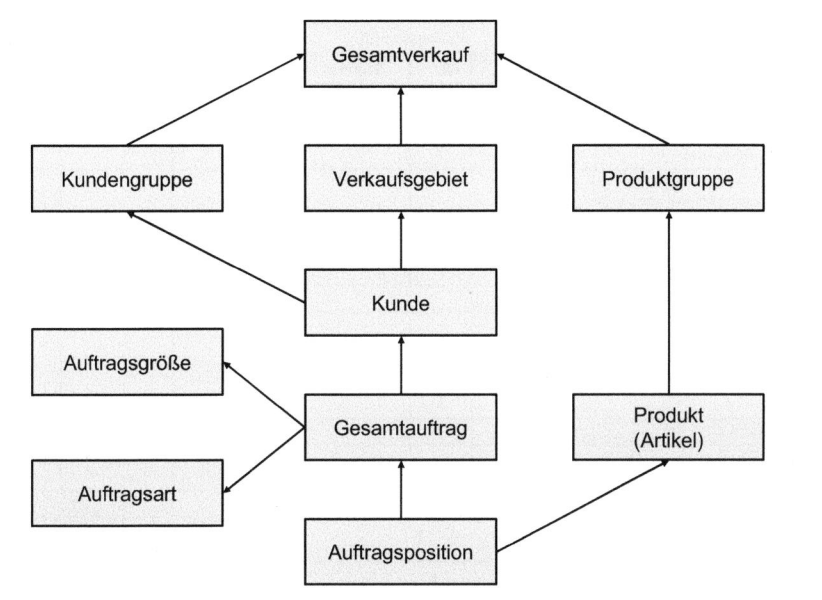

Die entsprechend dem Controllingziel strukturierten Deckungsbeitragsangaben bedeuten für das Marketing-Controlling eine wesentliche Steuerungshilfe bei der Überwachung der Sortimentspolitik, der Preispolitik, der Kunden- bzw. Auftragsselektion, des regionalen Maßnahmeneinsatzes sowie der Außendienststeuerung. Voraussetzung für diese sogenannte **Absatzsegmentrechnung** ist es aber, dass die Kostenrechnung eine Kostentrennung in fixe und variable Anteile vorsieht, um somit im Sinne einer mehrstufigen Deckungsbeitragsrechnung („Direct Costing") segmentabhängige Aussagen über den Erfolg vornehmen zu können (*Seidenschwarz/Gleich* 1998, S. 262).

Exemplarisch für eine Absatzsegmentrechnung ist in *Abbildung 2-3* die Struktur einer Kundendeckungsbeitragsrechnung dargestellt. Ausgehend von den kundenspezifischen Erlösen werden stufenweise Deckungsbeiträge berechnet. Diese Berechnungen gewinnen gerade vor dem Hintergrund, dass Kunden vermehrt immer spezifischer werdende Leistungen fordern und somit die Unternehmensressourcen in unterschiedlichem Ausmaß in Anspruch nehmen, eine besondere Bedeutung. Ohne Kenntnis der Ertragsbedeutung des einzelnen Kunden werden die Unternehmensressourcen undifferenziert eingesetzt und es finden Quersubventionen zwischen den Kunden statt. Eine Kundendeckungsbeitragsrechnung liefert somit die Basis für ein differenziertes Kundenmanagement und bildet eine wesentliche Entscheidungsgrundlage bei der Verteilung knapper Mittel.

**Abbildung 2-3:** *Kundendeckungsbeitragsrechnung (Link/Gerth/Voßbeck 2000, S. 225)*

| Kundenhauptgruppe | Hauptgruppe Einzelhandel | | | | | | |
|---|---|---|---|---|---|---|---|
| Kundengruppe | Fachgeschäft | | | Warenhäuser | | | |
| Kunde | F1 | F2 | Summe | W1 | W2 | Summe | Summe |
| Bruttoerlös der Periode | | | | | | | |
| (-) Erlösschmälerung | | | | | | | |
| (=) Kunden-Nettoerlös | | | | | | | |
| (-) Herstellkosten bzw. Einstandspreise der vom Kunden bezogenen Leistungen | | | | | | | |
| (=) Kunden-DB 1 | | | | | | | |
| (-) kundenbedingte Auftragskosten (Auftragsabwicklung, Versandkosten) | | | | | | | |
| (=) Kunden-DB 2 | | | | | | | |
| (-) kundenbedingte Verkaufs- und Besuchskosten | | | | | | | |
| (-) sonstige relative Einzelkosten (Gehalt Key-Account-Manager, Marketingzuschüsse, etc.) | | | | | | | |
| (=) Kunden-DB 3 | | | | | | | |
| (-) kundengruppenbedingte Verkaufs- und Marketingkosten | | | | | | | |
| (=) Kundengruppen-DB | | | | | | | |
| (-) kundengruppenbedingte Verkaufs- und Marketingkosten | | | | | | | |
| (=) Kundenhauptgruppen-DB | | | | | | | |

Die Herstellung eines sachlichen und/oder zeitlichen Zusammenhangs steigert im Regelfall die Aussagekraft von Kennzahlen. Der sachliche Zusammenhang ergibt sich durch die Bildung eines **Kennzahlensystems**, welches als geordnete Gesamtheit von Kennzahlen angesehen werden kann. In der Praxis sind dabei das *Du-Pont-System*, das *ZVEI-Kennzahlensystem* oder das *Marketing-Kennzahlensystem von Kiener* häufig verbreitet (*Ehrmann* 2004, S. 225f.). Aus der Herstellung eines zeitlichen Zusammenhangs zwischen Kennzahlen erhält man Statistiken, welche in Abschnitt 2.2 erläutert werden.

Abschließend seien noch einige Anmerkungen zu **Frühwarneigenschaften** von Kennzahlen gemacht. Hochverdichtete Kennzahlen ermöglichen es, rasch und übersichtlich über den spezifischen Sachverhalt zu informieren, andererseits aber werden dadurch Fehlentwicklungen erst dann sichtbar, wenn diese bereits ein hohes Ausmaß erreicht haben. Somit ist anzuraten, diese „Spitzen-Kennzahlen" auf ihre **Datenursprünge** aufzufächern, wie dies z. B. beim Du-Pont-Schema der Fall ist. Aus dieser Forderung resultiert jedoch eine Datenfülle, der nur eine beschränkte Beobachtungs- und Verwaltungskapazität des menschlichen Gehirns gegenübersteht (*Feldbauer-Durstmüller/Mayr/Stiegler* 1996, S. 435). Der Einsatz von Controlling-Softwarepaketen kann diese unübersichtliche Datenflut und die daraus resultierende Komplexität jedoch dadurch reduzieren, dass für einzelne Kennzahlen bzw. Indikatoren Toleranzgrenzen definiert werden. Ein Überschreiten der Grenzwerte kann in weiterer Folge zur Auslösung von Warnsignalen führen.

## 2.2 Marketing-Statistiken

Der Aussagewert von Kennzahlen lässt sich durch die bereits erwähnte Herstellung eines zeitlichen Zusammenhangs zwischen diesen Größen – sogenannte Statistiken – steigern. Für das Marketing kommen hierbei häufig folgende Statistiken infrage:

■ Anfragestatistik,

■ Angebotsstatistik,

■ Auftragseingangsstatistik,

■ Absatz-/Umsatzstatistik und

■ Reklamationsstatistik.

*Abbildung 2-4* zeigt exemplarisch einen Auszug der Absatzstatistik eines Zulieferbetriebs der Automobilindustrie. Diese Statistik enthält neben den Absatzzahlen der einzelnen Produkte auch die aggregierten Werte für die einzelnen Produktgruppen bzw. für die gesamte strategische Geschäftseinheit. Das Verhältnis der Absatzzahlen des aktuellen bzw. letzten Geschäftsjahrs im Vergleich zu einem Referenzjahr, ausgedrückt in einer Indexzahl, erhöht überdies die Aussagekraft dieser Auswertung.

*Abbildung 2-4:*   *Absatzstatistik*

| | 2000 | 2001 | 2002 | 2003 | 2004 | 2005 | % Abw. 2005/2000 |
|---|---|---|---|---|---|---|---|
| **SGE: Automotive Parts** | 22.068.341 | 22.713.717 | 24.717.124 | 30.781.531 | 32.938.653 | 37.539.282 | +70% |
| **Produktgruppe: Shock Absorber** | 5.711.830 | 5.830.311 | 6.085.970 | 6.879.027 | 7.399.288 | 8.150.276 | +43% |
| Produkt SA 4101 | 375.321 | 380.256 | 381.238 | 390.258 | 310.896 | 274.395 | -27% |
| Produkt SA 4102 | 1.653.777 | 1.675.522 | 1.679.849 | 1.719.594 | 1.931.687 | 2.258.999 | +37% |
| Produkt SA 4103 | 17.589 | 17.962 | 19.652 | 21.896 | 29.875 | 34.258 | +95% |
| Produkt SA 4104 | 206.722 | 209.440 | 209.981 | 241.949 | 241.461 | 248.965 | +20% |
| Produkt SA 4105 | 85.307 | 87.116 | 95.312 | 106.196 | 144.894 | 166.151 | +95% |
| Produkt SA 4106 | 965.374 | 1.002.856 | 1.136.555 | 1.569.874 | 1.752.856 | 1.956.242 | +103% |
| Produkt SA 4107 | 570.488 | 577.989 | 379.482 | 593.192 | 472.562 | 398.567 | -30% |
| Produkt SA 4108 | 521.824 | 542.084 | 614.354 | 848.581 | 947.490 | 1.149.854 | +120% |
| Produkt SA 4109 | 35.298 | 36.987 | 45.231 | 49.823 | 49.962 | 49.123 | +39% |
| Produkt SA 4110 | 1.189.768 | 1.205.412 | 1.208.524 | 1.237.118 | 1.389.703 | 1.487.967 | +25% |
| Produkt SA 4111 | 90.363 | 94.687 | 115.791 | 127.547 | 127.903 | 125.755 | +39% |
| **Produktgruppe: Suspension** | 16.356.511 | 16.883.406 | 18.631.154 | 23.902.504 | 25.539.365 | 29.389.006 | +80% |
| Produkt WS 7210 | 1.555.035 | 1.615.411 | 1.830.775 | 2.528.770 | 2.823.519 | 3.897.562 | +151% |
| Produkt WS 7211 | 553.640 | 565.381 | 618.576 | 689.209 | 940.360 | 1.078.322 | +95% |
| Produkt WS 7212 | 6.265.277 | 6.508.535 | 7.376.242 | 10.188.482 | 11.376.035 | 12.987.524 | +107% |
| Produkt WS 7213 | 3.702.467 | 3.751.149 | 3.760.837 | 3.849.817 | 3.066.927 | 2.568.857 | -31% |
| Produkt WS 7214 | 3.386.636 | 3.518.127 | 3.987.158 | 5.507.288 | 6.149.208 | 7.698.745 | +127% |
| Produkt WS 7215 | 564.768 | 591.792 | 723.696 | 797.168 | 799.392 | 785.968 | +39% |
| Produkt WS 7216 | 328.688 | 333.010 | 333.870 | 341.769 | 383.923 | 372.028 | +13% |

# 3    Planungssystem

Informationen aus dem Informationssystem bilden den Dateninput des Planungssystems. Als Planungssystem soll in diesem Zusammenhang die Ordnung der sich bei der Ausübung der Planungsfunktionen ergebenden Haupttätigkeiten der Situationsanalyse, Ziel-, Strategie- und Maßnahmenfestlegung verstanden werden (*Ehrmann* 2004, S. 163).

## 3.1    Controlling-Aufgaben

Die wichtigsten Teilaufgaben des Marketing-Controllings im Rahmen der Planung beginnen bei der Initiierung und Koordination der Leitbilderstellung. Um davon abgeleitet geeignete Marketingziele festlegen zu können, muss das Controlling den Prozess der Situationsanalyse durch gezielte Informationsversorgung und durch die Bereitstellung von Analysetools unterstützen. Als Instrumente hierfür bieten sich die bereits dargestellten Methoden an[2]. Auf diesen Analysen aufbauend müssen in Abstimmung mit den anderen Funktionsbereichen des Unternehmens die spezifischen Marketingziele definiert werden. Da in der Regel mehrere Einzelziele gleichzeitig nebeneinander existieren, müssen diese hierarchisch gegliedert und quantifiziert werden. Die hierarchische Gliederung und die Abstimmung der Teilziele untereinander ist eine wichtige Aufgabe des Controllings und stellt die Grundlage für das sogenannte „Management-by-Objectives"-Konzept dar. Da gerade für die Marketingplanung auch verschiedene nichtmonetäre Ziele (z. B. Bekanntheitsgrad) eine bedeutende Rolle spielen, muss das Marketing-Controlling auch dafür Sorge tragen, die Kosten-Erlös-Konsequenzen dieser Zielvorstellungen zu ermitteln (*Köhler* 1982, S. 204).

Die sich anschließende Phase der Marketing-Strategieplanung sollte das Marketing-Controlling wiederum durch gezielte Informationsversorgung und durch die Bereitstellung von Planungsmethoden und Managementkonzepten wie beispielsweise der im nächsten Abschnitt dargestellten Balanced Scorecard unterstützen.

Die Zielkonkretisierung findet im Absatzplan ihren Ausdruck, der die Grundlage für die Ableitung weiterer Teilpläne im Unternehmen darstellt. Im Rahmen der operativen Planung ist das Marketing-Controlling überdies aufgefordert, durch die Anwendung entsprechender Controllinginstrumente bei der Planung und Ausgestaltung des Marketing-Mix mitzuwirken. Eine wichtige Informationsgrundlage bildet hierbei die in Abschnitt 2.1 erläuterte Absatzsegmentrechnung. Die geplanten operativen Marketingmaßnahmen müssen schließlich in entsprechende Budgets umgerechnet werden (Umsatz-, Kosten- und Erfolgsbudgets).

---

2    Vgl. dazu in diesem Buch S. 59ff.

Darüber hinaus hat das Marketing-Controlling im Rahmen seiner systembildenden Funktion die Aufgabe, im Vorfeld der Planung gewisse Planungsrichtlinien und Planungsprämissen festzulegen. Im Rahmen der systemkoppelnden Koordinationsfunktion hat das Marketing-Controlling während des gesamten Planungsprozesses für eine Koordination und Abstimmung der gesamten Teilpläne zu sorgen (*Gaubinger* 2000, S. 138f.).

## 3.2 Balanced Scorecard

Eine wichtige Aufgabe des Marketing-Controllings ist die Koordination der strategischen mit der operativen Marketingplanung. Ein effizientes Instrument stellt hierbei das Konzept der Balanced Scorecard (BSC) dar.

Dieses von *Kaplan* und *Norton* (1996a) entwickelte Konzept ist ein Management- und Controllingkonzept zur mehrdimensionalen, vorwiegend strategischen Planung und Steuerung eines Unternehmens. Die Balanced Scorecard unterstützt das Management, die Strategie in konkrete Ziele und Kennzahlen zu übersetzen. Dabei werden neben finanzwirtschaftlichen Kennzahlen auch Größen generiert, welche über die „intangiblen Aktivposten" des Unternehmens, wie beispielsweise Kundenbeziehungen, Auskunft geben. *Kaplan* und *Norton* (1996a) schlagen für die Balanced Scorecard vier **Standardperspektiven** vor, welche in einer kausalen Beziehung zueinander stehen und einen erheblichen Teil der erfolgsrelevanten Bereiche des Unternehmens abdecken. Aus der Vision und Strategie des Unternehmens lassen sich die finanziellen Ziele ableiten. Zur Erreichung dieser Ziele sind bestimmte Leistungen beim Kunden erforderlich. Diese setzen wiederum spezifische interne Prozesse voraus, deren Grundlage interne Potenziale und Lernprozesse sind. Da neben diesen dominanten Kausalitäten aber zwischen allen Dimensionen vielfältige Zusammenhänge bestehen können, sind im Grundmodell der Balanced Scorecard (*Abbildung 3-1*) die Zusammenhänge bidirektional dargestellt.

**Abbildung 3-1:**    *Grundmodell der Balanced Scorecard*

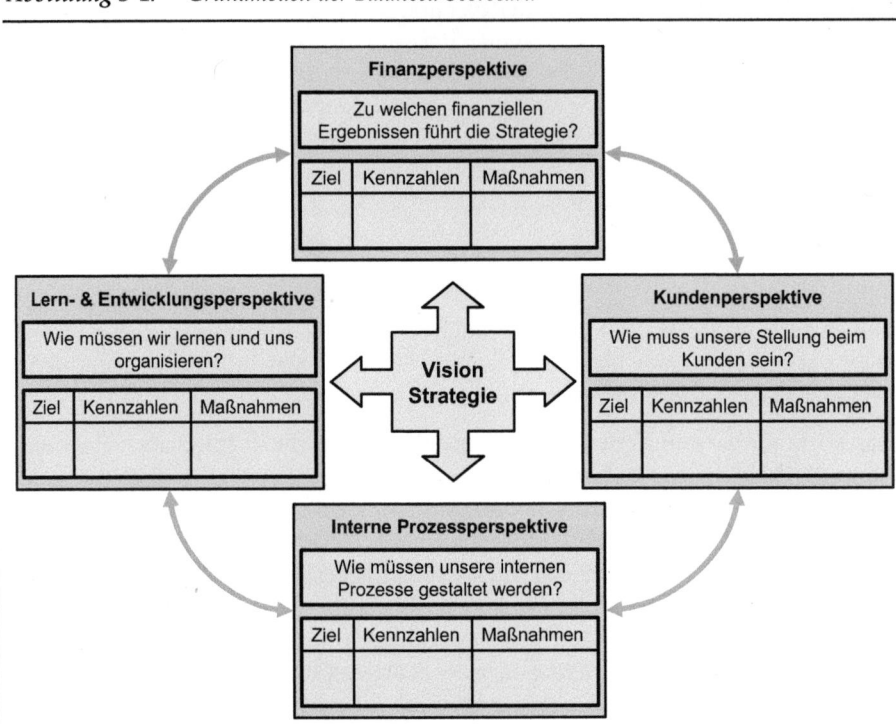

Bei der Erstellung der Balanced Scorecard sollen für jeden der vier BSC-Bereiche die für das jeweilige Unternehmen wichtigsten Kennzahlen herausgearbeitet werden. Insbesondere sollten in die Balanced Scorecard jene Kenngrößen aufgenommen werden, die für die Realisierung der eigenen Strategie zentral sind. Diese Operationalisierung erleichtert wesentlich die Kommunikation der Strategie, wodurch in weiterer Folge sämtliche Unternehmensaktivitäten exakter auf die Strategie hin ausgerichtet werden können. Während der Implementierung dieser Aktivitäten ermöglicht die Kontrolle der Scorecard-Kennzahlen eine Überwachung und Bewertung der Strategie („strategic learning"). Diese Feedback-Informationen bilden wiederum den Ausgangspunkt für die Planung eventuell notwendiger Strategieänderungen und Anpassungsmaßnahmen (*Kaplan/Norton* 1996b, S. 18ff.). *Abbildung 3-2* stellt abschließend einen Auszug aus einer Balanced Scorecard dar.

**Abbildung 3-2:** *Auszug aus einer Balanced Scorecard (Horvath & Partners 2004, S. 5)*

| | Strategische Ziele | Messgrößen | Zielwerte 2005 | Strategische Aktionen |
|---|---|---|---|---|
| **Finanzielle Perspektive:**<br><br>Was für Zielsetzungen leiten sich aus den finanziellen Erwartungen unserer Kapitalgeber ab? | CFROI deutlich steigern | CFROI | 18 % | In den folgenden Perspektiven definiert |
| | Konkurrenzfähige Kostenstruktur aufbauen | % Gesamtkosten vom Umsatz<br>% Vertriebs- und Verwaltungskosten | 80 %<br><br>7 % | In den folgenden Perspektiven definiert |
| | Internationales Wachstum vorantreiben | Gesamtumsatz<br>% Umsatz nicht EU/nicht USA | 2 Mrd. €<br><br>900 Mill. € | Marktstudie „Mittel-Ost-Europa"<br>Task Force „Pacific" |
| **Kundenperspektive:**<br><br>Welche Ziele sind hinsichtlich Struktur und Anforderungen unserer Kunden zu setzen, um unsere finanziellen Ziele zu erreichen? | Affordable but good: Einfachgeräte am Markt positionieren | Marktanteil im Massensegment<br>Bewertungsindex Händler | 12 %<br><br>75 Indexpunkte | Marketingoffensive<br><br>Einrichtung Händlerforum |
| | Excellence in copying im Hochpreissegment | Marktanteil im Hochpreissegment<br>Imagewerte Zielkunden | 16 %<br><br>88 Indexpunkte | Designstudie<br>Überarbeitung Marketingmaterial |
| | Funktionssicherheit erhöhen | Anzahl Störfälle | -45 % | Technikumstellung RCP Projektgruppe „No excuses" |
| | Kundenbetreuung aktiver gestalten | Wiederverkaufsquote<br><br>Besuche/Zielkunde | 75 %<br><br>2 p.a. | Key Account Management<br>Ausrichtung Vertriebsmeeting |
| **Prozessperspektive:**<br><br>Welche Ziele sind hinsichtlich unserer Prozesse zu setzen, um die Ziele der Finanz- und Kundenperspektive erfüllen zu können? | Produkte standardisieren | Gleichteilkosten in Relation zu den gesamten Materialkosten | 65 % | Benchmarking mit Hyoto Baukastenanalyse |
| | Synergien nutzen | Personalkosten in % vom Umsatz<br>Synergiebericht | 8,5 %<br>Kein Zielwert | Synergieleitfaden erarbeiten<br>Synergiezirkel initiieren |
| | Fertigungstiefe an Kernkompetenzen anpassen | Kerntechnologiequote | 80 % | Definition der Kernkompetenzen Anpassung Fertigungslayout |
| | Interne Kundenorientierung erhöhen | Schnittstellenbefragungsindex | 75 Indexpunkte | Synergiezirkel initiieren (w.o.)<br>Einführung Prozessmanagement |
| **Potenzialperspektive:**<br><br>Welche Ziele sind hinsichtlich unserer Potenziale zu setzen, um den aktuellen und zukünftigen Herausforderungen gewachsen zu sein? | Entwicklungskompetenz steigern | Assessmentwerte (durch F&E, Vertrieb, Produktion, Management) | 80 Indexpunkte | Rekrutierungsoffensive<br>Partnerschaft mit Uni Stuttgart |
| | Neue Medien nutzen | Bestellvorgänge über Internet | +125 % | Neugestaltung Homepage<br>Web-Auftritt offensiv bewerben |
| | Mitarbeitermotivation erhöhen | Austritte von Key Employees<br>Mitarbeiterbefragungswerte | 3 %<br><br>85 % Indexwerte | Einführung Mitarbeiterbefragung<br>Feedbacksysteme überarbeiten |

# 4    Kontrollsystem

Das Kontrollsystem bildet die dritte Säule des Marketing-Controllingsystems. Die Aufgabe der **strategischen Kontrolle** liegt darin, eine Bedrohung der gewählten Strategie rechtzeitig aufzuzeigen. Grundsätzlich kann dabei zwischen

- strategischer Überwachung,

- Prämissenkontrolle und

- Durchführungskontrolle

unterschieden werden (*Gaubinger* 2000, S. 288ff.). Der strategischen Überwachung kommt die Aufgabe zu, diejenigen unternehmensinternen und -externen Bereiche, die im Rahmen der Strategieplanung aufgrund ihrer geringen Relevanz ausgeblendet wurden, zu beobachten. Dadurch sollen Entwicklungen identifiziert werden, welche die formulierte Strategie gefährden könnten. Im Rahmen der Prämissenkontrolle werden die der Marketingplanung zugrunde liegenden Umwelt- und Unternehmensaspekte inklusive deren prognostizierter Entwicklung ständig überprüft. Bei einer Abweichung hat das Marketing-Controlling die Aufgabe zu untersuchen, ob diese Abweichungen eine Strategiegefährdung darstellen. Mittels der strategischen Durchführungskontrolle wird kontinuierlich überprüft, ob die eingeschlagene Strategie beibehalten werden soll. Dazu müssen aufgrund der Zwischenergebnisse der weitere Verlauf der Planrealisierung prognostiziert und die resultierenden Daten den Plandaten gegenübergestellt werden (Soll-Wird-Vergleich).

Die **operative Kontrolle** erstreckt sich auf die Zielgrößen Gewinn, Rentabilität und Wirtschaftlichkeit mit ihren Bestimmungsfaktoren Aufwand, Ertrag, Kosten und Leistungen. Das Marketing-Controlling hat dafür Sorge zu tragen, dass die diesbezüglichen Daten aus dem Informationssystem für Soll-Ist-Vergleiche verfügbar sind (vgl. Abschnitt 2). Wenn Abweichungen identifiziert werden, müssen diese analysiert und neue Maßnahmen als Ergebnis der Analyse angeregt werden (*Ehrmann* 2004, S. 354).

# Literaturverzeichnis

AUERBACH, H. (1994): Internationales Marketing-Controlling: Eine systemorientierte Betrachtung unter besonderer Berücksichtigung strategischer Entscheidungsprobleme, Stuttgart.

EHRMANN, H. (2004): Marketing-Controlling, 4. Aufl., Ludwigshafen.

FELDBAUER-DURSTMÜLLER, B./MAYR, A./STIEGLER, H. (1996): Organisatorische Gestaltungsempfehlungen für ein Frühaufklärungssystem in Klein- und Mittelbetrieben, in: SEICHT, G. (Hrsg.): Jahrbuch für Controlling und Rechnungswesen, Wien, S. 413-451.

GAUBINGER, K. (2000): Strategisches Marketing-Controlling für KMU: Basis für den Erfolg im EU-Binnenmarkt, Wiesbaden.

HORVATH, P. (1993): Controlling, in: CHMIELEWICZ, K./SCHWEITZER, M. (Hrsg.): Handwörterbuch des Rechnungswesens, 3. Aufl., Stuttgart, S. 322-334.

HORVATH & PARTNERS (2004): Balanced Scorecard umsetzen, 3. Aufl., Stuttgart.

KAPLAN, R. S./NORTON, D. P. (1996a): The Balanced Scorecard: Translating Strategy into Action, Boston.

KAPLAN, R. S./NORTON, D. P. (1996b): Strategic Learning & The Balanced Scorecard, in: Strategy & Leadership, Vol. 24, No. 5, S. 18-24.

KÖHLER, R. (1982): Marketing-Controlling, in: Die Betriebswirtschaft, 42. Jg., Nr. 2, S. 197-215.

KÖHLER, R. (1998): Marketing-Controlling: Konzepte und Methoden, in: REINECKE, S./TOMCZAK, T./DITTRICH, S. (Hrsg.): Marketing-Controlling, St. Gallen, S. 12-31.

KOTLER, P./BLIEMEL, F. (2001): Marketing-Management: Analyse, Planung, Umsetzung und Steuerung, 10. Aufl., Stuttgart.

LINK, J./GERTH, N./VOSSBECK, E. (2000): Marketing-Controlling, München.

SEIDENSCHWARZ, W./GLEICH, R. (1998): Controlling und Marketing als Schwesterfunktion, in: REINECKE, S./TOMCZAK, T./DITTRICH, S. (Hrsg.): Marketing-Controlling, St. Gallen, S. 258-272.

WITT, F. J. (1997): Lexikon des Controlling, München.

Christian Wiesmeier/Horst König/Claudia Prem

# Fallstudie AMI Agrolinz Melamine International GmbH

## Implementierung einer Balanced Scorecard

# 1    Das Unternehmen

Ursprung der in Linz (Österreich) ansässigen AMI Agrolinz Melamine International GmbH war die Stickstoffwerke Ostmark AG, die im Jahr 1946 in die Österreichische Stickstoffwerke AG und im Jahr 1973 in Chemie Linz AG umbenannt wurde. Während der Schwerpunkt der unternehmerischen Tätigkeit in den ersten Jahren auf der Verwertung von Kokereigas lag, baute das Unternehmen die Produktion im Nachkriegsboom sukzessive aus. Die Düngemittelproduktion wuchs zur Agro-Chemie, die heute eine breite Palette von Pflanzenschutzmitteln, Wachstumsregulatoren und Futterzusätzen herstellt. Von Stickstoff ausgehend, erweiterte die Chemie Linz AG ihr Programm unter anderem um Acrylnitril, Harnstoff und Melamin, für dessen Herstellung ein neues, hochattraktives Verfahren entwickelt wurde. Internationale Bedeutung gewann die Linzer Chemieindustrie weiters auf dem Gebiet der organischen Chemie.

---

**Abbildung 1-1:**    *Organigramm der Agrolinz Melamine International GmbH*

Wie *Abbildung 1-1* zeigt, ist die AMI Agrolinz Melamine International GmbH – im Folgenden als AMI bezeichnet – heute eine 50-prozentige Tochter der österreichischen

OMV AG. Die restlichen 50 Prozent gehören der IPIC (International Petroleum Investment Company) mit Sitz in Abu Dhabi. Neben dem Standort Linz betreibt die AMI noch Werke in Castellanza (Italien) sowie Piesteritz (Deutschland) und verfügt über zahlreiche Vertriebsgesellschaften in Europa, den USA und Asien. Alle Niederlassungen sind dabei 100-prozentige Tochtergesellschaften der AMI.

Die Kernkompetenz der AMI stellt die Veredelung von Erdgas zu hochwertigen Rohstoffen für Landwirtschaft und Industrie dar. Das Unternehmen gliedert sich in die drei Geschäftsbereiche Melamin, Melamine Performance Products und Pflanzennährstoffe. *Abbildung 1-2* zeigt die Umsatzverteilung über diese Geschäftsbereiche.

*Abbildung 1-2:*     *Umsatz nach Geschäftsbereichen*

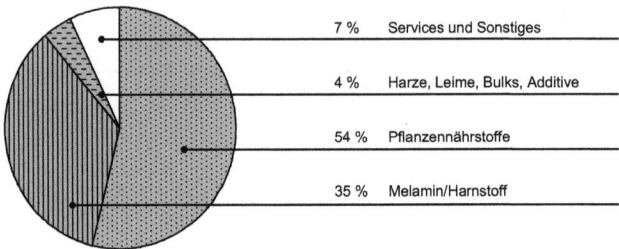

**Melamin** ist ein Kunstharz, welches in erster Linie zur Oberflächenhärtung, beispielsweise für Laminatböden, Möbel und Platten, verwendet wird. Die AMI ist weltweit der zweitgrößte Hersteller von Melamin. Die besondere Stärke des Unternehmens liegt in der integrierten und effizienten Produktion von Düngemitteln und Melamin aus dem Rohstoff Erdgas sowie in der eigenen, führenden Melamintechnologie. Durch die Inbetriebnahme des neu entwickelten Produktionsverfahrens und die Erschließung zusätzlicher Kapazitäten in Österreich, Italien und Deutschland konnte der Melaminabsatz in den letzten Jahren sowohl im europäischen als auch internationalen Markt stark ausgebaut werden.

**Melamine Performance Products** sind auf Melaminharzen basierende Spezialitäten für hochwertige Anwendungen im Kunststoffbereich. Durch konsequente Umsetzung der strategischen Ausrichtung konnte in den letzten Jahren vor allem in der Automobil- und Holzwerkstoffindustrie das Produktportfolio erfolgreich platziert werden.

Bei **Pflanzennährstoffen** ist die AMI Marktführer in Österreich und Ungarn, arbeitet jedoch weiter am Ausbau ihrer Marktposition im angrenzenden osteuropäischen Markt. Im Jahr 2005 wurden mit insgesamt 85 Mitarbeitern durch die Tochtergesellschaft Linzer Agrotrade GmbH ca. 1,5 Mio. Tonnen Düngemittel verkauft.

Wie *Abbildung 1-3* zeigt, erwirtschaftete die AMI im Jahr 2005 mit ihren rund 1.100 Mitarbeitern einen Gesamtumsatz von über 470 Mio. Euro.

*Abbildung 1-3:*   *Kennzahlen des Jahres 2005*

| Umsatzerlöse | in Mio. Euro | 470,7 |
|---|---|---|
| Exportquote | in % | 73,3 |
| Cashflow aus Betriebstätigkeit | in Mio. Euro | 12,9 |
| Investitionen in Sachanlagen | in Mio. Euro | 23,3 |
| Bilanzsumme | in Mio. Euro | 576,9 |
| Eigenmittel | in Mio. Euro | 120,2 |
| Mitarbeiter | Stand 31. 12. | 1.136 |

# 2   Die Ausgangssituation

Anlässlich einer Sitzung zum Thema „Strategische Planung" diskutierte die Geschäftsführung der AMI und des OMV-Konzerns folgende drei Probleme, die in der Vergangenheit aufgetreten waren und für die eine Lösung gefunden werden musste:

■ **Unterschiedliche Systeme der strategischen Planung**: Im Zuge der jährlich zu überarbeitenden Strategiesichtung im OMV-Konzern wurden in der Vergangenheit in den einzelnen Geschäftsbereichen der AMI unterschiedliche Instrumente zur Erarbeitung und Darstellung der Strategie verwendet. Bei der Vereinheitlichung der Geschäftsstrategien der einzelnen Bereiche entstand jedes Jahr ein enormer Administrationsaufwand, um die OMV-Konzernstrategie darstellen zu können. Folglich sind die verantwortlichen Manager ständig auf der Suche nach einem **einheitlichen, branchenunabhängig** verwendbaren Instrument zur Darstellung von Bereichsstrategien.

■ **Organisation der strategischen Planung**: Im Jahr 1998 wurde in der AMI eine neue strategische Ausrichtung erarbeitet. Die wirtschaftlich sehr schwierigen Jahre Anfang der Neunziger und die Ausgliederung bzw. der Verkauf einiger Geschäftsfelder hatten eine Neupositionierung der ehemaligen Chemie Linz AG erfordert. Eingehende Analysen von Markt und Wettbewerb hatten schließlich zur Fokussierung auf zwei Geschäftsbereiche – Pflanzennährstoffe und Melamin – und, damit verbunden, unterschiedlichen Marktstrategien geführt. Das Dienstleistungsgeschäft am Standort Chemiepark Linz unterstützte nunmehr die Hauptgeschäfte und stellte weiterhin Services für andere Chemiepark-Unternehmen zur Verfügung. Zusätzlich wurde zwischenzeitlich ein Teil des Produktportfolios auf den dritten Geschäftsbereich Melamine Performance Products verlagert. Verbunden mit der geänderten Marktstrategie mussten auch die Verwaltungsbereiche – basierend auf internationalen Benchmarks – einer Reorganisation unterzogen werden. Die damit meist einhergehende Reduktion von Mitarbeitern bei gleichzeitiger Prozessoptimierung erforderte eine Verlagerung von Managementaufgaben – auch im Bereich der strategischen Planung und Umsetzung – von der Verwaltung in die direkten Linienbereiche. Im Sinne eines **Selbstcontrollings** sollten die verwendeten Instrumente immer dezentraler und gleichzeitig standardisierter werden, um weiterhin eine einheitliche Steuerung zu ermöglichen.

■ **Defizite bei Kommunikation und Information**: Aus Sicht der Geschäftsleitung der AMI war die mangelhafte Kommunikation der Unternehmensstrategie in der Vergangenheit eines der größten Probleme im Unternehmen. Die Mitarbeiter, die diese Strategie operativ umsetzen sollten, kannten diese meist nur ungenau und oftmals fehlte es auch am richtigen Verständnis. In einem produzierenden Unternehmen mit Schichtbetrieb, das dazu noch in ein internationales Konzerngefüge eingebettet ist, stellt die interne Kommunikation der Unternehmensstrategie immer eine enorme Herausforderung dar. Das Fehlen einer einheitlichen, für alle verständlichen Dokumentation machte die Sache allerdings auch nicht einfacher. Generell waren strategische Ausrichtungen häufig eher vage formuliert und für den Großteil der Mitarbeiter schwer greifbar. Was bedeuten denn beispielsweise Schlagwörter wie „Kostenführerschaft" und „Marktanteilsgewinn" im Alltagsgeschäft der Mitarbeiter?

Im Zuge der erwähnten Sitzung wurden verschiedene Lösungsansätze für die skizzierten drei Probleme diskutiert. Am Ende entschied die Geschäftsführung der AMI in Abstimmung mit dem OMV-Konzern, eine Balanced Scorecard (BSC) zu implementieren. Man erhoffte sich, durch die BSC eine einheitliche Darstellung der Strategie im Unternehmen zu erreichen, zu einer einheitlichen Steuerung von Prozessen zu gelangen und die strategische Ausrichtung für alle Mitarbeiter transparent zu machen.

# 3 Das Projekt „Implementierung einer Balanced Scorecard"

Auf Basis der Entscheidung der Geschäftsführung wurde in der AMI das Projekt „Implementierung einer Balanced Scorecard" ins Leben gerufen. Es wurde ein Projektteam zusammengestellt, das sich aus der Geschäftsführung der AMI und den Leitern der drei Geschäftsbereiche – gleichzeitig der Führungskreis des Unternehmens – zusammensetzte.

In einem ersten Projektschritt wurden alle Führungskräfte der ersten und zweiten Berichtsebene zur Kenntnis und Bewertung der bestehenden Strategie befragt. Dabei wurde ein sehr einheitliches Verständnis der Zukunft des Unternehmens vorgefunden.

Mit den Ergebnissen dieser Interviews begab sich das Projektteam zu einem mehrtägigen externen Workshop. Dessen Ziel war es, einerseits die Frage zu klären, welche grundsätzlichen Ziele das Unternehmen mit der Implementierung einer BSC verfolgt, und andererseits die Strategie und die daraus abgeleiteten Zielsetzungen für das kommende Geschäftsjahr zu formulieren.

Alle Mitglieder des Projektteams waren sich darüber einig, dass die BSC in den gesamten Managementprozess der AMI eingebunden werden sollte. Folgende drei Ziele wurden formuliert:

▪ Die BSC soll als Instrument der strategischen Planung im Rahmen des OMV-Planungskalenders dienen.

▪ Die BSC soll die Grundlage für die Mitarbeitervereinbarungen im Rahmen des Management-by-Objectives bilden.

▪ Die BSC soll als Mittel zur stufenweisen Kommunikation der Vision, Werte und Strategie der AMI gegenüber allen Mitarbeitern genützt werden.

Im weiteren Verlauf des Workshops widmete sich das Projektteam Fragen der zentralen strategischen Ausrichtung und den daraus abgeleiteten Zielen in den vier Dimensionen der BSC für das kommende Geschäftsjahr. In einem Strategiepapier wurden diesbezüglich folgende Ergebnisse festgehalten:

Der **Strategiefokus** der AMI umfasst:

▪ globales Wachstum,

▪ Erreichen der Marktführerschaft innerhalb von fünf Jahren,

▪ Erhöhung des weltweiten Marktanteils um zehn Prozent in zehn Jahren,

▪ emotionale Kundenbindung und

■ Verankerung der Marke „AMI" im Sinne einer Unique Selling Proposition.

Aus diesem Strategiefokus wurden folgende Ziele für die vier BSC-Dimensionen abgeleitet:

■ **Finanzen**: Steigerung der Rentabilität und des Geschäftsergebnisses, Reduktion der Selbstkosten und des gebundenen Working Capital sowie Steigerung des Corporate Value.

■ **Kunden/Märkte**: Optimierung des Vertriebs, Aufbau emotionaler Kundenbindung, Steigerung des Weltmarktanteils bei Melamin sowie Etablierung der Marke und von Kundenpartnerschaften.

■ **Interne Prozesse**: Realisierung eines standortübergreifenden Supply-Chain-Managements, Expansion der Melaminkapazitäten, Abschluss der Restrukturierung des Standorts Linz und Sicherung einer benchmarkorientierten, permanenten Prozessoptimierung.

■ **Interne Potenziale**: Etablierung eines Human-Capital-Managements, Leben von Leadership, Umsetzung der Organisationsentwicklung, Einrichtung eines Knowledge-Managements und Stärkung der „QESH" (Quality, Environment, Safety, Health)-Kultur im Unternehmen.

# 4 Problemstellungen

Versetzen Sie sich in die Situation, dass Sie Mitglied des AMI-Projektteams sind und soeben von dem mehrtägigen Workshop zurückgekommen sind. Folgende Aufgaben sollen von Ihnen in Angriff genommen werden:

■ Erstellen Sie die Balanced Scorecard der AMI mit jenen Kennzahlen, die Ihrer Meinung nach zur Operationalisierung der definierten Ziele eingesetzt werden können.

■ Stellen Sie die Kausalzusammenhänge zwischen den von Ihnen entwickelten Kennzahlen graphisch dar.

■ Zeigen Sie auf, wie die Balanced Scorecard als Instrument zur Kommunikation der Vision, Werte und Strategie der AMI gegenüber allen Mitarbeitern eingesetzt werden kann. Welche begleitenden Maßnahmen sind Ihrer Meinung nach notwendig?

■ Welche Probleme könnten sich bei der Implementierung der Balanced Scorecard in der AMI ergeben? Erstellen Sie ein Maßnahmenkonzept, welches möglichen Problemen entgegenwirkt.

# Stichwortverzeichnis

# *Mit einem Klick alles im Blick*

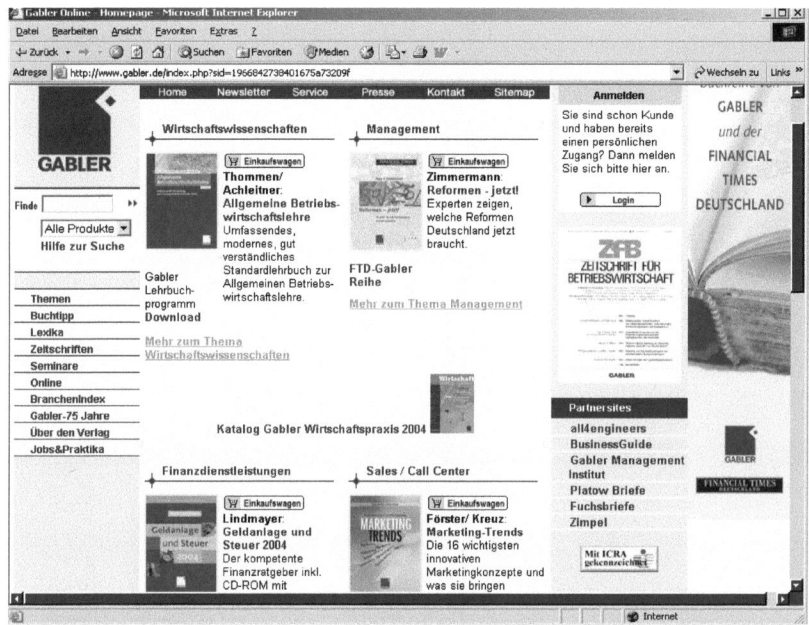

▸ Tagesaktuelle Informationen zu Büchern, Zeitschriften, Online-Angeboten, Seminaren und Konferenzen

▸ Leseproben - z. B. vom Gabler Wirtschaftslexikon -, Online-Archive unserer Fachzeitschriften, Aktualisierungsservice und Foliensammlungen für ausgewählte Buchtitel, Rezensionen, Newsletter zu verschiedenen Themen und weitere attraktive Angebote, z. B. unser Bookshop

▸ Zahlreiche Servicefunktionen mit dem direkten Klick zum Ansprechpartner im Verlag

▸ *Klicken Sie mal rein: www.gabler.de*